영유아발달

한유미

창지사

머리말

이 책의 전신은 2014년 동 출판사에서 출판된 영아발달입니다. 당시 보육교사 자격 취득에 필요한 아동발달 교과목이 영아발달 교과목과 유아발달 교과목으로 분리되었는데, 시중에 영아발달을 심도 있게 다룬 교재가 많지 않아 출판사에서 저자에게 집필을 의뢰했던 것입니다. 그러나 이후 영아발달 교과목과 유아발달 교과목이 다시 영유아발달 교과목으로 통합되면서 대학교재로서 새로운 책이 필요하게 되었습니다. 이에 기존의 『영아발달』에서 영아에 대해 필요 이상 세세하게 다룬 부분은 덜어내는 대신 유아기 발달 부분을 추가하고, 사회·정서 발달을 정서 발달과 사회성 발달로 독립된 장으로 나눠서 『영유아발달』로 출간하게 되었습니다. 이처럼 탄생한 『영유아발달』은 자녀를 양육하는 부모 및 예비부모, 유치원이나 어린이집 교사 및 예비교사들이 영유아기의 발달 특성에 대해 이해하는 데 도움이 될 것입니다. 이 책이 유아교육과 및 아동 관련 학과의 전공과목뿐만 아니라 교양과목의 교재로도 널리 사랑받기를 바랍니다.

이 책은 총 3부로 구성되었습니다. 1부 영유아발달의 기초에서는 영유아발달의 개념과 의미, 영유아발달의 연구방법 등을 다루고 있습니다. 2부 영유아발달 이론에서는 정신분석학, 행동주의, 생물학적 접근, 인지이론적 접근, 생태학적 접근을 소개했고, 3부에서는 생명의 시작 및 태내발달과 신체, 의사소통, 사회, 정서 등 영역별로 영유아기의 발달을 살펴보았습니다. 기존의 아동발달 교재들과 차별화하기 위해 해외 자료를 많이 검색했으며, 학습자 중심의 수업이 될 수 있도록 책의 중간중간 심층탐구나 명저탐색 또는 토론 활동 등을 첨부하고, 영유아발달과 관련한 사진 자료나 동영상 정보들을 가능한 많이 수록했습니다. 또한 이 책으로 수업을 듣는 학생들이 향후 부모나 교사가 되어 영유아를 양육 또는 지도할 때 도움을 줄 수 있는 실질적인 내용을 담고자 하였습니다.

이 책이 나오기까지 많은 분의 도움이 있었습니다. 먼저 책의 구성부터 교정과 편집, 표지 디자인 등 출판의 모든 단계마다 세심한 도움을 주신 편집장님을 비롯한 창지사 여러분들에게 깊은 감사를 드립니다. 어린 시절의 사진으로 영유아 모델이 되어 준 내 사랑 수현과 민섭 그리고 책을 쓰는 동안 영유아기를 함께 지낸 은우, 지우, 태건과 그 어머니들에게 고마움을 전합니다. 마지막으로 저에게 행복한 영유아기를 만들어 주시고 하늘나라에 가신 어머니에게 이 책을 바칩니다.

한유미
호서대학교 유아교육과 교수
한국 아동권리학회 회장

차례

제1부

영유아발달의 기초

1 영유아발달의 개념 및 특성

인생의 초기 단계인 영유아기는 인간발달에서 가장 중요한 단계라고 할 수 있다. '세 살 버릇 여든까지 간다.'라는 속담처럼 영유아기에는 이후의 모든 발달 단계에 영향을 주게 될 삶의 기초가 형성되기 때문이다. 그럼에도 불구하고 과거에는 영유아가 부모나 사회로부터 그다지 귀중한 존재로 다루어지지 못했다. 다행히 오늘날에는 영유아에 대해 많은 관심과 투자가 이루어지고 있다. 슈퍼마켓에는 조제분유, 기저귀, 유모차, 장난감 등의 영유아 용품이 즐비하고, 서점과 인터넷 사이트에도 임신과 출산, 육아에 관한 정보가 넘쳐나고 있다. 또한 저출산 문제의 해결 방안으로 영유아보육의 필요성이 대두됨에 따라 영유아발달에 대한 정책적 학문적 관심도 증가하고 있다. 본 장에서는 영유아발달의 개념과 영유아기의 특성 및 영유아발달과 관련된 이슈들을 소개한 후 영유아에 대한 관점이 역사적으로 어떻게 변천해 왔는지를 살펴보고자 한다.

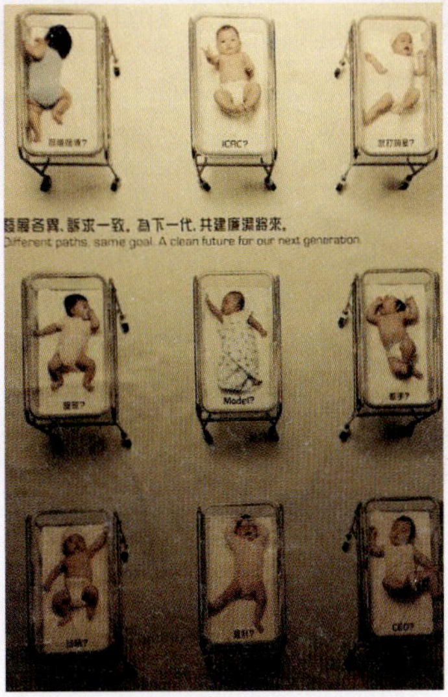

[그림 1-1] 다양한 영유아들의 미래

출처: 홍콩 버스정류장의 포스터

1. 영유아발달의 개념

① 발달과 관련 용어

연령이 증가함에 따라 인간은 직접적으로 관찰하기 쉬운 신체적, 행동적 변화로부터 좀처럼 관찰하기 힘든 정서와 감정의 변화에 이르기까지 다양한 변화를 나타내는데, 이러한 변화를 발달(development)이라고 한다. 발달은 간혹 성숙이나 성장, 학습 등의 용어와 혼용해서 쓰이고, 이러한 단어들과 뚜렷하게 구분하기도 어렵지만, 대체로 다음과 같은 차이가 있다.

성숙(maturation)은 외부 환경이나 경험에 의하지 않은 개인의 변화를 말한다. 성숙은 유전자의 지시에 따라 전개되며, 일생을 통해 다양하게 나타난다. 쉽게 관찰할 수 있는 신체적 변화뿐만 아니라, 주의를 집중하거나 문제를 해결하고, 타인의 정서를 이해하는 능력과 같은 심리적 변화에도 모두 성숙이 기여한다.

유전적 계획에 따라 일어나는 변화 중 신체적인 변화를 성장(growth)이라고 한다. 키나 체중, 근육의 증가 등과 같이 단순히 신체의 크기나 능력이 양적으로 변화하는 것이 성장의 대표적인 예이다.

발달의 또 다른 과정은 학습(learning)인데, 이는 특수한 경험이나 훈련 또는 연습과 같은 외부 자극이나 조건에 의한 후천적인 과정이라는 점에서 성숙이나 성장과 차이가 있다. 즉, 학습은 환경에 의해 개인의 행동이 비교적 지속적으로 변화하고 안정화되어 이후의 행동에 효과를 갖게 된 경우를 말한다.

발달의 속성을 구체적으로 살펴보면 다음과 같다.

- 발달은 유전적 요인과 환경적 요인의 영향을 받아서 일어나는 모든 변화로서 신체, 운동, 지능, 인지, 언어, 성격, 사회, 정서, 도덕성 등 인간의 모든 특성들에 대해 일어난다.
- 발달은 생명이 시작되는 수정의 순간부터 사망할 때까지 인생의 전 과정에서 일어나는 변화로, 출생 후 청년기까지의 상승적인 변화와 청년기 이후 사

망에 이르기까지의 하강적인 변화를 모두 포함한다.

- 발달에는 체계적인 변화라는 개념이 담겨 있다. 여기에서 체계적이라는 의미는 발달적인 변화란 다소 질서정연한 것이기 때문에 사고나 행동의 일시적인 변화나 순간적인 기분의 변화는 배제된다는 것이다(신건호, 신현기, 1998).
- 발달은 단계(stage) 또는 시기(phase)로 불리는 일련의 순서에 따라 차례로 일어나므로 예측이 가능하다.

② 발달단계

각 사회의 구조가 독특할 뿐만 아니라 개인마다 발달 양상이 다르고 개인이 도달하는 발달단계의 연령에도 차이가 있다. 따라서 연령에 따라 인간의 발달 특징을 분류하는 것은 단순하지가 않으며, 학자마다 발달의 단계나 시기를 분류하는 방식은 다소 차이가 있다. 대체로 〈표 1-1〉과 같이 나누어 볼 수 있다.

〈표 1-1〉 인간의 발달 단계

단계	연령	주요 특성
태내기	수정~출생	어머니의 자궁 안에서 태아의 신체 조직이 구성되고 발달하는 시기이다.
영아기	0~24개월	출생 후 첫 며칠 동안은 신생아로 언급되기도 한다. 영아기의 아동은 심리적, 신체적 활동에 있어서 성인에게 많이 의존하게 된다. 이 시기가 끝날 즈음이면 간단한 어휘를 말하게 되고 걸을 수도 있게 된다.
유아기	2~6세	급속한 언어의 획득으로 사고의 범위가 넓어지고 부모와의 대화, 친구와의 접촉으로 기본적 사회화도 이루어진다.
아동기	6~12세	공식적인 교육이 시작되어 초등학교에 다니는 시기이다. 훨씬 발달된 정신 능력을 지니게 되고, 학교라는 사회를 통해 보다 넓은 세상과 문화를 접한다.
청년기	12~23세	급속한 신체적 성숙이 일어나며, 자아정체를 인식하게 된다. 독립적인 성인으로서의 삶을 위한 정신과 신체를 준비하는 시기이다.
성인 전기	23~35세	부모로부터 독립하여 새로운 가정을 만든다. 배우자 선택과 가족 형성, 자녀를 양육. 그리고 독립된 직업인으로서의 성장 등으로 매우 변화가 많은 시기이다.

단계	연령	주요 특성
성인 중기	35~60세	직장인으로서 책임이 무거운 시기이며, 자녀를 책임감 있고 행복한 성인으로 자라도록 도와주어야 한다. 또한 중년의 생리적 변화에 적응해야 한다.
성인 후기	60세~사망	신체적 능력, 건강이 쇠약해지는 것을 경험하고, 직장에서의 은퇴로 인해 감소된 수입에 적응해야 하는 시기이다.

출처: 조복희 · 정옥분 · 유가효(1997)

영유아발달이란 이상과 같은 인간발달 단계 중에서 영유아기에 일어나는 발달을 뜻한다. 일반적으로 영아기는 출생 직후의 신생아에서 만 2세가 될 때까지 그리고 유아기는 만 2세 이후부터 취학전까지를 지칭하므로 본서에서는 영유아발달을 출생에서 취학전까지 일어나는 신체, 운동, 인지, 의사소통, 정서 및 사회성 발달을 모두 포함하는 개념으로 다룬다.

2. 영유아기의 특성 및 중요성

영유아발달에 대한 지식은 전 생애에 걸친 발달을 이해하는 기초자료로서 양육에 필수적이다. 예를 들어, 초보 부모는 흔히 자녀에게 어떻게 우유를 주어야 하나? 왜 울음을 그치지 않을까? 너무 안아주면 버릇이 나빠지지 않을까? 하는 의문을 갖는다. 부모는 영유아발달에 대해 많이 알수록 불안감이 줄어들고 자녀에게 더 나은 양육환경을 제공할 수 있다. 또한 영유아발달에 대한 이해는 부모나 보육종사자뿐만 아니라 보육정책을 수립하는 사람들에게도 유용한 자료가 된다. 현대 사회에서는 영유아보육이 양적으로 성장하고 보육의 질에 대한 관심이 증가하면서 단순히 신체적 보호 차원에서 벗어나 발달에 적합한 최적의 보육환

[그림 1-2] 출생 후 얼마 안 돼서 걷기 시작하는 당나귀: 이에 비해 인간은 동물들보다 덜 성숙한 상태로 태어나기 때문에 오랜 기간 부모에게 의존하게 된다.

경이 요구되고 있기 때문이다. 인간발달의 출발점으로서 영유아기는 다음과 특성이 있다(곽금주·성현란·장유경·심희옥·이지연·김수정·배기조, 2005).

① 영유아기는 인생의 독특한 시기이다.

영유아기는 양육자에게 의존하여 자신의 욕구를 충족하게 된다. 영유아는 주변에서 일어나는 일들을 통제하기 어려우며, 이로 인해 상처를 받거나 고통을 느끼기도 한다. 그러나 영유아기에는 놀이와 탐색에 소비할 시간이 많고, 성인들이 경험하는 일상의 문제들로부터 자유롭다는 등의 장점도 있다.

② 영유아기는 개인차의 기원이 된다.

개인의 특성 중 어느 부분이 영유아기와 관련 있는가에 대해서 밝히는 것은 쉽지 않다. 영유아기의 경험은 순수한 형태로 보존되기 어려우며, 이후의 경험들과 복잡한 방식으로 섞이기 때문이다. 그럼에도 불구하고 영유아기에 형성되는 많은 차이점들이 이후의 발달단계에 지속적인 영향을 미치는 것은 분명하다. 따라서 적어도 개인차 중 일부는 영아기에 근원이 있다고 할 수 있다.

③ 영유아기는 인간발달의 본질을 밝히기 좋은 시기이다.

영유아기는 모든 인간 특성의 기원과 발달에 대한 중요한 단서를 쥐고 있는 시기이다. 예를 들어, 영아기 연구에서 밝혀질 결과를 통해 인간의 타고난 능력과 학습된 능력에 대한 편견을 제거 할 수 있다면, 인간발달에 대해 보다 명확히 이해할 수 있을 것이다.

④ 영유아기의 경험은 성인 발달과 치료에 적용된다.

성인이 겪는 신체적, 정신적 장애에 대한 해결책으로 영유아기를 재경험하는 방법이 제안되기도 한다. 예를 들어, 마비나 근육 장애 혹은 사고나 부상으로 고통받는 사람은 영유아와 같은 움직임이나 이완을 통해 효과를 볼 수 있다. 또한 환자와 치료자 간의 관계에서도 부모와 영유아 관계와 같은 신뢰감을 만들어내는 것이 치료 효과가 있는 것으로 알려졌다.

⑤ 영유아기에는 조기개입을 통해 건강한 발달을 증진시킬 수 있다.

아동기와 성인기의 많은 질병은 태내기와 영유아기에 그 기원이 있다. 예컨대 모체에 노출된 영양실조나 유독 물질은 심각한 위험 요인이므로 일정 기간에 적절히 먹고 약물을 피함으로써 아이들이 갖게 될 수 있는 많은 장애를 예방할 수 있다. 또한, 영유아기에 제공되는 물리적, 사회적 자극들은 이후 아동기나 청소년기의 발달에 긍정적 영향을 미친다.

3. 영유아발달의 이슈

1) 발달의 기제 : 유전과 환경

① 유전

발달에서 유전(gene)의 영향을 중요시하는 대표적인 입장은 성숙론(Maturationism)으로 발달의 기제를 자연(nature), 성숙(maturation), 생득(nativism), 선천(innateness) 등으로 언급한다. 이러한 성숙론의 개념은 17세기 후반, 발달적 변화는 이미 유전적으로 결정된 순서로 일어난다고 한 루소(Rousseau)에 의해 시작되었다. 이후 다윈(Darwin)은 인류의 많은 행동이 유전에 의한 것이며, 발달적 변화는 유전자 변이에 의한 다양성 확보와 자연도태 과정을 통해 일어난다고 주장했다. 루소의 자연주의 철학과 다윈의 진화론적 생물학은 태아가 모태에서 수정되고 성장하는 과정은 인류의 진화 과정과 유사하다는 홀(Hall)의 반복이론(Recapitulation theory)으로 이어졌다. 이후 홀의 제자 게젤(Gesell)이 특정 연령에 나타나는 특정 행동을 제시하는 규준적 접근(Normative approach)을 제창함으로써 성숙 이론을 발전시켰다.

[그림 1-3] 루소(Jean-Jacques Rousseau, 1712~1778)와 로크(John Locke, 1632~1704)

② 환경

이와 정반대로 경험론(Empiricism)에서는, 발달의 기제를 환경(environment), 양육(nurture), 학습(learning), 경험(experience) 등으로 본다. 경험론을 지지하는 학자들은 영유아는 수동적인 존재이며, 생물학적 요인이 아닌 환경적 영향력만이 모든 발달 변화를 설명할 수 있다고 주장한다. 루소(Rousseau)가 성숙론의 초기 이론가라면, 환경론의 효시는 로크(Locke)라고 할 수 있다. 그는 출생 시 인간은 하얀 백지상태와도 같은 상태로 태어나며, 개인의 인성이나 지능, 행동 특성 등은 경험을 통해 학습된다고 주장했다. 로크의 백지설(Tabula Rasa)은 20세기에 들어와 파블로프(Pavlov)의 고전적 조건화(Classical conditioning)와 왓슨(Watson)의 행동주의(Behaviorism), 스키너(Skinner)의 조작적 조건화(Operant conditioning)로 이어진다.

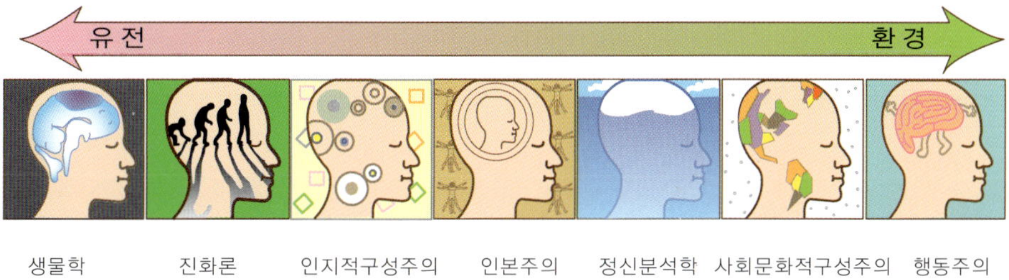

[그림 1-4] 유전과 환경의 중요성에 대한 각 이론의 입장

심층탐구 속담으로 보는 유전과 환경

속담은 민중의 지혜나 가치관을 반영하고 있으므로 영유아에 대한 가치관도 속담을 통해 엿볼 수 있다. 영유아의 발달이 선천적 요인에 의해서 이루어지나 아니면 양육이나 사회의 요구에 따라 성장해 가느냐를 보여주는 속담이 있다. 외국의 속담으로 선천을 강조하는 것은 '핏줄이 말해준다(Blood will tell)', '독수리는 비둘기 알을 낳지 않는다(Eagles do not breed doves)' 등이 있다. 이에 비해 '기회가 도둑을 만든다(Opportunity makes the thief)'나 잘 가꿔진 정원에서도 잡초가 있다(You may find weeds even in the garden)' 등은 후천을 강조하는 속담이다.

다음 속담들은 각기 유전과 환경 중 어떤 것을 중요시하고 있는가? 그리고 각 속담의 내용에 동의하는가?에 대해 토론해 보자.

속담	찬성 / 반대	유전 / 환경
대나무에서 대 난다		
될성부른 나무는 떡잎부터 알아본다.		
씨도둑은 못 한다.		
콩 심은 데 콩 나고 팥 심은 데 팥 난다.		
사람은 열 번 다시 된다.		
재간 뱃속에서 타고난 사람 없다.		
호랑이가 호랑이를 낳고 개가 개를 낳는다.		
도둑의 씨가 따로 없다.		
자식 씨와 감자 씨는 못 속인다.		
자식은 아비 닮게 마련이고, 송아지는 이웃집 황소 닮게 마련이다.		
그 아버지에 그 아들이다.		
왕후장상에 어찌 씨가 있으랴.		
돌은 갈아도 옥이 되지 않는다.		

출처: 조복희(2014). 속담과 아동발달. 파주: 교육과학사.

③ 상호작용

사실 발달은 유전이나 환경 중 어느 한 가지 요인에 의해서만 이루어진다고 하기는 어렵다. 이론적으로 볼 때 성숙은 환경의 영향을 받지 않는 내적인 힘에 기인한 발달이지만, 현실적으로 환경적 영향을 완전히 제거하는 것은 거의 불가능하다. 따라서 오늘날에는 발달을 유전과 환경의 상호작용 결과로 보는 입장이 지배적이다. 상호작용론적 입장(interactionism)에서는 우수한 유전인자라 할지라도 극단적으로 결핍된 환경에서는 그 잠재력을 발휘하기 어렵고, 풍부한 환경적 자극도 어느 정도 성숙이 이루어진 상태에서만 의미 있는 영향을 줄 수 있다고 본다. 그러나 실제로 유전과 환경의 상호작용은 50 대 50의 비율로 이루어지기보다는 어떤 영역에서는 유전의 영향력이 더 크고, 어떤 영역에서는 환경의 영향력이 더 크다. 예를 들어, 상대적으로 영아의 키는 유전, 몸무게는 환경의 영향력이 더 크며, 지능은 유전, 외국어 발음은 환경의 영향력이 더 크다.

유전과 환경의 상대적인 영향력을 밝히기 위한 방안으로 쌍생아나 입양아를 이용한 연구가 이루어졌다. 일란성 쌍생아는 유전인자가 동일하다. 따라서 함께 성장한 쌍생아가 따로 떨어져서 성장한 쌍생아보다 유사점이 많은 것으로 발견되었다면 이는 환경의 영향때문인 것으로 볼 수 있다. 또한 입양한 아동이 친부모와 유사하다면 유전이 중요하고, 양부모와 유사한 것으로 나타났다면 환경이 중요하다고 해석할 수 있다.

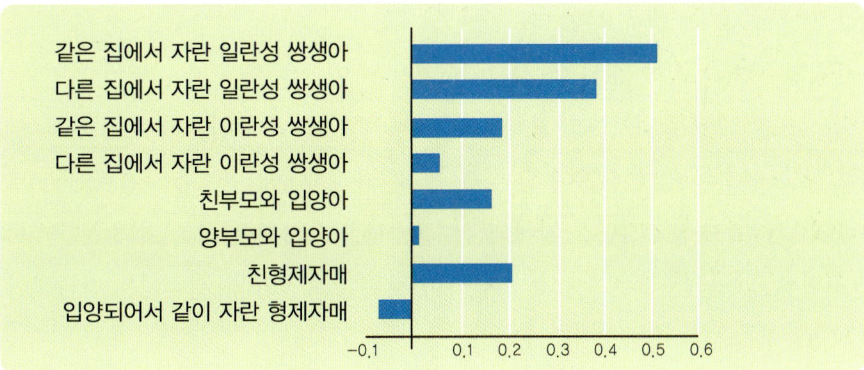

[그림 1-5] 성격 외향성의 상관관계 비교

출처: Loehlin(1992)

2) 발달의 안정성 : 결정적 시기

① 결정적 시기

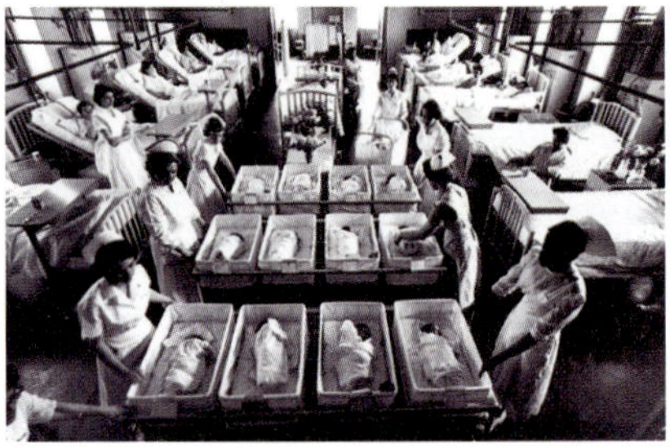

[그림 1-6] 정상적인 '어머니의 돌봄'을 박탈당한 고아원 영아들

출처: http://integral-options.blogspot.kr/2013/08/detachment-how-do-we-act-ethicallywhen.htm

영유아기가 인간발달에 있어서 결정적 시기(critical period)라는 학자들은 인간은 과거의 경험에 의해 형성되며, 평생 이러한 경험이 덧붙여 나가게 된다고 생각한다. 예를 들어, 프로이드(Freud)는 영유아기의 경험이 평생토록 지속되는 효과를 갖고 있다고 본 최초의 학자로서 모든 성격은 생애 첫 5~6년간 형성되며, 특히 첫 2년이 중요하다고 주장했다. 고아원 영아를 대상으로 한 스피츠(Spitz, 1945)의 연구 또한 결정적 시기 가설을 뒷받침한다. 그가 연구한 영아들은 대부분의 시간을 인간과 거의 접촉하지 않고 장난감도 없는 요람에서 지냈다. 정상적인 '어머니의 돌봄'을 박탈당한 이들은 정상적으로 성장하지 못하고 심각한 위축과 우울을 나타냈으며, 질병에 대한 저항력도 없고 심지어 사망한 경우도 있었다. 스피츠는 영아기의 심각한 박탈이 돌이킬 수 없는 심리적 손상을 일으켰다고 믿었다.[1)]

② 결정적 시기에 대한 비판

결정적 시기 가설에 대해 반대하는 학자들은 인간은 생애 각 시점마다 각기 다른 방식으로 대처해 나간다고 본다. 즉, 생애 후기 단계가 반드시 초기 단계에 뿌리를 두고 있지는 않다는 것이다. 예를 들어, 카간과 클라인(Kagan & Klein, 1973)은 과테말라에서 생후 1년간 창문 없는 집에서 양육자의 관심을 거의 못 받고 자란 고립된 영아들은 말수가 없고 냉담하며 지체를 보였지만, 결국에는 적극적이고

1) 그러나 고아원에 수용되기 전에 영아가 정상적이었는지 확실치 않다는 비판이 있다.

행복하고 지적으로 유능한 아동(11세)으로 성장했다고 보고했다. 이러한 입장에서는 영유아기의 부정적 경험의 영향은 이후 단계에서의 긍정적 경험에 의해 상당히 중화된다고 본다.

③ 대안적 관점: 최적의 시기

영유아기가 이후 단계의 발달을 결정하는 절대적이고 고정적인 시기라는 결정적 시기 개념은 최적의 시기(optimal period) 개념으로 대체되었다. 이 입장에 따르면 영유아는 나이 든 아동보다 많은 면에서 환경에 민감하며, 환경의 영향을 많이 받는다. 인생의 초기 단계로서 영유아기는 이후 발달을 위한 토대를 제공하며, 영유아기의 영향이 오래 지속되는 경우가 많긴 하지만, 영유아기의 모든 경험이 장기효과를 갖는다거나 영유아기의 영향력을 반드시 돌이킬 수 없는 것은 아니다. 왜냐하면 영유아는 적응력과 회복력이 있으며, 역경을 극복할 수 있는 능력이 있는 존재이기 때문이다.

영아기의 경험이 계속되거나 사라지는 것은 환경의 지속 여부에 달려 있다. 환경이 지속적으로 유지된다면, 긍정적이든 부정적이든 영유아기에 발달한 속성은 유지, 강화될 가능성이 크다. 반면 환경이 바뀌면 영유아도 변할 것이다. 예를 들어, 미숙아로 태어난 영유아도 좋은 환경에서 성장한다면 문제가 장기적으로 지속되지는 않는다. 그러나 스트레스가 많고 열악한 환경에서 성장한다면 출생 시의 트라우마는 장기적인 부정적 효과를 가질 확률이 높아진다(Snow, 1998).

3) 발달의 연속성 : 단계론과 비단계론

① 발달의 연속성

경험이나 학습, 환경을 강조하는 학자들은 대개 발달을 점진적으로 변화하는 연속적인 과정으로 생각한다. 이러한 관점에서 볼 때 발달은 언덕을 기어오르는 것과 같아서 수정에서 사망에 이르기까지 각 시점은 질적으로 다르지 않고, 동일한 발달 법칙이 적용되므로 인간발달은 양적인 변화이다. 즉, 발달적 변화는 누적적으로 이루어지므로 연령의 증가에 따라 인간은 보다 복잡하고 조직적인 행동을 할 수 있게 된다. 이와 같이 발달의 연속성은 인간발달을 모양의 변화 없이 크기만 계속 변화하는 식물의 성장에 비유될 수 있다. 대표적인 이론으로는 학습 이론이나 인본주의 이론 등이 있으며, 이러한 이론들을 비단계 이론이라고 한다.

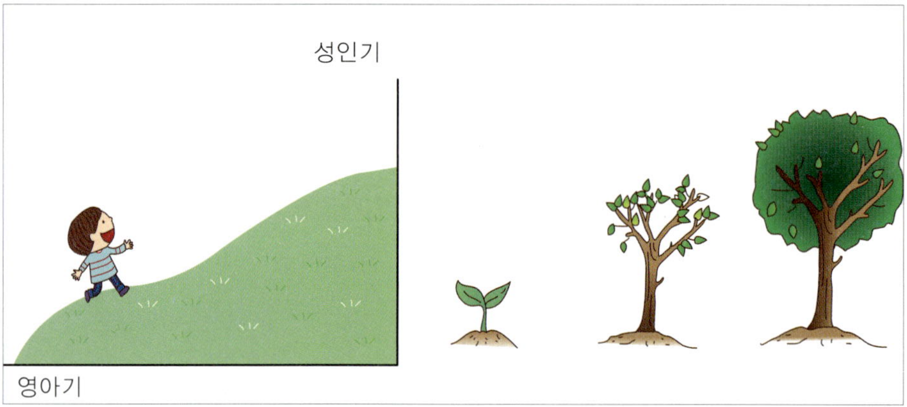

[그림 1-7] 발달의 연속성 : 비단계 이론

② 발달의 불연속성

이와 반대로 어떤 학자들은 발달은 마치 계단을 올라가는 것과 같이 불연속적으로 일어난다고 생각한다. 즉, 청소년기의 2차 성징의 출현이나 급격한 심리적 변화가 이전 단계와는 질적으로 다르듯이, 인간발달은 서로 구분되는 독특한 특성을 갖고 있는 단계들로 구성되며, 개인은 각 단계에서 성취해야 하는 발달 과업을 달성해야만 다음 단계를 순조롭게 맞게 된다는 것이다. 실제로 일부 태평양 및 아시아 문화에서는 영유아의 특질을 나타내는 단어들이 따로 있으며, 좀 더 나이 든 아동을 기술할 때에는 이러한 단어들을 사용하지 않는다. 또한 영유아의 특성을 기술할 때에는 지능이나 분노와 같은 성인용 용어들을 절대로 사용하지 않는다(Shaffer, 2005). 이러한 입장에서 볼 때 발달은 질적인 변화라 할 수 있으며,

'알-유충-애벌레-성충'의 과정을 거치는 곤충의 성장에 비유될 수 있다. 단계론의 대표적인 학자로는 프로이드나 에릭슨, 피아제 등이 있다.

[그림 1-8] 발달의 비연속성 : 단계 이론

4. 영유아에 대한 관점

1) 시대적 변화

(1) 고대

역사적으로 영유아는 열등한 존재로 간주되고, 사회적 척도(social scale)의 최하위에 위치하고 있었다. 부모는 영유아의 욕구에 거의 무관심하였고, 영유아는 매우 잔혹하게 다루어졌다. 예를 들어, 고대 로마에서는 아기가 태어나면 부계 가족의 수장이 아기를 살릴 것인지 죽일 것인지를 결정하던 전통이 있었다. 이외에도 많은 고대사회에서 아프거나 장애가 있거나 다른 이유로 부모에게 짐이 될

[그림 1-9] 강에 영아를 던져서 살해함
출처: http://en.wikipedia.org/wiki/File:Infanticide-ganges.jpg

것 같은 신생아를 죽이는 영아살해(infanticide)가 성행했다. 아마존 지역 인디언들은 아기가 태어나면 강물에 던져서 건강한 아이만 꺼내어 길렀다(김익균, 김혜금, 정원주, 최정선, 2005). 중국에서는 남아선호사상으로 딸이 태어나면 죽이는 풍습이 있었고, 불교의 영향을 받은 일부 지역에서는 가난한 부모들이 자녀가 좀 더 좋은 환경에서 다시 태어나기를 바라면서 신생아를 살해하였다. 신생아를 인간으로 여기지 않았고 생후 6개월이 지나야 생명이 시작한다고 보았기 때문이다(Lee & Campbell, 1997). 이와 같이 이 시대에는 집단의 안전이 최우선이었으므로 영아 개개인의 가치와 존엄성이 무시되었고, 앞으로 생산이나 종족보존에 기여할 수 있는지의 여부가 영아의 생존을 결정하는 기준이었다.

(2) 중세

중세 유럽에서 영유아는 장원을 위한 군사적, 경제적 수단으로서의 가치를 가졌다. 또한 신생아는 성인의 축소판으로 태어나며, 발달은 질적인 변화가 아니라 양적인 변화 개념으로 이해되었다. 그리하여 중세 미술작품에는 영유아가 단지 신체 크기만 작을 뿐 신체 비율이나 얼굴 형태는 성인처럼 표현되었다. 일례로 신생아가 통통하고 부드러운 살이 아니라 성인 남성의 근육을 가진 것처럼 묘사된 것이다. 비단 미술뿐만 아니라 실생활에서도 성인과 영유아의 차이에 대한 인식이 거의 없었다. 예를 들어, 영아는 배냇저고리를 벗자마자 성인처럼 옷을 입었다(Aries, 1962).

한편 중세에는 기독교의 영향으로 부모의 사랑을 옹호하고, 살해나 낙태, 학대로부터 영유아를 보호하기 위한 움직임이 있었다. 영유아를 위한 묘비도 이 시기에 나타나기 시작했다(곽금주 외, 2005). 그러나 이러한 변화에도 불구하고 영아 살해는 여전히 자행되었다. 1624년 영국에서 영아 살해를 범죄로 규정하고 사형에 처하는 법이 통과되었을 때 놀랍게도 영아 살해범 중에는 일반 여성이 많았다. 창녀들은 자신이 낳은 아이를 기르려고 했지만, 일반 여성들은 불륜의 증거를 없애고자 했기 때문이다. 영아 살해의 풍습은 차츰 영아 유기(abandonment)의 형태로 대체되었다(Dix, 2012). 많은 가난한 어머니들이 자녀가 입양되기를 바라면서 교회나 대저택의 계단에 영아를 버렸다. 부유한 부모는 생후 2년간 자녀를 유모에게 맡겨서 자녀와 긴밀한 관계를 갖지 못했다. 영유아의 발달에 있어서 사랑과 애정은 중요한 것으로 생각되지 않았으며, 가혹한 훈육과 체벌이 흔히 행해졌다.

명저탐색 아동의 탄생

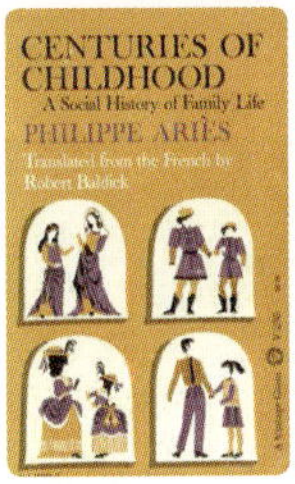

책명 : Centuries of Childhood: A Social History of Family Life
지은이 : Aries, P.
발행년도 : 1962
출판사 : NY: Vintage Books

책명 : 아동의 탄생
옮긴이 : 문지영
발행년도 : 2003
출판사 : 새물결

12세기까지 중세 서구 예술은 아동기에 대해 무관심하거나 아예 아동기를 묘사하려고도 하지 않았다. 아이들은 아이의 특징이 전혀 나타나지 않은 성인의 축소된 모습으로 묘사됐다. 예컨대 포동포동하고 보드라운 신생아의 살이 '식스팩' 같은 성인형 복근이 있는 식으로 그려졌다. 그림뿐만 아니라 실제 삶에서도 성인과 아이에 대한 인식의 차이가 거의 없었다. 영아는 배내옷을 벗자마자 성인처럼 옷을 입었다. 단지 아이의 신분만이 옷의 차이를 불러왔고, 성인과 아이의 옷은 크기에서만 차이가 있었다. 아이들만의 놀이문화도 거의 존재하지 않았다. 3~4세 이후 아이들은 어른들과 어울리며 어른들과 같은 놀이를 했다. 17세기까지 어른들은 아이들이 카드 놀이나 주사위 놀이를 하거나 돈을 걸고 도박을 하게 내버려두었다. 또 아이들 앞에서 성과 관련된 얘기도 거침없이 했다.

16~17세기를 거치면서 아동기 개념이 서서히 생겨났다. '천진난만', '친절', '장난' 등 아이의 특징이 인식됐고, 아이를 '귀여워하는' 감정이 발생했다. 아동기에 대한 독자적 인식이 성립된 것은 초상화 분석을 통해서 확인된다. 16세기 말 아이들 단독의 초상화가 그려진 묘지가 늘어나고, 17세기 초에는 아이만 있는 초상화의 수가 급증한다. 이 시기 초상화의 특징은 혼자 있는 아이의 모습 그 자체를 표현하고, 루벤스 같은 화가들의 인기 모델이 됐다는 것이다.

의복에도 변화가 생겼다. 17세기 귀족이나 부르주아 아이들은 어른과 같은 옷을 입지 않고, 각 연령에 해당하는 전용 복장을 갖게 됐다. 에로아르의『일지』에 따르면 아주 어린 시절엔 의복의 남녀 구분이 없었고, "생후 9개월인 루이 13세에게 걷기를 가르치려고 긴 치마에 멜빵을 매어주었다."라는 기록이 나온다. 아기 루이 13세는 누이와 같은 치마를 입는 것을 싫어했고, 누이가 비슷한 옷을 입자 '질투했다.' 라고 전해진다. " '어린 소년은 여자용 복장을 입고 있는 한 아직 아기'라고 여겨졌다. 긴 치마에 맨 멜빵은 2년 이상 입어야 했는데, 3세 2개월이 됐을 때 처음으로 '멜빵 없는 치마'를 입고 4세 생일 때 치마 밑에 반바지를 입었다. 5세가 되자 '갓난아기용' 모자 대신 남성용 모자를 썼고, 7세 8개월에 아동기 복장을 벗고 남성용 웃옷과 반바지를 입고 망토를 두르며 칼을 찼다."라고 기록되어 있다.

아이들만의 놀이문화도 생겨났고, 어른들이 아이들에게 하는 농담과 장난, 행위에도 각종 제약이 생겨났다. 아이들은 '보호하고 귀여워해야' 하는 존재로 거듭 태어난 것이다.

[그림 1-10] 성인의 축소판으로서의 아동을 표현한 그림

출처: http://blog.hankyung.com/raj99/8910143

(3) 근대

[그림 1-11] 스탠리 홀
(G. Stanley Hall, 1844~1924)

이와 같이 역사적으로 영유아는 연구대상으로 주목받지 못했다. 또한 높은 영아사망률로 인해 자녀의 발달에 관심을 두기 어려웠기 때문에 영유아발달을 다루었다고 할 만한 가치 있는 책도 발간되지 않았다(Irwin & Bushnell, 1980). 16세기가 되어서야 부모를 위한 양육지침서가 나타나기 시작했는데, 대부분 과학적 신뢰성이 결여되고 저자의 편견이나 선입견, 아전인수적인 이론에 의존하고 있었다. 예컨대 영유아가 병이 나지 않도록 어머니는 화난 직후에는 젖을 먹이지 말아야 한다거나 생후 3주부터 배변훈련을 시작할 것, 엄지손가락을 빨지 못하도록 생후 몇 개월간 영아의 팔을 묶어 놓을 것 등과 같은 내용이었다(Papalia & Olds, 1982). 18세기 이후에는 국가와 교회에 대한 책임감을 가르치도록 교사와 부모를 지도할 목적으로 많은 책이 저술되었다. 로크(Locke)의 『교육론』(Some Thoughts Concerning Education)이나 루소(Rousseau)의 『에밀』(Emile), 페스탈로치(Pestalozzi)의 『거르트루드는 어떻게 자녀를 가르치는가』(How Gertrude Teaches her Children)는 영유아가 무엇을 배우고, 무엇을 알아야 하며, 어떻게 행동해야 하는가를 다루는 대표적인 저술이다.

19세기가 되어서야 지식의 소유자와 행위자(knowers & behaviors)로서 영유아가 관심을 받고, 영유아기가 독립되고 중요한 생애 단계로 사람들의 마음 속에 자리잡기 시작했다. 19세기 초 다윈의 진화론은 영유아에 대한 과학적 탐구를 일으켰고, 19세기 후반 영유아의 마음을 질문지법을 통해 객관적으로 측정한 홀(Hall)은 미국에서 영유아 연구가 새로운 학문 분야로 자리 잡는 데 결정적 역할을 했다(Irwin & Bushnell, 1980). 다윈과 홀에 의해 발달심리학의 기초가 형성된 후에 많은 연구가 이루어졌고, 영유아의 보호와 교육, 복지에 폭넓게 활용됐다.

(4) 현대

20세기에 들어와 영유아의 발달과 보호에 관심을 갖는 새로운 시대가 열렸다. 의학에서는 소아과가 독립된 분야로 확립되었으며, 위생과 의료의 향상으로 영아 사망률이 감소했고, 영유아와 그 가족의 생활을 향상시키기 위한 운동이 이루어졌다. 또한 영유아의 발달 특성을 고려한 혁신적인 연구방법의 개발로 영유아발달에 관한 학술연구뿐만 아니라, 대중잡지 등 수많은 저술이 출판되고, 영유아발달에 관한 지식이 놀랍게 축적되었다(Snow, 1998). 예를 들면, 피아제, 프로이드, 에릭슨 등과 같은 발달 심리학자들의 체계적인 연구결과는 인간발달에서 영유아기의 중요성을 크게 부각하고, 영유아를 과학적으로 이해할 수 있는 이론적인 발판이 되었다. 또한 20세기를 아동의 세기로 부른 스웨덴의 아동학자 엘렌 케이(Ellen Key)는 모든 인간이 생존, 발달할 수 있는 권리가 있듯이 아동은 튼튼히 태어날 권리, 건전하게 키워질 권리, 정상적인 가정생활을 영위할 권리, 교육을 받을 권리, 정서적 및 도덕적 훈련을 받을 권리, 유희나 오락을 충분히 즐길 수 있는 권리가 있다고 주장했다. 이후 1989년 UN은 아동권리협약(Convention of the Right of the Child)에서 아동의 4가지 기본 권리를 기본적인 삶을 누릴 권리인 생존권, 부당한 형사처분과 과도한 노동 등 모든 형태의 학대와 방임에서 보호받을 수 있는 보호권, 교육을 받을 수 있는 권리와 문화생활 등 여가를 즐길 권리를 포함한 발달권, 자신에게 영향을 주는 문제에 대해 의견을 말할 수 있는 권리인 참여권으로 규정하였다.

2) 아동관의 유형

이상과 같이 아동이 권리의 주체라는 관점이 발전하기까지 존재했던 다양한 아동관을 정리하면 다음과 같다(김정래, 2020).

(1) 마음이 없는 존재

가장 단순하고 조잡한 아동관으로서 아동을 '마음이 없는 존재'(mindless)로 보는 관점이다. 이러한 관점에 의하면 아동은 인간보다는 동물에 가까운 존재이다. 즉, 아동은 사물을 전혀 인지하거나 지각할 수 없으며, 아무것도 기대할 수 없는 존재라는 의미이다. 따라서 성인의 역할은 아동에게 기본적이고 생리적인 욕구를 충족시켜 주고, 신체적인 안전을 보장해 주는 것과 함께 질병, 기아, 추위와 같은 위해로부터 보호해 주는 것이다. 이 아동관은 아동을 생존적 차원에서 보호한다는 의미가 있지만, 다른 한편으로는 아동을 성인의 소유물로 본다는 뜻도 담고 있다.

(2) 작은 성인

아동을 '작은 성인'(miniature adult)으로 보는 관점은 아동을 마음이 없는 존재로 보는 것보다는 다소 발전된 관점이지만, 역사적으로 아동에게 많은 부담과 멍에를 지게 한 관점이다. 이 아동관에 의하면 아동은 성인에 비해 크기만 작은 존재이지 다른 면에서는 성인과 동일한 특징을 갖는 존재이다. 이는 아동의 사고과정이 성인의 사고과정과 근본적으로 동일하다는 가정에 근거하고 있다. 따라서 성인이 할 수 있는 일은 당연히 아동이 수행할 수 있으므로 아동은 노동과 생계유지를 위한 속박에서 벗어날 수 없다.

(3) 주조될 수 있는 존재

아동을 '주조(鑄造)될 수 있는 존재'(moulded being)로 보는 관점은 아동의 인격적 주관성을 전혀 고려하지 않는 아동관이다. 이러한 관점은 아동의 가소성(可塑性)에 근거가 있으며, 아동을 짜 맞추어야 할 틀의 모양과 강도를 결정하는 책임을 아동이 아닌 성인에게 둔다. 아동이 형성되어야 할 존재로서 '틀'을 잘 제시하는 것이 중요하며, 형성 과정에 있어서 아동은 성인의 '조작 대상'(the manipulated)인 '수동적인 존재'(passive recipient)이다. 아동에게 의사결정과 책임 소재조차도 물을 수 없다는 점에서 '작인 성인'보다 더 열악한 아동관이라고 할 수 있다.

(4) 능동적 존재

아동을 수동적인 대상이 아니라 성장하는 '능동적 존재'(growing being)로 보는 아동관은 아동의 인격을 최초로 인정한 아동관이다. 이 관점에 따르면, 아동은 더 이상 성인의 부속물이 아니고 조작될 대상도 아닌 엄연한 하나의 인격체이다. 이 아동관이 자리 잡게 된 데에는 두 가지 요인이 있다. 하나는 계몽주의의 영향이고, 다른 하나는 실증적 연구의 결과이다. 계몽주의는 인권사상을 낳았으며, 이어 인권의 보편성에 아동을 포함시켰다. 인간에 대한 실증적 연구는 아동의 세계가 성인의 세계와는 별도로 존재한다는 사실을 입증해 주었다. 이러한 관점의 대표적인 학자로는 아동이 사고과정이 성인의 사고과정과 질적으로 다르다고 본 피아제를 들 수 있다.

2 영유아발달의 연구방법

영유아기는 출생에서 취학 전까지로 전체 인생의 5%도 안되는 짧은 기간이지만, 발달 속도가 매우 급격한 시기이다. 또한 인간발달의 초기 단계인 영유아기는 이후의 단계들과 뚜렷이 구별되는 특성(예 예기치 않은 낮잠, 이동 능력 및 의사소통 기술의 부족, 짧은 주의집중)을 갖고 있다. 따라서 영유아의 발달을 측정, 평가할 때에는 성인이나 좀 더 큰 아동을 연구할 때보다 더 많은 노력과 주의가 요구된다.

영유아발달을 연구하는 목적은 연령에 따른 변화를 기술함으로써 보편적인 발달 양상을 밝히고, 발달의 개인차, 즉 유전과 환경이 영유아의 행동에 어떠한 차이를 가져오는지를 설명하는 데에 있다. 이러한 연구는 영유아에게 바람직한 가정환경이나 보육환경을 구성하고 발달에 적합한 경험을 제공할 수 있다. 나아가 영유아발달에 부정적인 영향을 미칠 수 있는 다양한 요인을 사전에 예방하고, 발달규준에서 벗어난 영유아에게 보다 적절한 시기에 중재를 함으로써, 영유아의 건강한 성장 발달을 도모할 수 있다. 본 장에서는 영유아의 발달 특성으로 인한 연구의 어려움 및 영유아를 연구할 때 지켜야 할 윤리적인 문제 등을 살펴본 후 과학적인 영유아 연구를 위해 사용되고 있는 다양한 자료수집 방법과 연구설계를 학습할 것이다.

[그림 2-1] 대학(U of California at Davis) 연구실의 영아 검사 장면

출처: http://www.dana.org/news/features/detail.aspx?id=7748

1. 영유아발달 연구의 특성

1) 영유아발달 연구의 어려움

나이 든 아동이나 성인에 비해 영유아는 발달 특성으로 인하여 다음과 같은 연구의 어려움이 있다(Miller, 1987).

① 연구대상 모집의 어려움

영유아는 나이 든 아동이나 성인들처럼 연구에 자발적으로 참여 의사를 표할 수 없다. 특히 영아의 경우에는 학교나 유치원 같은 기관을 통해 집단적으로 표집하기도 힘들다. 영유아를 표집하는 것은 시간과 비용이 많이 들지만, 이보다 더 큰 문제는 표집 된 영유아 집단의 대표성이다. 예를 들어, 소아과에 오는 영아를 표집했다면 이들은 편파적인 집단(건강이 안 좋은 영유아)일 가능성이 크다.

② 연구대상의 높은 탈락률

영유아는 발달 특성상 졸음이나 낮잠, 짧은 주의집중 등의 이유로 검사가 끝날 때까지 남아 있지 못하여 중도 탈락률이 높다. 인간을 대상으로 한 연구에서 연구대상의 유실 문제는 영유아 집단에서 가장 심각하게 나타난다. 높은 탈락률은 단순히 연구대상의 수의 감소에서 그치지 않는다. 즉, 탈락한 영유아(발달이 늦음)와 남아있는 영유아(발달이 빠름)가 동질적인 집단이 아니므로 연구결과를 전체 집단의 특성으로 일반화하기 어렵다는 것이 더 큰 문제이다.

③ 검사/실험 당시 영유아의 상태

물론 검사나 실험 당시의 컨디션이 중요하다는 것은 영유아에게만 국한된 것은 아니며, 인간은 누구나 졸릴 때보다는 깨어 있을 때 자극에 더 잘 반응하며, 배고플 때와 그렇지 않을 때 다르게 반응한다. 그러나 특히 영유아는 상태의 변화가 심하고, 나이 든 아동이나 성인보다 상태를 잘 통제하지 못하므로 검사 시간이 짧아야 한다.

④ 측정의 어려움

나이 든 아동이나 성인을 대상으로 한 연구는 대부분 언어에 의존하고 있으나 영유아는 언어를 사용하여 연구하는 것이 힘들다. 따라서 대화나 문자를 통한 소통이 어려운 영유아의 능력을 추론할 수 있는 반응을 찾아내고, 이를 적절히 측정할 수 있는 방법을 고안해야 하는 문제가 있다.

2) 영유아발달 연구와 윤리

영유아를 대상으로 연구를 수행할 때 아무리 연구결과가 인류에게 큰 도움을 준다고 할지라도 영유아의 건강이나 복지, 인간으로서의 존엄성을 손상시키는 연구라면 진행해서는 안 된다. 특히 통제된 상황에서 수행되는 연구방법들은 여러 가지 윤리적 문제를 불러일으킬 수 있다(김말숙, 2008). 영유아는 성인과 달리 성장 중에 있기 때문에 연구 과정에서 경험한 작은 스트레스에도 성인보다 취약할 수 있으며, 이보다 더 큰 연구에 참여함으로써 입게 될 유형·무형의 피해가 성인보다 다양하다. 따라서 영유아를 대상으로 한 연구는 다음과 같이 이들의 권리를 보호하면서 이루어져야 한다(이옥, 2003; 이완정, 2003; Papalia & Olds, 1982; Wicks-Nelson & Israel, 2003).

① 참여 동의

연구대상은 연구 목적과 절차, 참여에 따른 위험과 이득, 그리고 참여를 대신할 만한 다른 대안의 가능성을 충분히 이해해야 한다. 영유아는 연구 참여를 동의하지 않은 채 연구대상이 될 가능성이 크다. 설혹 영유아가 동의했다고 해도 성숙한 판단 능력이 있다고 볼 수 없으므로 부모에게 대신 서면 동의를 받을 필요가 있다. 이때 부모의 동의는 자유롭고 자발적으로 이루어져야 한다. 유치원이나 어린이집, 병원, 산후조리원 등의 기관을 통해 영유아를 참여시킬 경우에는 기관장의 서면동의를 구하며, 교사를 통해 영유아의 신상 정보나 개인기록을 얻을 때에는 교사에게도 서면동의를 받아야 한다.

② 사생활 보장

연구대상은 태도나 행동 등을 어느 수준까지 공개할지 결정할 권리가 있다. 따라서 연구자는 영유아에 관한 모든 정보에 대해 비밀을 지키고 연구결과를 구두나 원고로 발표할 때뿐만 아니라 동료나 학생들과 연구결과를 논의할 때에도 연구대상의 정체나 인적 사항을 노출하지 말아야 한다. 일방경(one-way mirror)이나 몰래카메라, 녹음기 등은 영유아가 의식하지 못하는 상태에서 행동을 관찰, 기록할 수 있게 해준다. 연구자는 이와 같이 수집한 정보를 영유아에게 불리하게 사용해서는 안 되며, 영유아를 익명으로 보호해야 할 책임이 있다.

③ 진실성

연구의 내용이나 설계에 따라 연구대상에게 특정 정보를 감추거나 속여야 하는 경우가 있다. 예컨대 실패에 대한 반응을 검사하면서 영유아에게는 새로운 놀이를 시험한다고 말하는 것이다. 불가피한 경우를 제외하고는 연구대상을 속이지 말아야 하며, 속여야 한다면 나중에 이를 알려주어야 한다. 영유아가 어려서 이를 잘 이해할 수 없는 경우에는 가능한 한 쉬운 말로 구체적으로 말해 준다. 영유아에게 설명해 주지 않는 편이 부정적 결과를 막을 수 있어 오히려 도움이 된다고 판단될 때에는 이에 대하여 동료전문가의 자문과 동의를 얻는다.

④ 보호

연구대상은 연구에 참여함으로 인해 어떠한 물리적, 심리적, 법적 혹은 경제적 피해도 입어선 안 된다. 예컨대, 공격적인 모델을 보여주는 연구는 영유아에게 해로울 수 있다. 어떤 연구자들은 특정 기술이나 사고를 시작하는 시기를 밝히기 위해 너무 어린 영유아를 연구하거나 영유아의 능력의 한계를 발견하고자 영유아가 반응할 수 없을 때까지 계속 연구를 진행하기도 한다. 이러한 연구 설계에는 이미 실패가 전제되어 있으며, 영유아의 자존감을 손상시킬 수 있다. 관찰 연구에서조차 영유아는 성인 못지않은 불안이나 긴장을 느낄 수 있으므로 연구자는 모든 위험 가능성에 대해 각별한 주의를 기울여야 한다.

⑤ 신중한 보상

영유아의 연구 참여에 대해 부모에게 보상할 경우에는 부모가 이 때문에 자녀의 참여를 결정하는 데 영향을 받지 않도록 해야 한다. 보상을 제공할 때에는 보상에 대한 설명과 연구에 참여함으로써 얻게 되는 불이익이나 불편 혹은 피해 등을 함께 설명해 주어야 한다. 또한 언제든지 참여를 중지하여도 보상의 철회나 불이익을 받게 되지 않을 것이라고 말해주는 것도 필요하다. 보상은 가급적 부모보다는 영유아에게 주고, 가능한 한 금전보다는 장난감 등 물건으로 제공하는 것이 좋다.

2. 영유아발달 연구를 위한 자료 수집

1) 관찰법

관찰법(observation)은 연구대상의 행동을 주의 깊게 관찰하고 이를 기록하는 것으로 영유아를 대상으로 한 연구에서 가장 널리 사용되는 방법이다. 특히 언어적 이해와 표현이 부족한 어린 영아의 연구에 매우 유용한 연구방법이다. 그러나 관찰법을 사용할 때 관찰자는 연구대상에 대한 편견이나 연구결과에 대한 관찰자 자신의 기대로 인하여 왜곡된 관찰이 되지 않도록 객관성을 유지해야 한다. 연구대상 역시 자신이 관찰당하고 있음을 인식함으로 인해 평소와는 다른 행동을 보일 수 있는데, 일방경(one-way mirror)을 이용하면 이러한 문제를 해결할 수 있다.

관찰법은 관찰 장면의 통제 여부에 따라 자연적 관찰법과 체계적 관찰법으로 나뉜다.

[그림 2-2] 일방경을 통해 자연스러운 상호작용을 관찰

출처: http://pediatrics.med.miami.edu/mailmancenter/clinical-services/developmental-behavioral-pediatrics/parent-child-interaction-therapy

(1) 자연적 관찰법 : 육아 일기

자연적 관찰법(naturalistic observation)은 있는 그대로의 자연스러운 상황에서 일어난 행동을 아무 제한 없이 관찰하는 것이다. 대표적인 방법으로는 육아 일기(baby diary)가 있다. 이는 영유아의 행동을 연구하고 기록하고자 한 가장 오래된 방법이다. 1787년 독일 철학자 티더만(Tiedemann)이 최초로 출판했지만, 1877년 다윈(Darwin)과 1888년 프레이(Preyer)가 체계적으로 육아 일기를 저술함으로써 학문적 인정을 받게 되었다. 20세기에 들어와서는 피아제(Piaget)가 육아 일기의 자연적인 관찰 방법과 세 자녀를 대상으로 한 비형식적인 실험을 결합하였다. 예를 들어, 영유아에게 물체를 조작하게 한 다음 반응을 체계적으로 기록했다. 이와 같이 육아 일기는 대개 영유아의 부모이자 과학자인 관찰자가 매일매일 영유아의 행동을 기록한 것이다(Snow, 1998).

육아 일기는 특정 영유아에 대한 심도 있는 정보를 제공하며, 행동의 변화 과정을 보여주는 장점이 있다. 그러나 기록자가 부모이므로 긍정적인 면은 강조하고 부정적인 면은 간과하는 등 객관성이 낮다. 표본이 작아서 모든 영아의 특성으로 일반화할 수 없는 것도 단점이다. 1880~1920년 중요한 영유아 연구 방법이었으나 이후 실험 연구가 인기를 끌면서 육아 일기는 그다지 이용하지 않게 되었다(김지은, 김진숙, 1995).

육아 일기의 예 **다윈의 육아 일기**

1839년 12월 27일. 윌리엄이 태어났다. 첫 주에 노인처럼 하품을 하고 팔 뻗고 딸꾹질을 하고 재채기를 하고 빨았다. 본능에서이든 혹은 가슴의 부드러운 표면과 연합된 지식에서이든 얼굴에 손을 댄 것은 즉시 빨고 싶은 것처럼 보였다. 울고 울부짖기는 했지만 눈물은 없었다. 종이로 발바닥을 만지니까(정확히 생후 1주일째) 사람이 간지럽히는 것처럼 발가락을 갑자기 움직이고 구부렸다. 나는 다른 어떤 곳보다 팔 아래 부분이 민감하다고 생각한다. 목과 겨드랑이, 발가락 사이는 거의 접촉하지 않지만 쉽게 간지럽힐 수 있다. 발바닥 표면은 항상 접촉한다. 그래서 손끝이나 팔다리나 신체의 다른 부분은 간지럼에 민감하지 않다.

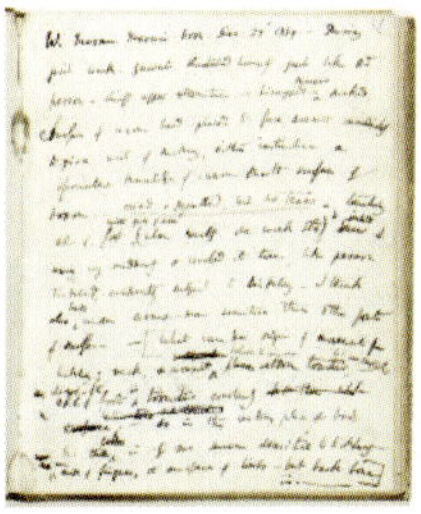

출처: http://www.darwin-project.ac.uk

(2) 체계적 관찰법 : 시간표집법

체계적 관찰법(systematic observation)은 관찰하려는 행동이나 시간을 미리 계획해 놓고 특정 영역의 행동만을 관찰하는 것이다. 시간표집법(time sampling)은 대표적인 체계적 관찰법의 하나로 관찰 기간에 계속 관찰하는 것이 아니라 일정 시간 단위로 잠시 영유아의 행동을 관찰하고 기록하는 방법이다. 관찰 시간이 짧고 관찰 방법도 용이하다. 그러나 실제 관찰 전 계획단계에서 관찰의 행동 범주를 나누고, 관찰 시간 단위를 정하는 등 상당한 준비가 필요하다. 아래는 실내와 실외 놀이환경에서 각기 15초 단위로 영아의 놀이 행동을 체계적으로 관찰하고, 관찰된 놀이 행동을 미리 계획한 놀이 행동 범주에 따라 기록한 사례이다.

체계적 관찰의 사례

관찰 방법 : 시간표집법에 의해 15초 단위로 놀이가 나타난 횟수를 기록
관찰 도구 : 이현경(2003)의 척도

구분		정의
인지적 놀이행동	탐색행동	물건을 들고 빨거나 손으로 만지거나 쳐다보는 등 사물을 탐색한다.
	기능적 조작	한 가지 사물을 그 사물의 특성에 맞게 적절한 방식으로 조작하고 가지고 논다.
	사물의 조합	두 개 이상의 사물을 결합하여 가지고 논다.
	자신에 대한 가상놀이	자기 자신에 대해 가상 행동이 이루어진다.
	타인에 대한 가상놀이	타인이나 사물에 대해 가상 행동이 이루어진다.

관찰 결과 : 총 24명의 영아를 관찰한 놀이 행동의 평균은 다음과 같다.

	실내	실외	계
탐색 행동	5.54	4.75	5.15
기능적 조작	9.58	10.17	9.88
사물의 조합	1.65	6.43	4.04
자신에 대한 가상놀이	4.79	2.08	3.44
타인에 대한 가상놀이	2.13	0.71	1.42

출처: 이현경(2007). 실내 · 외 놀이환경에서 걸음마기 영아의 놀이 행동 연구. 열린유아교육연구,12(1). 97-121

2) 질문지법

사회과학에서 가장 빈번히 사용되는 질문지법(questionnaire)은 20세기 초 홀(Hall)이 영유아와 청소년 문제의 연구에 사용한 이후 영유아 연구에 많이 활용됐다. 질문지법은 고정된 질문지에 응답자가 직접 응답을 기재하는 것으로, 동시에 많은 연구대상에게 질문지를 배부하여 빠른 시간에 수거할 수 있어 경제적이다. 그리고 익명성이 보장되므로 응답자의 솔직한 생각을 얻을 수 있어 민감한 연구 주제를 다룰 때 적절하다. 역으로 익명성은 응답자가 응답을 안 하거나 무성의하게 하도록 만들 가능성이 있고, 응답 내용의 진위도 확인하기 어려운 단점이 있다. 또한 독해력이 있는 응답자에게만 실시할 수 있어서 저학력자나 노인, 영유아 등에게는 실시하기 곤란하다. 따라서 영유아 연구에서 질문지법은 주로 영유아의 행동에 대해 양육자가 응답하게 하는 방식으로 이루어진다. 질문지의 문항은 폐쇄형 문항과 개방형 문항으로 나뉜다.

(1) 폐쇄형 문항

폐쇄형 문항(closed-ended question)은 몇 개의 범주를 주고 그중에서 응답을 선택하게 하는 것이다. 객관식이므로 채점과 분석이 용이하다. 그러나 한정된 범주 중에서 적절한 응답을 찾기 어려운 경우가 종종 있으므로 신중하게 문항과 범주를 구성해야 한다.

(2) 개방형 문항

개방형 문항(open-ended question)은 일정한 양식 없이 응답자가 질문에 자유롭게 서술하는 것이다. 응답이 몇 개의 범주로 응축되기 어려운 복잡한 문제에 좋으며, 폐쇄형 질문을 만들기 위한 예비조사에 많이 사용된다.

질문지법의 예

폐쇄형 문항의 예

3월 첫 주에 자녀가 다니는 어린이집에서 실시하는 초기 적응 프로그램에 부모가 참여하는 시간으로 적정하다고 생각되는 것에 V 표시해 주십시오.

- □ 1시간 이하
- □ 1시간 이상~2시간 미만
- □ 2시간 이상~3시간 미만
- □ 3시간 이상~4시간 미만
- □ 보육 시간 끝날 때까지

개방형 문항의 예

자녀의 적응에 도움이 되었던 요인은 무엇입니까?

____

출처: 신희남(2013). 영아 및 어머니의 특성, 어머니의 적응지원전략이 어린이집 적응에 미치는 영향: 단기종단연구. 경희대학교 대학원 박사학위 논문.

3) 면접법

면접법(interview)은 원래 임상 진단이나 상담 및 치료에 사용되던 것이다. 연구방법으로 사용된 것은 비교적 최근이며, 피아제에 의해 아동연구에도 적용되기 시작했다. 면접자와 피면접자가 직접 마주한 상황에서 자료를 수집하기 때문에 면접법은 시간과 비용이 많이 들고, 많은 연구대상에게 실시하기 어렵다. 그러나 피면접자의 응답 외에 태도나 표정 등 비언어적인 행동까지 관찰할 수 있어 정확한 정보를 얻을 수 있다. 아울러 질문지로는 이해하기 어려운 문항일지라도 면접법에서는 피면접자가 이해하기 쉽도록 설명을 해주어서 응답률을 높일 수 있는 장점도 있다. 면접법은 독해력이 부족한 연구대상에게 질문지법을 대신할 수 있는 유용한 방법이지만, 영유아의 경우에는 질문지법은 물론이고 면접법도 직접 사용하기 어렵다. 따라서 영유아 연구에서 면접법은 주로 양육자를 대상으로 영유아의 행동 특성이나 양육과 관련된 내용을 묻는 형식으로 이루어진다. 면접방식은 구조적 면접 혹은 표준화된 면접 방식과 비구조적 면접 혹은 비표준화된 면접 방식이 있다. 어떠한 방식으로 진행하든 면접자는 피면접자가 솔직한 대답을 할 수 있도록 편안하고 수용적인 분위기를 조성하는 것이 중요하다.

(1) 구조화된 면접

구조화된 면접(structured interview)은 면접이 객관적, 체계적으로 이루어지도록 면접 내용과 질문 순서를 미리 정해 놓은 것이다. 따라서 개별 면접자의 질문방식이나 어휘 선택으로 인한 오류를 방지함으로써 초보 면접자도 사용할 수 있다. 다음은 조사 전문업체의 전화 면접 사례이다.

구조화된 면접의 예

안녕하십니까? 저는 전문조사기관인 미디어리서치 면접원 ○○○입니다. 저희는 현재 국무총리 산하 육아정책 전문 연구기관인 육아정책연구소의 의뢰를 받아 영아를 둔 가구를 대상으로 양육수당 지원 등에 관한 조사를 실시하고 있습니다. 귀하께서 응답하신 내용은 통계법 제 33조 및 34조에 따라 통계목적 이외에는 절대로 사용되지 않습니다. 귀하의 협조가 꼭 필요하니 잠시만 시간을 내시어 협조 부탁드리겠습니다. 감사합니다. 먼저 정확성 있는 조사를 위해 몇 가지만 확인하겠습니다.

SQ1) 양육수당 수급 여부 : ① 그렇다 ☞ 조사 계속 ② 아니다 ☞ 조사 중단

※ 양육수당 지급 대상 자녀에 대한 질문입니다.

• 문 1-1-1. (취업한 경우) 어린이집에 보내지 않고 집에서 키우는 이유는?
① 아이가 너무 어려서 집에서 키우고 싶어서
② 질적으로 마음에 드는 시설이 없어서
③ 아이가 어린이집에 적응을 잘 못해서
④ 근무 시간과 어린이집 이용 시간이 안 맞아서
⑤ 양육수당을 받기 위해서
⑥ 기타(______________)

• 문 1-1-2. (취업한 경우) 아이는 주로 누가 돌봐줍니까?(→ 문 1-1-3으로)
① 조부모(친정/시부모) ② 친인척
③ 베이비시터 등 전문인력 ④ 기타(__________)

• 문 1-1-3. (취업한 경우) 양육수당 금액이 현재 수준(월 10~20만 원)보다 증액된다면 양육수당을 받고 직장을 그만 다닐 의향이 있습니까?(→ 문 2로)
① 있다→월 얼마를 받으면 직장을 그만 두시겠습니까? 월 (_______)만 원
② 없다

출처: 유해미, 서문희, 한유미, 김문정(2012). 영아 양육비용 지원정책의 효과와 개선방안: 양육수당을 중심으로. 육아정책연구소

(2) 비구조화된 면접

비구조화된 면접(unstructured interview)은 질문 방식이 고정화되어 있지 않아서 피면접자의 응답 내용에 따라 면접자가 재량껏 질문의 방향을 결정할 수 있는 것으로 비표준화된 면접이라고도 한다.

비구조화된 면접의 예

본 연구에서는 공식적인 면담보다는 비공식적인 자연스러운 대화가 더 큰 비중으로 다루어졌다. 영아를 양육하는 어머니의 자연스러운 대화가 더 큰 비중으로 다루어졌는데, 왜냐하면 영아를 양육하는 어머니가 따로 시간내기 어려울 뿐만 아니라 어머니들의 관점과 생활세계, 그들의 의식, 주관성, 자녀 양육에 대한 생각 등은 상황에 따라 자연스럽게 표출되는 특성이 있기 때문이다.

따라서 면담은 참여관찰을 하는 동안 비형식적인 대화의 형태로 상황에 따라 수시로 실시하였고 영아의 어머니 또한 자연스럽게 기억나는 영아의 생활사를 들려주는 형태로 진행하였다.

출처: 권경숙(2007). 영아 사회화 과정에서의 어머니 역할에 대한 문화 기술적 연구. 성신여자대학교 대학원 박사학위 논문.

4) 실험법

실험법(experiment)은 어떤 변인이 다른 변인에 미치는 영향, 즉 인과관계를 밝히기에 적합한 방법으로 독립변인(independent variable)과 종속변인(dependent variable), 실험집단(experimental group)과 통제집단(control group), 사전검사(pre-test)와 사후검사(post-test) 등의 요소로 구성된다. 일례로 '영아를 위한 대화식 그림책 읽기 프로그램의 효과' 연구의 경우 독립변인은 대화식 그림책 읽기 프로그램이며, 종속 변인은 영아의 언어발달이다. 이 프로그램의 효과를 밝히기 위해서는 프로그램 실시 전과 실시 후에 각기 언어발달 검사를 실시하면 된다. 만

약 사전검사 점수보다 사후검사 점수가 유의하게 높아졌다면 이 프로그램은 효과가 있는 것이고, 두 검사 시점 사이에 점수의 변동이 없다면 프로그램은 효과가 없는 것으로 해석할 수 있다. 한편 언어점수의 향상이 정말로 프로그램의 효과 때문인지는 확실치 않다. 시간의 경과에 따라 영아가 성숙했거나 혹은 같은 검사를 두 번 받은 연습효과로 인해 점수가 상승한 것일 수도 있기 때문이다. 이 문제를 해결하려면 영아를 실험집단과 통제집단으로 나누어 실험집단에만 프로그램을 실시하면 된다. 아래 예에서 두 집단은 평균 연령이 각기 31.6개월과 31.0개월로 유사하다. 그러나 실험집단은 사전검사 107.45점에서 사후검사 140.17점으로 32.71점이 상승한 반면, 통제집단은 사전검사 114.69점에서 사후검사 131.19점으로 16.50점만 상승했다. 프로그램의 실시 여부를 제외하면 두 집단은 동질적이므로 이러한 차이는 프로그램의 효과 때문인 것으로 해석할 수 있다.

실험 연구의 예

독립 변인 : 대화식 그림책 읽기 활동　　　종속 변인 : 영아의 언어 발달

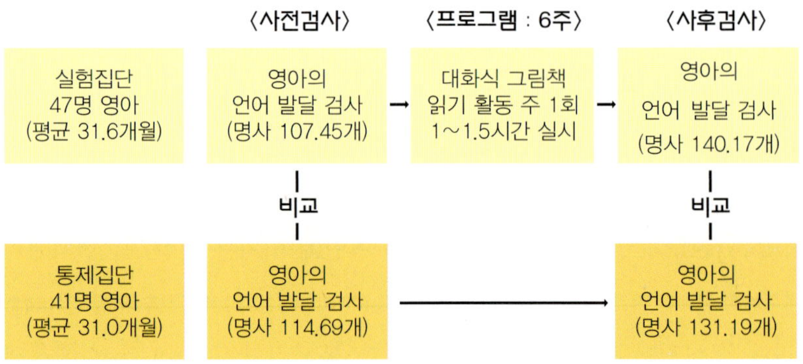

출처: 이미화(2003). 영아를 위한 대화식 그림책 읽기 교사교육 프로그램의 효과. 연세대학교 박사학위 논문.

5) 검사법

검사법(test)은 일정한 시간 내에 객관적인 형식과 절차를 통해 행동을 측정하는 방법이다. 검사를 활용하면 영유아의 여러 측면의 능력을 손쉽게 평가할 수 있다. 특히 표준화된 검사는 문항, 실시 절차, 채점 방법이 표준화되어 있기 때문에 전국적, 지역적 비교가 가능하다. 또한 많은 연구와 통계적 절차를 통해 개발된 것이므로 공신력이 있다. 이외에도 지필식 집단검사는 실시와 채점이 용이하고 비용도 적게 든다는 이점이 있다. 그러나 영유아의 경우 발달 특성상 지필식 집단검사를 사용하기 어렵다. 먼저 언어나 행동적 제약이 많은 영유아의 특성을 고려하여 고안된 검사법들을 소개한 후 대표적인 표준화 검사인 지능검사를 소개하기로 한다.

(1) 선호법

선호법(preference method)은 영아의 시지각을 연구하기 위해 판츠(Fantz)가 고안한 방법으로 두 개 이상의 자극을 동시에 제시한 후 영아가 각 자극을 응시한 시간을 측정하는 것이다. 이는 영아가 선호하는 자극을 더 오래 볼 것이라는 가정에 기초하고 있다. 선호법은 영아의 반응(눈의 움직임)을 최소한으로 요구하기 때문에 어린 영아에게도 사용할 수 있으나 다음과 같은 제한점도 있다. 첫째, 변별의 이유를 정확히 알기 어렵다. 즉, 영아가 두 자극 중 하나에 선호를 보였다면, 자극 간의 차이를 인지했음은 분명하지만, 구체적으로 어떤 정보를 변별했는지는 알 수 없다. 둘째, 해석의 오류 가능성이다. 영아가 어떤 한 자극을 오래 보았다고 해서 꼭 그것을 선호한다고 해석할 수는 없다. 예컨대 '네모'를 오래 본 것이 '모양' 때문이 아니라 단지 그것이 '오른쪽'에 있어서일 수도 있다. 영아는 위치적 선호(대개 오른쪽)를 갖고 있기 때문이다. 또한 영아가 두 자극을 동일한 시간 동안 본 경우에도 변별을 못해서인지 단지 선호를 안 해서인지 해석하기 애매하다. 변별을 할 수는 있지만, 두 자극을 똑같이 좋아할 수도 있기 때문이다.

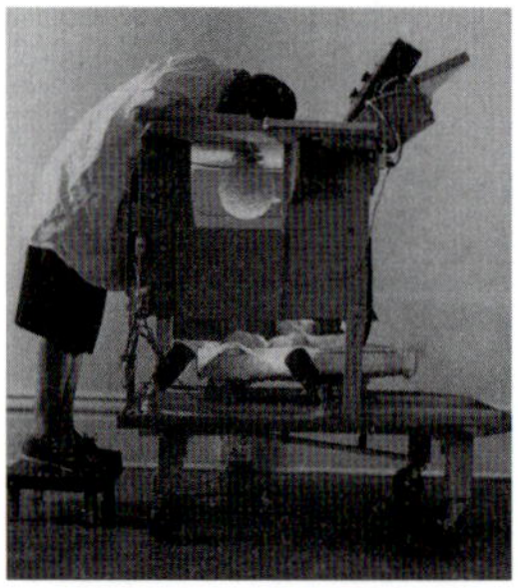

[그림 2-3] Fantz의 looking chamber

출처: www.sciencedirect.com

[그림 2-4] Fantz(1960) 연구에서 생후 2일된 신생아는 동심원 모양 우유병을 가장 오래 보았다.

(2) 습관화 기법

습관화 기법(habituation method)은 인간은 익숙한 자극보다 새로운 자극을 선호한다는 가정에 기초한다. 새로운 자극이 나타났을 때 주의를 집중하지만, 자극이 반복 제시되면 익숙하거나 지루해져서 반응(눈의 움직임, 호흡, 심장박동)이 감소하는 습관화(habituation)가 일어난다. 습관화된 자극이 새롭게 변화하면 영아는 다시 주의를 기울이게 되는데, 이를 탈습관화(dishabituation)라고 한다. 예를 들어, [그림 2-5]와 같이 Fagan 지능검사에서는 영아에게 똑같은 얼굴 사진 두 장을 제시한 후 한 장을 다른 얼굴로 바꾸었을 때 영아가 새 사진을 오래 쳐다보았다면 이는 원래의 얼굴을 기억하고 새로운 얼굴과 변별할 수 있음을 뜻한다.

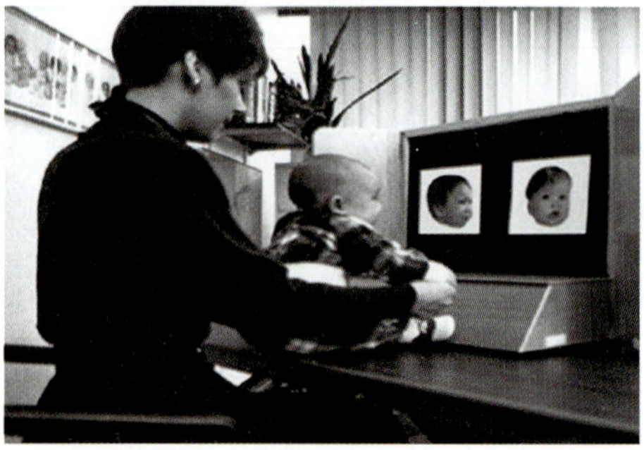

[그림 2-5] 습관화 기법을 이용한 영아의 지능검사(Fagan test)

출처: Fagan, J. F.(2005)

선호법은 시지각 연구에 많이 사용되지만 청지각 연구에는 적용할 수 없다. 두 가지 소리를 동시에 제시하기 어렵고, 영아가 어떤 것을 더 오래 듣는지 알아내기도 힘들기 때문이다. 그러나 습관화 기법에서는 시각뿐만 아니라 다양한 감각에 대해 사용할 수 있다. 예를 들어, 영아에게 젖꼭지를 물게 하고 /ba/ 소리를 반복적으로 들려준 후 소리를 /pa/로 바꾸어 들려주는 고진폭의 빨기 검사(High-Amplitude Sucking)[2)]에서 영아의 빨기 빈도가 증가하면 소리를 변별한 것이고, 빨기 빈도가 그대로라면 소리의 변화를 지각하지 못한 것으로 볼 수 있다(Eimas, Siqueland, Jusczyk, & Vigorito, 1971).

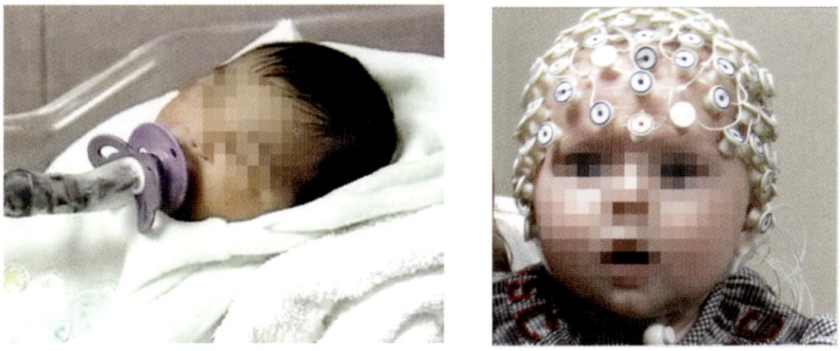

[그림 2-6] 고진폭의 빨기(좌)와 전기유발법(우)

출처: www.infantstudies.psych.ubc.ca, http://www.jove.com

동영상 : EEG를 이용한 영아의 사회인지 측정
http://www.jove.com/video/3549/june-2011-this-month-in-jove

(3) 전기유발법

전기유발법(evoked potentials)은 영유아의 머리에 전극을 붙여놓고 자극을 제시한 다음 뇌파의 변화를 측정하는 것이다. 해당 감각 정보를 처리하는 뇌 부위

2) 새로운 자극을 지각하면, 젖꼭지를 빠는 빈도가 증가하는데, 이를 젖꼭지에 연결된 모니터로 측정할 수 있다..

의 두피에 전극을 부착한다. 예를 들어, 전기유발법으로 시각을 연구할 때에는 영유아의 머리 뒤 시각 피질이 있는 곳에 작은 원반형 전극을 붙이고, 영유아가 회색의 화면을 바라보고 있는 동안 체크무늬 형태나 흑색과 줄무늬가 교대로 반복되는 형태가 잠시 동안 제시된다. 이들 패턴을 구성하는 줄무늬나 체크무늬를 영유아가 구별하면, 시각 피질에서는 시각적 유발 전위(Visual Evoked Potential: VEP)라는 반응이 생성된다. 이들 형태를 알아보지 못하면 그러한 반응이 생성되지 않기 때문에 전기유발법은 시력을 측정하는 객관적인 측정치로 볼 수 있다(Goldstein, 1996).

(4) 지능검사

전 세계적으로 가장 많이 사용되는 지능검사는 웩슬러 지능검사(Wechsler Scale of Intelligence)이다. 웩슬러 지능검사는 만 3~7세 3개월을 대상으로 한 유아용, 만 5세~16세 11개월을 대상으로 한 아동용, 그리고 만 16세 이상을 대상으로 한 성인용으로 나뉜다. 한국 웩슬러 유아지능검사(K-WPPSI)에는 언어적 검사와 비언어적인 동작검사가 있으며, 개인이 수행한 수준을 같은 연령의 집단 점수와 비교하여 언어성 지능, 동작성 지능, 그리고 전체 지능점수로 산출된다. 소요 시간은 대략 1시간~1시간 20분 정도이다. 이 검사는 입학 전 유아의 지적인 결함이나 영재성을 진단, 판별, 교육계획, 배치 평가하는 경우에도 사용되며, 그 밖의 지능 수준의 확인이 필요한 의학적 상황에서도 시행된다. 그러나 지능점수 하나만으로 한 개인 특히 성장 과정에 있는 유아를 판단하는 것은 무리가 있으므로 다른 연구방법들을 함께 사용하는 것이 바람직한 것으로 지적된다.

〈표 2-1〉 지능검사 결과에 따른 분류

IQ	분류	비율
130 이상	최우수 (very superior)	2.2%
120 이상 130 미만	우수 (superior)	6.7%
110 이상 120 미만	평균 상 (high average)	16.1%
90 이상 110 미만	평균 (average)	50%
80 이상 90 미만	평균 하 (low average)	16.1%
70 이상 80 미만	경계선 (borderline)	6.7%
69 이하	정신지체(mentally deficient)	2.2%

[그림 2-7] 한국 웩슬러 유아지능검사 4판

3. 영유아발달 연구의 설계

영유아발달을 연구하는 학자들은 연령에 따른 발달적 변화를 밝히는 것에 관심이 있다. 따라서 자료수집 방법을 결정한 후에는 이를 위한 연구를 설계해야 한다. 여러 연령 집단의 영유아들을 동시에 비교하는 횡단적 접근과 한 연령 집단의 영유아들을 계속 추적하면서 변화를 연구하는 종단적 접근, 그리고 두 가지를 병행하는 방법 등이 있다.

1) 종단적 접근

종단적 접근(longitudinal approach)은 시간의 경과에 따른 발달 변화를 밝히기 위해서 한 연령 집단을 최소한 두 번 이상 조사하는 것을 말한다. 예를 들어, [그림 2-8]의 좌측과 같이 2005년 출생한 영아를 5년 간격으로 조사하는 것이다. 그러나 무조건 반복 조사한다고 해서 종단 연구는 아니다. 종단 연구는 실험에 의한 변화가 아니라 연령에 의한 자연적인 변화를 연구하기 위한 것이다. 따라서 프로그램 효과 검증을 위해 사전검사와 사후검사를 실시하는 것은 종단 연구가 아니다. 또한 종단 연구는 적당한 시간 간격을 두고 조사를 반복하는 것을 말한다. 따라서 1주일 간격으로 여러 번 측정하는 것은 종단 연구로 볼 수 없다. 다만 적당한 시간 간격이란 개념은 연구대상의 발달 수준에 따라 달라질 수 있다. 예를 들어, 하루하루 급격한 발달을 보이는 신생아기에는 1주일 간격도 종단 연구가 될 수 있다.

대표적인 종단 연구는 1930년대 시작한 터만(Terman)의 영재 연구와 피아제(Piaget)의 세 자녀 연구이다. 이러한 연구는 개인차(individual difference)가 아닌 개인 내(intra-individual) 발달 변화를 보여줄 수 있다. 이뿐만 아니라 초기의 어떤 발달 특성과 이후의 어떤 발달 특성 간의 관계를 밝히는 데에도 적절하다. 예를 들어, '영아보다 초등학생이 잘 걷는가?(두 집단 간의 비교)'는 횡단 연구로도 알 수 있지만, '일찍 걷기 시작한 영아가 초등학교 때 달리기를 잘 하는가?'(개인 내 발달)는 종단 연구로만 밝힐 수 있다. 그러나 종단 연구는 다음과 같이 수행상의 어려움이 있다.

① 경제적 문제

종단 연구는 시간과 비용, 노력이 많이 필요하므로 횡단 연구만큼 자주 사용되지 않는다. 예컨대 영아와 유아, 성인의 걷기 능력을 비교할 때 횡단 연구는 한 달이면 충분하지만 종단 연구로는 20년이 걸린다. 심지어 영재의 평생 발달에 관한 터만의 연구에서처럼 연구자가 연구대상보다 먼저 사망하는 경우도 발생할 수 있다.

② 연구대상의 선택적 탈락 문제

연구 기간이 길어지면 연구참여 의지가 저하되고 이사, 전학, 심지어 사망 등으로 연구대상이 탈락하는 경우가 생겨난다. 이들은 연구종료 시점까지 남은 연구대상과 건강이나 능력, 연구참여 동기 등의 측면에서 결코 동질적이지 않다. 따라서 단순한 연구대상 수의 감소뿐만 아니라 연구결과의 왜곡으로 이어질 수 있다.

③ 반복검사로 인한 문제

같은 검사를 여러 번 반복하다 보면 처음 검사의 경험이 나중 검사에 영향을 미치는 연습효과가 생겨날 수 있고, 자신이 연구대상임을 인지함으로써 실제와 다른 반응을 보일 수 있다. 그러나 연구대상이 어린 영아일 경우에는 이러한 문제를 크게 우려하지 않아도 된다.

④ 연령과 조사 시기의 혼돈

연령에 따른 변화가 실제 연령의 증가에 의해 일어난 것이 아니라 시대적 요인에 의한 것인 경우가 있다. 예컨대 1983년에 출생한 부모들을 대상으로 만 25세(2008년)와 30세(2013년)에 '영아보육'에 대한 인식을 측정했을 때 긍정적 인식이 증가한 것으로 나타났다면, 이는 연령(20대→30대)에 따른 변화라기보다는 2012년에 도입된 '만 0~2세 무상보육정책'이라는 특별한 사건 때문일 수 있다.

2) 횡단적 접근

횡단적 접근(cross-sectional approach)은 연령이 다른 집단을 두 개 이상 선정하여 한 시점에서 조사하는 것이다. 예를 들어, [그림 2-8]의 우측과 같이 2020년도에 생후 8개월, 5세, 10세, 15세 등 4 집단을 비교하는 것이다. 횡단적 접근은 자료수집이 단기간 내에 이루어질 수 있다. 또한 연구대상이 나이가 들기를 기다릴 필요가 없는 등 시간과 비용, 노력의 측면에서 상당히 경제적이다. 이러한 이유로 대부분의 발달 연구가 횡단적 접근을 취하고 있지만, 다음과 같은 제한점이 있다.

① 연구결과의 일반화 문제

각 연령 집단의 평균을 비교한 것이므로 집단 간의 차이가 연령에 의한 것인지 혹은 각 연령집단에 포함된 대상이 다르기 때문에 나온 것인지가 불분명하다. 예를 들어 〈표 2-2〉의 횡단 연구에서 생후 5개월(90.7%)보다 6개월(83.6%) 영아가 저조하게 나온 것은 실제로 6개월경 탐색 행동이 퇴행해서가 아니라 6개월 집단에 발달이 느린 영아가 많이 포함되었기 때문으로 볼 수 있다. 또한 횡단 연구는 개인 내 발달, 즉 발달의 연속성(예 4개월에 발달이 빠른 영아가 7개월에도 빠른 발달 수준을 나타내는지)도 말해 주지 못한다.

〈표 2-2〉 4~7개월 영아를 대상으로 한 횡단 연구 사례

탐색 행동	4개월	5개월	6개월	7개월
손에 들고 있는다	79.2%	90.7%	83.6%	93.9%

출처: 곽금주 외(2005)

② 연구대상 선정의 어려움

연령에 따른 발달차를 밝히기 위해서는 연령 외의 다른 변인들은 동질적인 집단을 비교해야 하는데, 이를 통제하기는 쉽지 않다. 예컨대 병원의 신생아, 어린이집의 영아, 유치원의 유아, 초등학교의 아동, 대학원의 성인을 비교한다고 가정하자. 영아 집단은 맞벌이 가족이 많고, 성인 집단은 지적 수준이 평균 이상일 것이므로 집단 간의 차이를 반드시 연령때문만으로 보기는 어렵다.

③ 연구대상의 선택적 탈락

8개월 영아와 5세 유아의 기억력을 비교하면 8개월 영아는 과업을 끝까지 못하고 중도 탈락하는 경우가 많다(예 낯가림, 졸음). 따라서 남아 있는 8개월 집단은 우수한 영아로 편중될 것이므로 실제보다 연령차를 축소하는 방향으로 결과가 왜곡될 수 있다.

④ 연령과 출생 시기의 혼돈

횡단 연구결과 현재 10세 아동보다 50세 성인의 컴퓨터 능력이 떨어지는 것으로 나타났다면, 이는 연령에 의한 변화라기보다는 두 집단의 성장 배경의 차이에서 비롯된 것일 수 있다(출생 시기). 만약 종단 연구로 현재 50세 성인을 40년 전인 10세 때에 컴퓨터 능력을 측정했었다면 다른 결과가 나타날 수 있다. 즉, 연령의 증가에 따라 오히려 컴퓨터 능력이 향상되었을 것이다.

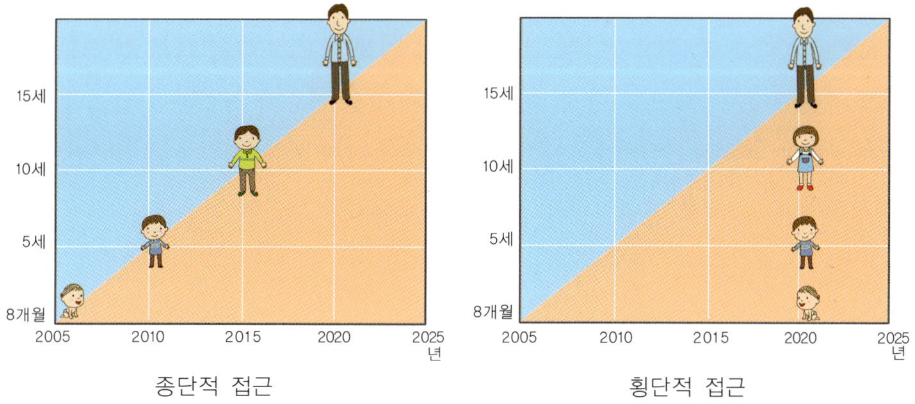

[그림 2-8] 종단적 접근과 횡단적 접근

3) 시간 차이 접근

시간 차이 접근(time-lag approach)은 시대적, 문화적 효과를 밝히기 위해 연령은 일정하게 하면서 검사 시기를 다르게 하고, 연구대상도 다르게 하여 연구하는 것이다. 예를 들어, [그림 2-9]의 좌측과 같이 2005년, 2010년, 2015년, 2020년에 각기 생후 8개월 영아를 측정하는 경우이다. 이들 4 집단의 검사 당시 연령은 모두 생후 8개월로 동일하지만, 출생시점은 각기 다르다. 따라서 집단 간의 차이가 나타났다면, 이는 시대적 요인 때문(예 맞벌이 가족, 영아보육의 증가)으로 볼 수 있다.

4) 연속적 접근

연속적 접근(sequential approach)은 종단적 접근과 횡단적 접근의 단점을 보완하고 장점을 살리기 위해 만들어진 것이다. 예를 들어, [그림 2-9]의 우측과 같이 연구의 출발 시점인 2005년에는 횡단적 접근과 마찬가지로 생후 8개월 영아와 5세 유아, 10세 아동, 15세 청소년 등 네 집단을 선정하여 측정한다. 5년 뒤 2010년에는 이들 세 집단을 종단적 접근처럼 반복 측정하고, 새로운 8개월 영아와 5세 유아 집단을 선정하여 횡단적 접근을 추가한다. 5년 뒤인 2015년에도 마찬가지 방식으로 종단적 접근과 횡단적 접근을 함께 진행한다. 또한 연속적 접근에는 종단적 차원(대각선 방향)과 횡단적 차원(수직 방향)뿐만 아니라 시간차이 접근의 차원(수평 방향)도 존재한다. 따라서 연속적 접근은 풍부한 정보를 제공해 주지만 막대한 시간과 노력, 비용이 들기 때문에 실행 가능성은 낮다.

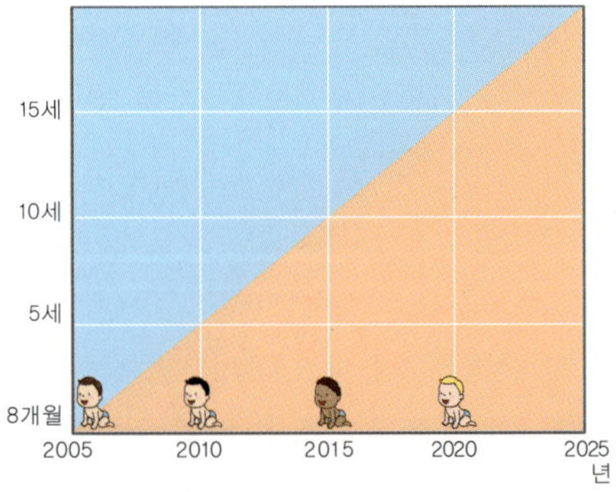

시간차이 접근

연속적 접근

[그림 2-9] 시간차이 접근과 연속적 접근

특별 활동 영유아 연구방법 적용하기

만 3~5세 영유아를 위한 그림책을 구입하려고 한다. 예산의 제한으로 연령별로 5권씩을 구입해야 한다면 어떠한 기준으로 그림책을 선택해야 좋을까? 가격, 수상 여부, 판매 부수 등 여러 가지 기준이 있겠지만 영아가 좋아하는 순서대로 그림책을 선정하기로 했다면 어떻게 해야 할까?

① 본 장에서 학습한 관찰법, 질문지법, 면접법, 실험법, 검사법 중 한 가지를 선택하여 연령별로 구입할 그림책 5권 목록을 구체적으로 조사하자. 누구를 대상으로 언제, 어디서, 어떻게 조사할 것인가를 구체적으로 계획하여 아래 칸에 적는다(실제 조사를 해도 좋고 어려우면 계획서로 대신할 수도 있음).

조사방법	관찰법__ 질문지법__ 면접법__ 실험법__ 검사법__
조사 대상	
조사 대상 선정방법	
조사	
조사 내용 및 절차	

② 조별로 ①을 발표한다.

③ 다음과 같은 내용을 중심으로 토론한다.

- 어떤 조의 연구방법이 가장 정확/부정확할까? 그 이유는?
- 어떤 조의 연구방법이 가장 어렵고 비용이 많이/적게 들까? 그 이유는?
- 어떤 조의 연구방법이 가장 시간이 많이/적게 들까? 그 이유는?
- 전반적으로 조사를 제일 잘 했다고 평가되는 조는? 그 이유는?

제2부

영유아발달의 이론

3 정신분석학

정신분석학(Psycho Analysis)이 출현했던 19세기 말은 다윈(Darwin)의 종의 기원이 발표되고, 열역학이나 전자학, 양자론이 등장하는 등 과학 발전이 눈부셨던 시기이다. 그 당시 최고의 생리학자 브뤼케(Brücke)는 유기체를 화학이나 물리학 법칙을 적용할 수 있는 역학적 체계로 개념화하였는데, 프로이드가 역학 법칙을 인간의 신체뿐만 아니라 성격에도 적용함으로써 정신분석학이라는 새로운 학문이 시작되었다.

정신분석학이 출현하기 전에 심리학은 의학 영역에 속해 있었고, 정신의 문제는 뇌를 다쳤기 때문이므로 약이나 특정 치료법에 의해서만 고칠 수 있다고 믿었다. 그러나 정신분석학은 심리적 문제는 뇌세포나 신경의 이상이 아닌 마음의 문제에서 비롯되며, 무의식 속에 억압된 심리적인 문제를 치유해야 해결될 수 있다고 보았다. 정신분석학은 프로이드뿐만 아니라 딸 안나 프로이드(Anna Freud), 제자이자 라이벌이었던 융(Jung)과 아들러(Adler), 에릭슨(Erikson), 라깡(Lacan) 등 독자적인 이론을 주장하는 신프로이드 학자들(Neo-Freudian)을 포괄하고 있다. 이들은 대부분 어린 시절 부모와의 관계를 중요시하고, 특히 애착이나 도덕성, 성 역할, 공격성 발달이 초기 부모 자녀 관계의 영향을 많이 받는다고 여겼다. 본 장에서는 성욕을 강조한 프로이드와 자아의 중요성에 초점을 둔 에릭슨의 이론을 소개하고자 한다.

[그림 3-1] 런던의 과학박물관에 걸려 있는 프로이드 만화 : 머릿속에 숨겨진 여인
출처: psychiatrica.tistory.com

1. 프로이드의 심리성적 이론

프로이드 Sigmund Freud(1856~1939)

프로이드는 빅토리아 시대의 가부장적 사회에서 20살의 차이가 나는 유대인 재혼 부부의 장남으로 태어났다. 그는 어머니의 깊은 사랑과 보살핌 속에서 자라면서 아버지를 아들의 행동을 제지하는 권위의 행사자로 여기게 되었고, 아버지가 사망했을 때의 혼란을 통해 아동의 성욕에 대한 확신을 얻고 오이디푸스 콤플렉스 개념을 발견했다고 한다. 경제적 어려움에도 불구하고 그의 부모는 성적이 우수하고 엄청난 독서광이자 8개 국어에 능통했던 프로이드의 교육에 헌신적이었다. 법학을 전공해서 정치가가 되려고 했으나 유대인이라는 한계로 의사의 길을 택했고, 신경과 개업의로서 환자를 치료하면서 무의식을 탐색하기 위한 자유연상기법을 발견하였다. 말년 나치의 위협과 암의 고통 속에서도 저술활동에 몰두하여 아인슈타인과 더불어 20세기에 가장 영향력 있는 인물로 꼽힌다.

1) 정신세계

프로이드는 [그림 3-2]와 같이 인간의 정신세계를 빙산에 비유하면서 의식과 무의식으로 나누고, 그 중간단계로 전의식을 설정하였다.

(1) 의식

의식(consciousness)은 주의를 기울이면 바로 알아차릴 수 있는 것으로 빙산의 일각처럼 정신세계의 극히 일부만을 차지한다. 또한 작동 시간이 길지 않아서 대부분의 의식은 시간이 지나면 전의식이나 무의식의 영역으로 사라진다.

(2) 전의식

전의식(preconsciousness)은 현재는 의식하지 못하지만 주의를 집중하고 회상하려고 노력하면 의식으로 전환될 수 있는 정신세계이다. 예컨대 어제 먹은 점심은 현재 의식하고 있지는 않지만 누가 물어보면 곧 기억해낼 수 있다. 의식과 무의식 사이에 존재하여 수면 위아래를 오고 가듯이 이 둘을 연결해 주는 통로 역할을 한다.

(3) 무의식

무의식(unconsciousness)은 전혀 의식하지 못하는 정신세계로 성욕과 같은 본능적 욕구나 충동이 억압되어 있다. 수면 아래 숨어 있는 빙산처럼 정신세계의 대부분을 차지하며, 전의식과 달리 저항력이 강하기 때문에 의식으로 떠오르기 힘들다. 인간의 사고, 행동을 통제하는 힘으로, 프로이드 이론의 핵심을 이룬다.

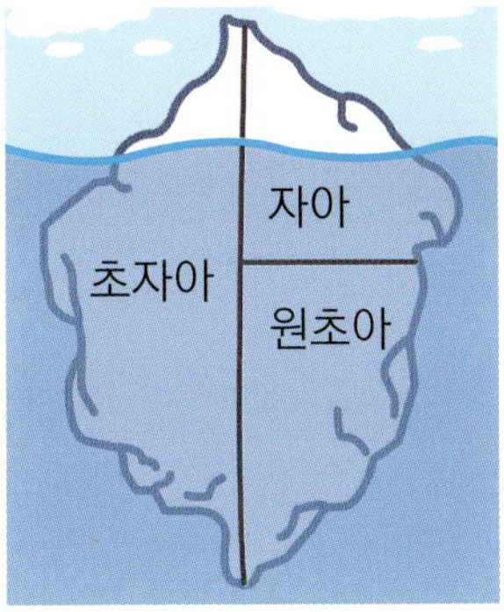

[그림 3-2] 인간의 정신세계

2) 성격의 구조

프로이드는 원초아와 자아, 초자아가 상호작용하여 성격을 다음과 같이 구성한다고 보았다(Douvan, 1990).

(1) 원초아

원초아(id)는 출생 시부터 존재하는 정신 에너지의 근원으로 전 생애에 걸쳐 성격의 기초로 작용한다. 식욕이나 배설욕, 성욕, 공격성 등 본능적 욕구나 충동으로 구성되어 있으며, 즉각적 만족을 얻기 위해 상황과 관계없이 고통이나 긴장을 감소시키려는 쾌락원리(pleasure principle)에 의해 움직인다. 예를 들어, 졸리면 어디서든 자고, 배고프면 뭐든 먹고, 아프면 바로 우는 등 무의식적이고, 비이성적이며, 부도덕하고, 동물적인 특성이 있다. 게다가 원초아는 욕구를 현실적으로 충족시키지 않아도 만족을 한다. 예를 들어, 배고픔이 신체 내에서 자동으로 해소되거나 어머니가 늘 음식을 즉시 줄 수 있는 것은 아니기 때문에 영유아는 음식을 먹는다는 상상을 함으로써(실제로 음식을 먹는 것이 아니라) 긴장을 감소시키려 한다. 이와 같이 비현실적인 환상을 통해서라도 욕구를 충족하려는 것을 일차과정(primary process)이라고 한다.

(2) 자아

생후 2년경 원초아에서 분화하여 자아(ego)가 발달하기 시작한다. 예를 들어, 음식에 대한 상상만으로 도저히 육체를 유지할 수는 없기 때문에 정신 에너지 중 일부가 원초아에서 떨어져 나와 배고픔을 현실적으로 해결하게 되는 것이다. 자아는 배가 고플 때 냉장고 문을 열거나 미소를 지으면서 먹을 것을 달라고 요구하는 행동을 나타낸다. 즉, 배가 고프더라도 현실적으로 음식을 구할 수 있을 때까지 긴장의 방출을 지연하는 이차과정(secondary process)과 긴장의 방출을 지연한다. 이렇게 사회에서 용인되는 방법으로 만족을 얻는 현실원리(reality principle)에 의해 움직인다. 자아는 원초아에서 분화되어 나왔기 때문에 원초아와 완전히 독립적일 수는 없으며, 원초아의 욕구를 충족시키기 위해 직·간접적으로 현실세계와 교섭하게 되므로 때로는 무의식에 때로는 의식에 속하게 된다.

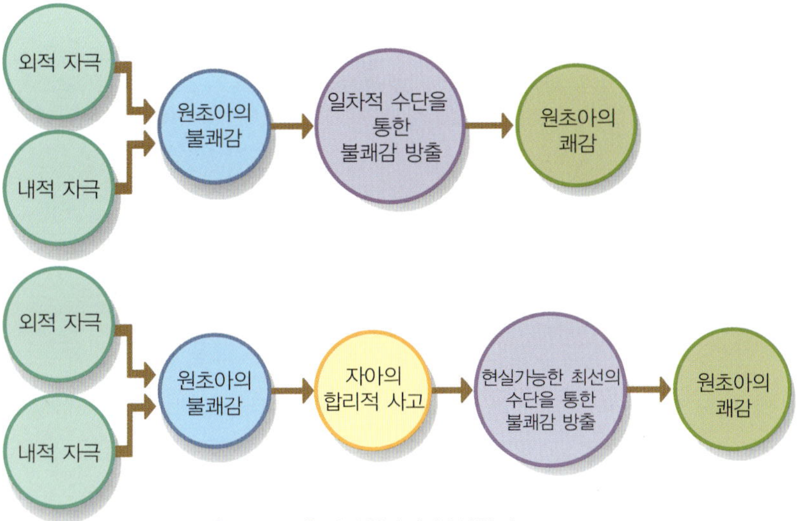

[그림 3-3] 쾌락원리와 현실원리

(3) 초자아

초자아(superego)는 원초아의 쾌락 추구에 반대하는 힘으로 작용하는 정신에너지로서 생후 3~4년경 발달하기 시작한다. 출생 시 갖고 태어나는 원초아와 달리 초자아는 영유아가 부모와의 동일시(identification)[3]를 통해 사회적 가치나 문화적 규범을 내면화함으로써 형성된다. 초자아는 양심과 자아이상 등 두 가지 하위체계로 구성된다. 양심(conscience)은 부모의 처벌에 의해 느끼는 죄책감이고, 자아이상(ego ideal)은 부모의 보상에 의해 느끼는 자부심이다. 따라서 초자아는 원초아의 충동을 억제하는 역할을 하며, 현실보다는 이상을, 쾌락보다는 완벽을 추구하는 특징이 있다.

3) 프로이드는 모방이라는 어휘보다 동일시라는 용어를 선호한다. 모방은 표면적이고 일시적으로 행동을 흉내 내는 것을 말하는 반면 동일시는 무의식적으로 일어나는 현상이며, 행동뿐만 아니라 정신까지도 닮으려고 하며 성격에 영구적으로 영향을 끼치기 때문이다(Hall, 1954).

[그림 3-4] 성격의 구조

이 세 가지 성격 구조 중 어느 것이 우세하냐에 따라 성격 특성이 결정된다. 원초아가 지배적이면 본능적 욕구를 통제하지 못하고 사회적 윤리에도 별다른 관심을 보이지 않게 되고, 자아가 우세하면 현실적인 사람이 되고, 초자아가 강하면 도덕적인 사람이 된다. 자아가 성격의 집행자로서 원초아와 초자아를 적절히 중재하여 3가지 성격 구조가 조화를 이룰 때 건강한 성격이 발달한다.

3) 리비도와 발달 단계

정신과 환자의 문제가 어린 시절 경험한 성적인 갈등에서 비롯된다는 것을 발견한 프로이드는 성적인 본능을 인간에게 가장 중요한 본능으로 보고 이를 리비도(libido)라고 불렀다. 리비도는 일생을 통하여 일정한 순서에 따라서 구강, 항문, 성기 등 서로 다른 신체 부위로 옮겨 간다. 리비도가 집중적으로 모이는 신체 부위를 성감대(erogenous zone)라고 한다.

그는 이러한 성감대의 변화에 따라 발달 단계를 구강기, 항문기, 남근기, 잠복기, 생식기 등 5단계로 구분하였다.

〈표 3-1〉 프로이드 심리성적 발달 단계

연령	단계	내용
0~1세 	구강기 (oral stage)	영아는 엄마 젖이나 우유병을 빠는데, 구강적 욕구가 적절히 충족되지 않으면 아동기에는 손가락 빨기, 손톱 물어뜯기, 연필 씹기 등의 습관, 그리고 그 이후에는 과식과 과도한 흡연 등의 습관이 나타난다.
1~3세 	항문기 (anal stage)	대소변을 방출하면서 쾌감을 느끼며 배변훈련이 부모 자녀 간의 주요 이슈로 등장한다. 영아가 준비되기 전에 배변훈련을 시키거나 지나치게 허용적으로 훈련을 하면 극단적인 질서와 청결 아니면 극단적인 지저분함과 무질서 형태가 나타난다.
3~6세 	남근기 (phallic stage)	성기를 자극하면서 쾌감을 느끼며, 남아는 오이디푸스 콤플렉스, 여아는 엘렉트라 콤플렉스가 발생한다. 영유아는 이성부모에게는 적대감을 갖는다. 부모의 처벌을 피하고 부모의 사랑을 상실하지 않기 위해 이러한 충동을 억누르고, 동성부모의 특성과 가치관을 받아들이려고 한다. 그 결과 초자아가 형성되며, 기준을 위반하면 죄책감을 느끼게 된다.
6~11세 	잠복기 (latent stage)	성적 본능이 수그러들고 초자아가 더욱 발달한다. 가족 밖의 성인과 동성 또래로부터 새로운 사회적 가치를 습득한다.
사춘기 	생식기 (genital tage)	사춘기가 되면 남근기 때의 성적 충동이 다시 등장한다. 이전 단계에서 발달이 성공적이었으면, 결혼과 성숙한 성, 자녀의 출산과 양육 등을 하게 된다. 이 단계는 성인기로 확장된다.

출처: Berk, L. E. (2006)

(1) 잠복기(latent stage)

초등 학기에 다니는 시기로 성적인 충동과 관심이 수그러들고 초자아가 더욱 발달한다. 부모뿐만 아니라 가족 밖의 성인과 동성 또래로부터 동성의 적절한 사회적 가치와 역할을 습득한다. 성적 욕구가 억압되어 심리적으로 비교적 평온해 보이지만, 성적인 면을 제외하면 인지적으로나 신체적 측면에서 매우 활발한 시기이다. 놀이와 운동을 즐기며, 문화적으로 가치 있는 기술과 지식을 학습하고, 논리적 사고를 통해 타인의 입장을 이해할 수 있게 된다. 즉 이 시기를 잠복기라 부르는 이유는 단지 성적으로 침체되었다는 것을 의미하기 때문이다.

(2) 생식기(genital stage)

사춘기가 되면 남근기 때의 성적 충동이 다시 등장한다. 리비도가 성기에 집중하며 2차 성징이 나타난다. 단순한 쾌감과 달리 진정한 사랑의 대상을 찾아 만족을 찾으려고 한다. 또한 부모로부터 독립하려는 욕구가 나타난다. 이전 단계를 성공적으로 거쳐왔다면 결혼과 성, 출산과 양육 등을 하게 된다. 이 시기를 잘 보내면 정신적 독립을 이루고 정체성을 확립하게 된다. 성격발달에서 가장 긴 시기로 사춘기에서 성인기를 거쳐 노년기까지 확장된다.

각 단계에서 리비도가 적절히 충족될 때에는 정상적인 성격 발달을 하한다. 그러나 리비도가 과소 충족되어 욕구 불만이 일어나거나 과잉 충족되어 몰두하게 되면, 그 발달 단계에 고착(fixation)되는 현상이 일어난다. 또한 이와 같은 각 발달 단계에 내재된 영유아와 부모 간의 잠재적인 갈등(예, 부모가 우유병을 떼게 하려 할 때)을 영유아가 어떻게 경험하고 해결했느냐가 평생의 성격과 행동 패턴을 결정한다(Berger, 2007).

4) 영유아기 발달 단계

프로이드가 제시한 5가지 단계 중 영유아기에 해당하는 구강기와 항문기, 남근기의 특징은 다음과 같다(Douvan, 1990; Salkind, 1983).

(1) 구강기

생후 1세경까지 지속되는 구강기(oral stage)는 리비도가 입이나 입술, 혀, 잇몸, 이빨 등 구강 부위에 집중하는 시기로, 먹기, 씹기, 빨기, 입에 담고 있기, 뱉기, 깨물기 등의 행동을 통해 만족을 얻는다. 이 시기에는 입이 환경과 접촉하고 환경을 이해하는 수단이므로 영아는 무엇이든 맛을 보려고 입으로 가져간다. 발달적 관점에서 보면 구강기의 욕구를 만족시키는 사람은 어머니이다. 영아는 어머니의 젖을 빠는 것으로부터 영양분을 섭취할 뿐만 아니라 감각적 즐거움을 경험하며 어머니에게 정서적으로 애착을 느끼게 된다. 수유는 영아에게 최초의 사회적 접촉이자 영아기 동안 무수히 되풀이되는 접촉으로서 영아가 사회적 세계에 대한 기대를 형성하는 데 영향을 준다. 수유가 즐겁지 않거나 예측 불가능할 경우 영아는 세상에 대해 부정적인 기대를 갖게 될 것이다.

구강기는 구강 수동적/의존적 단계(oral passive/dependent stage)와 구강 공격적/가학적 단계(oral aggressive/sadistic stage)로 나뉜다.

① 구강 수동적/의존적 단계

영아의 처음 빨기 행동과 같이 욕구를 수동적으로 만족시키는 시기이다. 이 시기에 고착되면 성인이 되어서도 미숙하고 의존적인 성격을 보이며, 손가락 빨기, 손톱 깨물기, 과식, 과음, 과도한 흡연 등의 증세를 나타낸다.

② 구강 공격적/가학적 단계

생후 6~8개월경 이가 나는 무렵에 시작되며, 물기와 씹기로 특징지어진다. 이 시기에 고착되면 수다를 떨거나 빈정거리거나 신랄하게 비난하는 등 언어적 폭력 증상을 보인다.

(2) 항문기

생후 1세에서 3세까지 지속되는 항문기(annal stage)는 항문 주변 점막의 민감성이 높아지는 시기이다. 리비도가 항문과 그 주변으로 이동하고, 영아는 괄약근의 발달로 배설물을 방출하거나 보유함으로써 쾌감을 느낀다. 배변훈련은 영아에게 즉각적인 만족(쾌감)과 만족 지연(불편함) 간의 갈등을 경험하는 상황을 제공하지만, 훈련이 끝날 때면 궁극적으로 사회의 승인을 얻는다는 쾌감을 경험하게 한다. 영아는 적절한 때와 장소를 찾을 때까지 배설을 지연하는 것을 배워야 한다. 배설과정이 즐거운 것과 마찬가지로 배설물을 보유함으로써 쾌감을 느낄 수 있는데, 이는 참았다가 배설을 하면 쾌감이 증가하고 사회적 승인 역시 커지기 때문이다.

부모가 적절히 배변훈련을 하고 배변 후 칭찬을 해주면 영아는 변을 만드는 것이 중요한 일이며 인정을 받았다고 생각하게 된다. 이는 창조성과 생산성의 밑바탕이 된다. 반면 부모가 지나치게 청결을 강조하거나 너무 일찍 혹은 너무 엄격하게 배변훈련을 하면 영아는 항문기에 고착된 성격을 나타낸다. 항문기 고착 성격에는 항문 공격적 성격(anal aggressive)과 항문 보유적 성격(anal retentive)이 있다. 세탁기의 발명과 더불어 프로이드의 항문기 이론은 서구 사회에서 좀 더 허용적인 배변훈련을 하게 하는 데 기여했다.

① 항문 공격적 성격

배설을 한 후의 근육이완 쾌감에 고착된 경우로 더러운 배변과 정반대로 지나치게 깨끗한 것을 추구하는 결벽증적인 성격의 소유자로 성장하게 된다.

② 항문 보유적 성격

배설을 참는 근육수축 쾌감에 고착하게 된 경우로 성인이 되어서도 인색함이나 수집광적인 특성, 청결이나 질서에 대한 강박적 욕구, 완벽주의 등을 나타낼 수 있다.

(3) 남근기

3세에서 6세 사이는 리비도가 항문에서 성기로 이동하는 남근기(phallic stage)이다. 이는 이 시기의 유아가 남성의 성기밖에는 알지 못하기 때문에 붙여진 명칭이다. 남근기 이전에는 자신의 성별과 성기에 대해 관심이 별로 없어서 아무 곳에서나 성기를 내놓고 용변을 보기도 한다. 남근기가 되면 남녀의 성기의 차이에 관심을 갖게 되고, 아기를 어떻게 낳는가를 묻기도 한다. 또한 배뇨 때 외에도 성기에서 쾌감을 얻으려 하며, 성기를 만지거나 자극하는 행동도 보인다. 남근기의 유아는 자신이 이성 부모와 결혼할 것이라면서 동성 부모를 질투하고 경쟁상대로 생각하는 듯한 말과 행동을 한다. 프로이드는 그리스의 신화를 차용하여 남아의 경우 오이디푸스 콤플렉스(Oedipus complex), 여아의 경우 엘렉트라 콤플렉스(Electra complex)라고 명명했다. 시간이 흐르면서 남아는 아버지에 대한 질투로 아버지가 자신의 성기를 없앨까 두려워하는 거세불안(castration anxiety)을 느끼게 되고, 여아의 경우에는 남아의 페니스를 부러워하는 남근선망(penis envy)을 보인다. 따라서 유아는 이성 부모를 향한 갈망과 동성 부모에 대한 견제를 생산적인 방향으로 해결해야 한다. 이러한 과정에서 유아는 동성부모에 대한 적개심을 억누르고, 오히려 동성부모를 모델로 삼고 동일시(identification)하면서 갈등을 해소하고, 동성 부모의 가치체계를 내면화함으로써 초자아(superego)를 형성하게 된다.

남근기를 잘 극복하면 성별 정체성(gender identity)을 확립할 수 있다. 또한 욕구충동을 제어할 수 있는 자긍심과 긍정적이고 진취적인 성격으로 발전할 수 있다. 남근기에 고착되면 과장되고 야심적이며 강함과 남자다움을 나타내려고 하며, 극심한 욕구좌절, 욕구충족의 양극단을 경험한 경우에는 뻔뻔하고 남에게 인정과 박수를 받고 싶어하는 성격을 지닐 소지가 크다. 둘째, 정상적인 성정체성이나 성역할 형성에 장애가 발생하며 성장 후에 이성 관계에 어려움을 경험한다. 한편 남근기에 대한 이러한 사고방식은 신프로이드학파나 여성학자들부터 '생물학적 편향'이나 '남성우월주의'라는 비판과 반발을 받았다.

2. 에릭슨의 심리사회적 발달 이론

에릭슨 Erik Erikson(1902~1994)

유대인 어머니와 덴마크인 아버지의 혼외정사로 태어난 에릭슨은 세 살 때 어머니가 결혼하면서 계부와 함께 독일에서 살았다. 친부를 닮은 큰 키에 금발의 외모로 인해 유대인 친구들에게 이방인 취급을 받았고, 어머니와 계부가 유대인이어서 주류 집단에도 받아들여지지 않아 어린 시절부터 자아정체감 위기를 겪었다. 미술 실력이 뛰어났으나 성적은 우수한 편이 아니었고 학교 분위기도 좋아하지 않았다. 또한 대학도 가지 않고 20대 중반까지 유럽을 방랑하다가 비엔나에서 프로이드의 딸 안나를 만나 아동정신분석을 공부하고 자격증을 받았다. 그 후 덴마크에서 개업하였다가 히틀러를 피해 미국으로 건너가 예일대학과 하버드대학, 버클리대학 교수 등을 지냈다.

1) 자아

에릭슨(Erikson)은 신프로이드 학파의 대표적인 학자로서 프로이드 이론에 뿌리를 두고 이론을 구축했다. 그러나 프로이드가 어린 시절의 꿈이나 사고, 기억의 분석을 통해 원초아를 강조하는 데 비해, 에릭슨의 이론은 사회적 경험을 통해 이루어지는 자아 분석에 근거하고 있다. 에릭슨은 자아가 원초아에서 분화된 것이 아니라 그 자체로 형성되며, 지각, 사고, 주의, 기억 등을 통해 현실을 다루어 나가는 자율적인 체제로 보았다. 따라서 프로이드가 인간의 행동은 통제할 수 없는 무의식적인 본능에 의해 지배된다는 비관적 시각을 가졌다면, 에릭슨은 인간의 행동은 의식 수준에서 통제할 수 있는 자아에 의해 동기화된다는 긍정적 시각을 가졌다고 할 수 있다.

2) 사회 · 문화적 요인

에릭슨은 프로이드와 마찬가지로 성인기의 문제는 아동기의 미해결된 갈등을 나타낸다고 믿었다. 예를 들어, 배우자와의 관계 형성에 어려움이 있다면, 이는 영아기에 신뢰감 형성이라는 발달 과업을 잘 수행하지 못했기 때문이라는 것이다. 그러나 그는 프로이드와 달리 개인의 성적 충동뿐만 아니라 가족이나 친구, 사회, 문화 등 사회·문화적 요인(social forces)의 영향을 중요시했다. 이러한 점에서 프로이드 이론은 심리성적 발달 이론(psychosexual development theory)으로, 에릭슨 이론은 심리사회적 발달 이론(psychosocial development theory)으로 불린다.

3) 발달 위기

프로이드는 발달 단계를 5단계로 나누고 구강기, 항문기, 남근기 등 초기 3단계에 걸쳐 성격의 기본 틀이 형성되고, 이후 잠복기와 생식기에 이르러 성인이 되면 개인의 성격 형성도 완료되는 것으로 생각하였다. 그러나 에릭슨은 인간은 전 생애를 통하여 계속 발달한다고 보아 출생에서 노년기에 이르기까지 8가지 발달단계를 설정하였다. 또한 그는 〈표 3-2〉와 같이 각 단계에서 겪어야 하는 발달위기(developmental crisis)를 서로 대립하는 양극의 개념(긍정적 발달과 부정적 발달)으로 제시하였다. 프로이드는 한 단계에서의 실패를 고착이라고 명명하면서 이는 되돌릴 수 없다고 주장했는데, 에릭슨은 이후 단계에서 치유되지 못할 것은 없으며, 아예 문제가 일어나지 않도록 예방하는 것도 가능하다고 본 것이다(Maier, 1990).

〈표 3-2〉 에릭슨의 8가지 발달 단계

연령	단계(발달 위기)	주요사건	덕목	내용
영아기 (0~1세) 	신뢰감 대 불신감 (basic trust vs mistrust)	수유	희망	반응적이고 민감한 양육자에 의해 영양, 온정, 청결, 신체적 접촉 등 기본적 욕구가 충족되면 신뢰감이 형성되고, 그렇지 않으면 불신감이 발달한다.
걸음마기 (1~3세) 	자율성 대 수치심/회의감 (autonomy vs shame / doubt)	배변 훈련	의지	배변, 식사, 걷기, 탐색, 말하기 등을 스스로 할 수 있으면 자율성이 발달하고, 그렇지 못하면 수치심이나 회의감이 초래된다.
유아기 (3~6세) 	주도성 대 죄책감 (initiative vs guilty)	탐색	목적	목적 있고 책임 있는 사회화된 행동에 참여할 수 있을 때 주도성이 발달하고, 그렇지 못하면 죄책감이 발달한다.
학동기 (6~12세) 	근면성 대열등감 (industry vs inferiority)	학교	유능성	새로운 인지적, 신체적 기술을 숙달하는 데 에너지를 쏟을 때 근면성이 극대화되며, 그렇지 못할 때 열등감이 발달한다.
청소년기 (13~19세) 	정체감 대 정체감 혼미 (identity vs identity confusion)	친구 관계	소속감	청소년은 "나는 누구인가?"라는 질문에 답을 구하려고 애쓰며, 성적, 정치적, 직업적 정체성을 확립하려고 하며, 이에 실패하면 정체감 혼란에 빠진다.
성인 초기 (20~24세) 	친밀감 대 고립감 (intimacy vs isolation)"	애정 관계	사랑	성인 초기에는 타인과의 사랑과 동반자 의식을 추구함으로써 친밀감을 발달시킨다. 거절당할까 두려워서 이를 포기하면 고립감을 느끼게 된다.
중년기 (25~64세) 	생산성 대 침체성 (generativity vs stagnation)	직업과 자녀 양육	양육	중년기에는 의미 있는 직업이나 창조적인 활동, 가족 부양 등을 통해 다음 세대에 기여한다. 그렇지 못하면 침체감에 빠진다.
노년기 (65세~죽음) 	자아통합성 대 절망감 (integration vs despair)"	인생에 대한 회고	지혜	자신의 삶을 돌이켜보고 긍정적인 평가를 하는 노인은 통합감을 갖게 된다. 그렇지 않은 경우에는 목표 달성을 못했다고 후회하고 절망감을 경험한다.

출처: Berger(2003), Gallahue, Ozmun, & Goodway(2012).

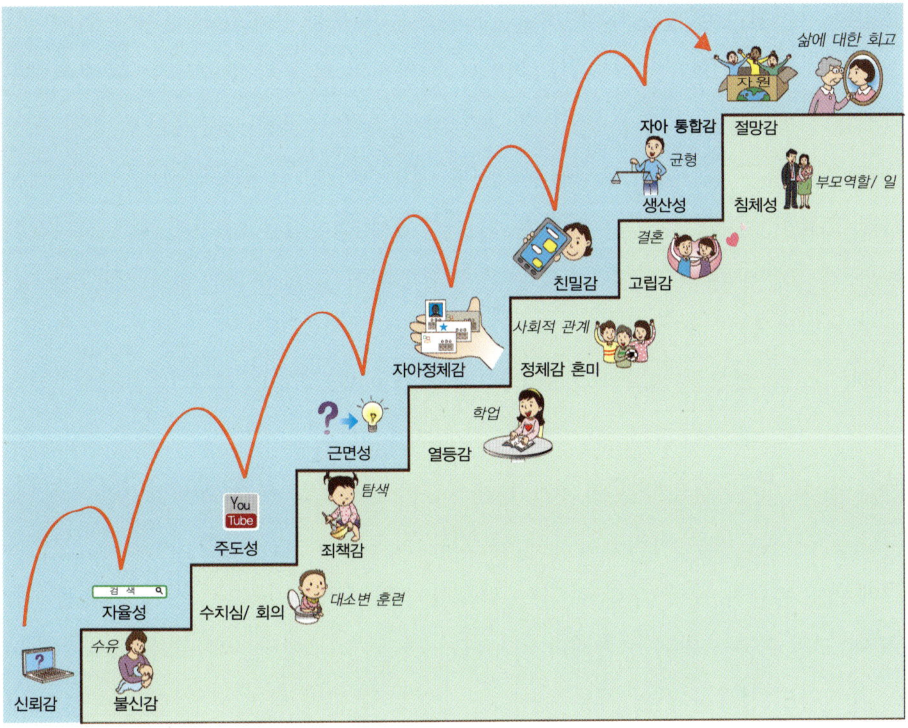

[그림 3-5] 에릭슨의 사회적 낙관주의 발달 단계

4) 영유아기 발달

이상과 같은 에릭슨의 8가지 발달 단계 중에서 영유아기에 해당하는 단계는 첫 세 단계로 그 내용을 상세히 살펴보면 다음과 같다.

(1) 신뢰감 대 불신감(0~1세)

신뢰감 대 불신감 단계(trust vs mistrust stage)는 프로이드의 구강기에 해당하는 시기로 출생에서 생후 1년간 지속된다. 이 시기의 심리사회적 위기는 "세상을 신뢰할 수 있는가?"이며, 신뢰의 초점은 주로 영아의 주 양육자인 어머니에게 있다. 신체적 경험은 신뢰할 수 있는 심리적 상태의 기초가 되므로 춥거나 배가 고프거나 기저귀가 젖었을 때 어머니의 도움으로 욕구를 충족하면 영아는 어머니를 신뢰하고(Maier, 1990), 추후에도 어머니가 자신의 욕구를 충족시켜 줄 것이라는 기대를 하게 된다. 그러나 어머니가 신체적 안락감을 적절히 충족시켜 주지 못하는 경우 영아는 불신감이 형성될 수 있다. 에릭슨이 이 단계를 인생의 초반부에서 가장 중요한 시기로 보았던 이유는 이 단계에서 형성된 어머니에 대한 신뢰감이 영아 자신에 대한 신뢰감과 이후 단계에서 맺어질 모든 인간관계의 성공적인 적응에 기초가 되기 때문이다.

반면 이 단계의 실패는 자기비하나 정체감 혼란, 우울증 등을 유발하고, 친구관계나 직장 내 인간관계, 부부관계 등의 부적응으로 이어질 수 있다. 그러나 영아가 신뢰감만을 경험해야 한다거나 불신감이 전적으로 무가치한 것만은 아니다. 지나친 신뢰는 너무 어리숙하거나 남에게 잘 속는 사람을 만들 수 있고, 생존을 위해서는 위험한 것에 대한 불신이 필요하기 때문이다. 따라서 신뢰감과 불신감을 어느 정도의 비율로 경험해야 하느냐가 관건이다. 에릭슨에 의하면 어느 정도의 불신감도 필요하지만, 기본적으로는 신뢰감을 훨씬 더 많이 경험하는 것이 바람직하다. 따라서 인생 첫 단계에서 어머니의 민감하고 온정적이며 일관성 있고 예측 가능한 보살핌이 그 무엇보다 중요하다고 할 수 있다.

(2) 자율성 대 수치심(1~3세)

자율성 대 수치심 단계(autonomy vs shame & doubt stage)는 프로이드의 항문기에 해당하는 시기이다. 프로이드의 경우 항문 및 그 주변 근육의 통제를 발달과업으로 제시했지만, 에릭슨은 항문 부위를 넘어서 신체 전반의 근육 조직으로 관점을 확장시켰다(Salkind, 1983). 이 시기에는 괄약근의 발달로 배변훈련을 시작하게 될 뿐만 아니라 신체 근육의 발달로 이동 능력이 발달하여 주변 환경을 탐색하고, 혼자 음식을 먹으려고 하는 등 스스로 해결하려고 애쓰는 모습을 보인다. 또한 언어적으로도 “나”, “내 거야.”, “내가 할래.” “안 해.”, “싫어” 등의 표현을 통해 자기주장을 나타낸다.

그러나 부모는 영유아에게 사회적으로 적합한 행동만을 하도록 요구하며, 이러한 기대나 압력에 부응치 못하면 영유아는 수치심과 회의감을 갖게 된다. 수치심이란 타인이 자신의 행동을 인정하지 않거나 자신을 좋지 않게 본다고 생각할 때의 느낌을 말한다. 일례로 근육 발달이 부진하여 넘어지거나 배변 과정에서 실수할 때 수치심을 경험하며, 지나친 수치심은 분노와 반항으로 이어진다. 또한 영유아는 자신의 행동이 타인에 의해 거부될 때 자신이 강한 존재가 아니며, 타인의 통제를 받는다는 회의감을 느끼게 된다. 이와 같이 부모와 영유아 간에 의지의 싸움이 시작되는 이 단계에서 부모는 자녀의 자율성 발달을 위해 이해심과 인내심을 가져야 한다. 영유아의 입장에서는 사회적인 기대나 압력과 자신의 의지 간의 조절과 적응이 요구되는데, 이는 심리적 능력이나 노력보다는 신체적 능력의 영향을 받는다. 따라서 신체적 준비가 이루어지지 않은 상태에서의 강압적이거나 무리한 배변, 보행, 식사, 언어 훈련은 부정적 발달로 이어짐을 인식해야 한다.

(3) 주도성 대 죄책감(3~6세)

주도성 대 죄책감 단계(initiative vs guilt stage)는 프로이드의 남근기에 해당하는 시기이다. 이 무렵 유아는 가정, 동네, 친구의 집, 어린이집이나 유치원 등 다양한 장소에서 다양한 사람들을 접하면서 활동 반경이 넓어진다. 신체적, 정신적 능력의 성숙으로 유아는 대범하고 경쟁적이며 호기심 많은 행동을 보인다. 또래와의 교류가 활발해지면서 자신이 나서서 놀이나 일을 계획하고, 목표를 세우며 이를 달성하고자 한다. 따라서 이 단계는 유아의 주도성, 즉 리더십의 발달과 밀접한 연관이 있는 시기라고 할 수 있다. 유아가 추진하는 활동이 격려받을수록 주도성은 강화되지만, 이러한 활동은 공격적인 성향을 띠는 경우가 있어서 때로는 강력한 제재를 받게 된다.

이 시기에는 경쟁심이나 질투심도 등장한다. 다른 유아와 경쟁해서 이기려고 노력하며, 사회적 놀이 장면에서 자기주장을 보이고, 이러한 과정에서 좌절을 겪기도 한다. 또한 자신이 특별한 존재로 대접받기를 원하고, 어머니가 다른 아이에게 집중하면 질투와 불안을 느낀다. 이와 같이 심리사회적 위기를 성공적으로 극복하면 주도성을 확립하지만, 실패한 경우에는 주도성은 위축되고 죄의식을 갖게 된다. 따라서 부모는 이시기 자녀가 흥미 있어 하는 것을 스스로 계획하고 참여할 수 있도록 자녀의 주도성을 너무 위축시키지 말고 적절한 통제만을 가해야 한다. 이는 향후 성인기에 자신의 야망과 사회생활의 목표를 조화롭게 추구하는 생상적인 사회인이 될 수 있는 근간이 된다. 따라서 부모는 이 시기 자녀가 흥미 있어 하는 것을 스스로 계획하고 참여할 수 있도록 자녀의 주도성을 너무 위축시키지 말고 적절한 통제만을 가해야 한다. 이는 향후 성인기에 자신의 야망과 사회생활의 목표를 조화롭게 추구하는 생상적인 사회인이 될 수 있는 근간이 된다.

특별 활동 **나의 영아기 돌아보기**

1. 프로이드는 초기의 기억을 매우 중요시했습니다. 나의 최초의 기억은 무엇입니까? 그리고 원초아, 자아, 초자아의 관점에서 설명해 보세요.

2. 에릭슨은 수유와 이유, 배변훈련은 영아기의 주요 과업으로서 기본적 신뢰감과 자율성 발달에 영향을 미친다고 보았습니다. 나는 기본적 신뢰감과 자율성이 잘 발달했는지 혹은 그렇지 않은지, 이를 에릭슨 이론에 따라 설명해 보세요.

4 행동주의

정신분석학에 대한 반격으로 등장한 행동주의(behaviorism)는 내면의 감정이나 마음보다는 직접 관찰·측정할 수 있는 행동을 연구해야 한다고 주장한다. 행동주의는 인간은 백지 같은 상태로 태어나 후천적 경험에 의해 완성된다는 로크의 백지설에 바탕을 두고 있으며, 학습이론(learning theory)으로도 불린다. 또한 인간의 행동은 경험에 의해 점진적으로 형성되므로 인간발달에는 질적인 차이를 보이는 단계가 없으며, 연령 역시 발달을 설명하는 중요한 변수가 아니라고 본다. 일례로 여성의 평균 초혼 연령을 알더라도 개인차가 워낙 크므로 특정 여성이 몇 세에 결혼할 것인지 예측하기는 어렵다는 것이다. 또한 결정적 시기라는 개념도 존재할 수 없다. 즉, 중요한 것은 사건이 일어나는 시기가 아니라 사건이 일어난다는 사실 자체이므로 '결정적 사건'이라고 불러야 한다는 것이다. 그럼에도 불구하고 행동주의는 영유아기의 중요성을 인정한다. 첫째, 아동의 많은 행동이 영유아기에 습득한 행동에 뿌리를 두고 있기 때문이다. 둘째, 영유아기의 경험이 발달에 영향을 미치는 맥락은 이후 단계들과는 다르다. 어릴수록 환경과의 교류 경험이 별로 없고 새로운 행동의 학습에 필요한 기술도 많지 않기 때문이다(Gewirtz & Pehlez-Nogueras, 1992; Salkind, 1983). 본 장에서는 대표적인 행동주의 학자인 왓슨과 스키너, 그리고 이를 발전시킨 반두라의 사회학습이론을 살펴본다.

[그림 4-1] 자동차가 고장 났을 때 정식분석자와 행동주의학자의 접근

1. 왓슨의 고전적 조건화

1) 고전적 조건화

왓슨 John Broadus Watson(1878~1958)

미국 남캐롤라이나 주의 외딴 시골에서 태어난 왓슨은 가난하고 방탕한 아버지가 가출하자 어머니가 교육을 위해 큰 마을로 이사를 했는데, 이러한 환경의 변화는 다양한 유형의 사람들을 보고 심리학 이론을 구축하는 계기가 되었다. 그는 자신이 체포 경력만 두 번일 만큼 반항적이고 게으르고 성적도 나쁜 학생이었다고 회고하지만 결국 시카고 대학 대학원에 진학한다. 그곳에서 듀이의 지도로 철학을 공부했으나 흥미를 못 느끼고 동물 행동 연구로 전향한 후 37세에 미국 심리학회 회장이 될 만큼 활발히 연구했다. 한편 왓슨은 보기 드문 미남이었다고 하는데, 조수 레이놀(Raynor)과의 스캔들로 이혼하고 존스홉킨스 대학 교수직에서도 해임된다. 레이놀과 재혼 후 광고회사에 들어가 광고에 심리학을 접목하면서 교수 때보다 몇 배의 연봉을 받는 등 그 분야에서도 성공을 거두었다고 한다.

출처: www.whatispsychology.biz

고전적 조건화(classical conditioning)는 원래 노벨상을 수상한 러시아의 생리학자 파블로프(Pavlov)에 의해 처음 제시된 개념이다. 파블로프는 개에게 음식(무조건 자극)을 줄 때 종소리(중립 자극)를 함께 들려주면, 나중에는 개가 종소리(조건 자극)만 들어도 무조건 침(조건 반응)을 흘리게 됨을 발견했다. 미국 행동주의의 창시자로 불리는 왓슨(Watston)은 동물을 대상으로 한 파블로프의 실험을 인간에게 적용하였다. 왓슨은 털 있는 동물을 좋아하는 생후 11개월의 영아 알버트(Albert)[4]를

4) 이 실험은 왓슨이 알버트의 공포를 해제하는 조건화를 하지 않았다는 점에서 윤리적 문제가 있다. 이후의 연구자들은 왓슨의 실험이 알버트의 인생에 어떠한 영향을 미쳤는지 알아보고자 했지만 알버트가 6세에 수두증으로 사망한 관계로 실험의 영향이 어느 정도였는지 결론을 내릴 수 없었다.
http://en.wikipedia.org/wiki/John_B._Watson

실험실로 데려가서 흰 쥐(중립 자극)를 보여주는 동시에 큰 소리(무조건 자극)를 내는 것을 반복했더니 결국 알버트는 쥐(조건 자극)만 보아도 공포(조건 반응)로 울음을 터뜨리고, 토끼나 개뿐만 아니라 산타클로스 등 털이 있는 것들도 무서워하게 되었다(일반화). 이러한 왓슨의 실험은 영아도 고전적 조건화가 될 수 있고, 공포나 분노, 사랑 등의 정서 역시 고전적 조건화에 의해 학습될 수 있으며, 그렇게 조건화된 정서는 다른 대상에까지 일반화될 수 있음을 시사한다(Papalia & Olds, 1982).

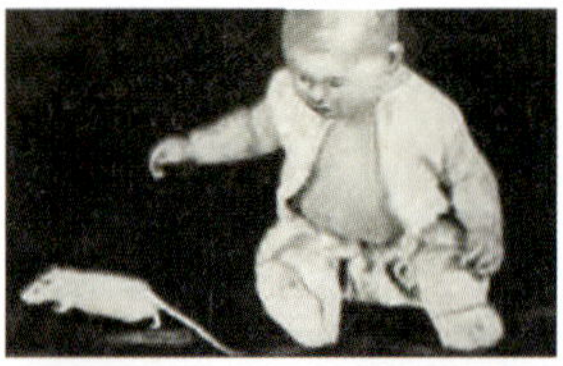	조건화 전 : NS→NR 흰쥐(중립 자극)를 보고 무서워하지 않음(무반응)
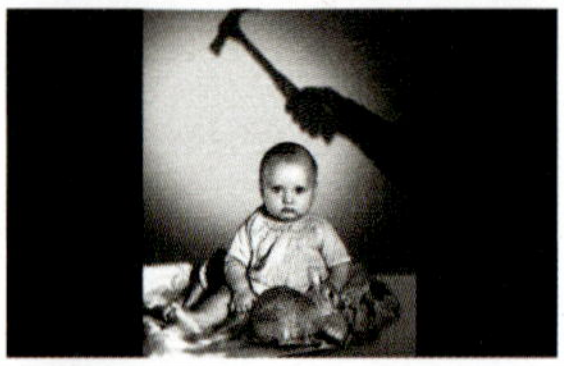	조건화 : NS+UCS→UCR 흰쥐(중립 자극)를 큰 소리(무조건 자극)와 함께 들려주니 흰쥐를 무서워함(조건 반응)
	조건화 후 : CS→CR 흰쥐(조건 자극)를 보면 무서워함(조건 반응)
	일반화 털 있는 것에 대해 일반화가 이루어져 산타클로스조차 무서워함

[그림 4-2] 알버트의 고전적 조건화 실험

출처: appsychtextbk.wikispaces.com

2) 자극-반응의 연합에 미치는 요인

이와 같이 학습의 기본 단위를 '자극-반응'의 연합으로 본 왓슨은 어떤 자극(S)에 대한 반응(R)은 다시 앞으로 일어날 사건에 대한 자극으로 제공되며, 이러한 자극과 반응의 연합은 계속 확대되어 복잡한 학습을 구성한다고 보았다.

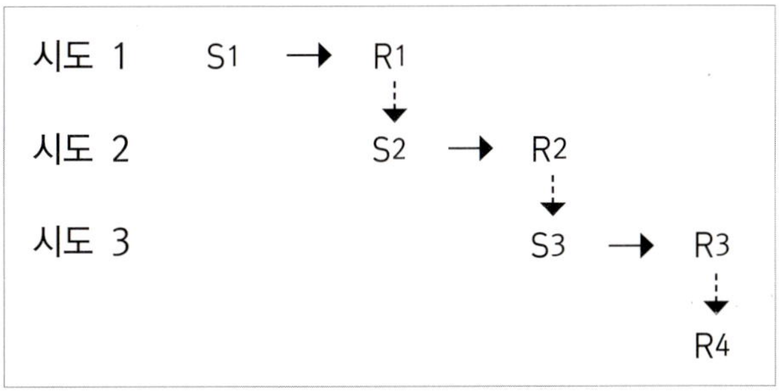

[그림 4-3] S-R 연합의 연속

또한 자극-반응 연합에 영향을 미치는 요인으로 다음 두 가지 법칙을 제시했다(Salkind, 1983).

① 빈도법칙

자극과 반응의 연합이 자주 이루어질수록 연합이 강력하게 형성되므로 그 자극이 나타나면 같은 반응을 일으킬 확률이 높아진다는 것이다. 예를 들면, 어머니가 물체를 보여줄 때 그 이름을 늘 반복해서 말해 주면 영아는 어휘가 풍부해질 것이다.

② 최근법칙

자극과 반응 사이의 시간의 양과 관련된 법칙으로서, 자극과 반응의 연합이 방금 일어났을수록 그 연합이 다시 일어날 확률이 높다는 것이다. 예를 들면, 영아가 아침에 잘못된 행동을 했는데, 아버지가 저녁 늦게 귀가해서 야단을 치는 것은 의미가 없다. 왜냐하면 영아는 아버지가 야단치기 직전의 사건(예 아버지에게 달려가 인사한 것)이 벌을 받는 결과를 낳았다고 생각할 것이기 때문이다.

3) 양육철학

흰 쥐를 이용한 공포 정서의 조건화 연구를 통해 왓슨은 부모도 조건화를 통해 자녀의 행동과 발달을 조성할 수 있다는 결론을 지었다(Berk, 2008). 인간의 가소성에 대한 이러한 믿음으로 그는 "나에게 12명의 건강한 아이들과 그들을 기를 나만의 세계를 준다면, 그들 중 아무라도 택하여 그의 재능이나 취미, 성향, 능력, 적성 그리고 인종에 관계없이 의사나, 변호사, 예술가, 경영자 심지어 거지와 도둑에 이르기까지 어떠한 유형의 전문가로도 키울 수 있다."고 호언장담하였다. 나아가 그는 아이를 많이 낳는 것보다 잘 기르는 것이 중요하다고 하면서 『영아의 심리학적 양육』(The Psychological Care of the Infant and Child)이란 육아서를 집필했다. 여기에서 그는 양육을 과학, 특히 존스 홉킨스 대학에서 자신이 수행한 아동발달 연구에 기초한 과학으로 정의하면서 〈표 4-1〉과 같이 조언했다(Bigelow & Morris, 2001).

〈표 4-1〉 왓슨의 육아서의 주요 내용

부정적인 정서반응	부모는 긍정적이고 위험하지 않은 가정환경을 만듦으로써 부정적인 정서를 최대한 줄여야 한다. 해로운 물건이나 급작스럽고 시끄러운 소리로부터 영유아를 보호하되 일상적인 소음을 차단해서는 안 된다.
문제 행동	문제 행동에는 예방이 중요하며, 예방이 효과 없을 때만 벌을 사용하되 이때에도 영유아의 손가락이나 손을 연필로 치는 것 이상은 피해야 한다. 영유아를 온종일 활동을 하게 해서 바쁘게 만드는 것도 좋은 방법이다.
사랑	사랑은 대개 본능적인 행동 패턴이며 행동주의 관점에서 조건화될 수 있다. 사랑을 너무 자주/많이 주면 영유아가 응석받이가, 되고 성인이 되어서도 응석받기를 원하며, 과도한 정서적 애착은 부부간의 적응에도 방해가 된다. 따라서 자녀를 늘 객관적으로 대하고, 껴안거나 무릎에 앉히지 말며 뽀뽀도 하지 말고, 해야 한다면 자기 전에 이마에 한 번만 하는 것이 좋다. 영유아가 한 성인의 사랑에만 의존하지 않게 하려면 일주일마다 다른 보모를 집으로 오게 한다.
일과	수면이나 식사, 놀이 시간에 바람직한 습관을 가질 수 있도록 일과를 세우는 것이 중요하다(예 30분간 잠자리에서 조용히 놀기). 이는 영유아에게 사회가 요구하는 결과나 건전한 습관과 대화 등을 제공해 주기 때문이다

출처: Bigelow & Morris(2001).

이상과 같이 왓슨은 부모는 자녀가 발달할 환경을 선택할 수 있으므로 부모에게 전적인 책임이 있으며, 자녀를 어린 성인(young adult)으로 대하고 엄격하고 규칙적으로 기를 것을 주장했다. 실제로 그는 자신의 자녀들에게 화장실 가는 시간까지 정해 놓고 정확하게 그 시간에 용변을 보도록 강요했는데, 행동주의의 실험 대상이었던 아들은 결국 자살하고 왓슨은 좌절감에 빠져 미출판 원고를 모두 불태워버렸다고 한다. 그럼에도 왓슨의 육아서는 당시 베스트셀러로 부모들에게 각광 받았다(http://en.wikipedia.org/wiki/John_B._Watson).

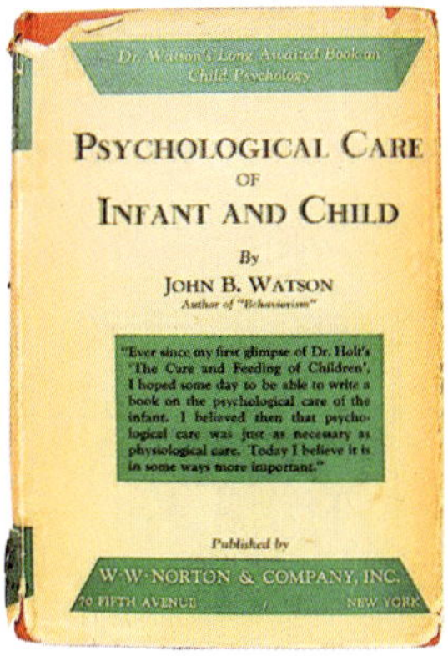

[그림 4-4] 왓슨의 육아서

출처: www.amazon.com

2. 스키너의 조작적 조건화

스키너 Burrhus Frederic Skinner(1904~1990)

미국 펜실베니아주의 작은 마을에서 태어난 스키너는 어린 시절 썰매나 수레 등을 만들기 좋아했다. 영문학 전공 후 작가를 지망했으나 재능이 없음을 깨닫고 하버드 대학에서 심리학으로 박사학위를 받고 교수로 재직했다. 그는 스키너 상자라 불리는 다양한 실험 장치를 만들어 동물에게 복잡하고 유별난 행동을 훈련시켰고(예, 탁구 하는 비둘기), 이는 약물에 의한 동물의 행동 변화를 관찰하는 제약 연구에 사용되기도 했다. 심지어 그는 무균, 방음, 공기 조절로 영아의 성장에 최적의 환경을 제공하는 아기보육기도 발명했다. 딸 데보라를 생후 2년간 여기에서 키웠다는 풍문이 있었으나 조건화 실험을 한 것은 아니었고, 실제로는 자상한 아버지였다고 한다. 조건화 원리에 의한 이상사회를 그린 스키너의 소설 『Walden II』에도 방 전체로 확대된 아기보육기가 등장한다.

1) 조작적 조건화

스키너는 고전적 조건화는 반사적 행동(예 빨기)이나 반응적 행동(예 큰 소리에 대한 공포)에는 유용하지만 인간의 모든 행동을 설명하는 데에는 한계가 있다고 보았다. 인간의 행동에는 수동적이고 기계적인 행동만 있는 것이 아니라 의지적이고 자발적인 조작적 행동이 많이 있기 때문이다. 예를 들어, 영유아가 놀이를 하거나 그림책을 보는 것과 같은 의지적이고 자발적인 조작적 행동은 특정 자극에 의해 자동적으로 유발되는 것이 아니라 과거 그 행동을 했을 때 어떠한 보상을 받았느냐에 따라 달라진다.

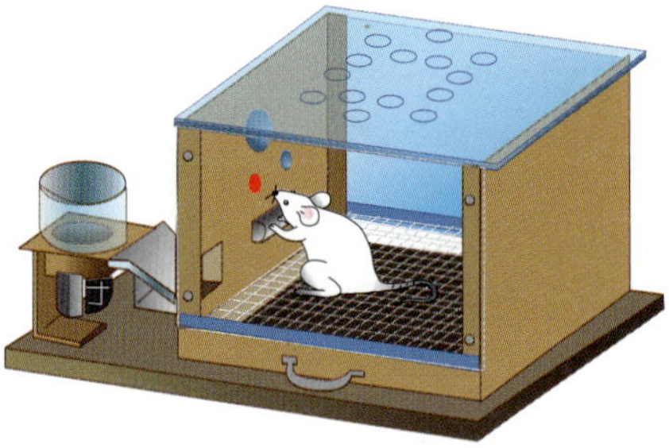

[그림 4-5] 스키너 박스

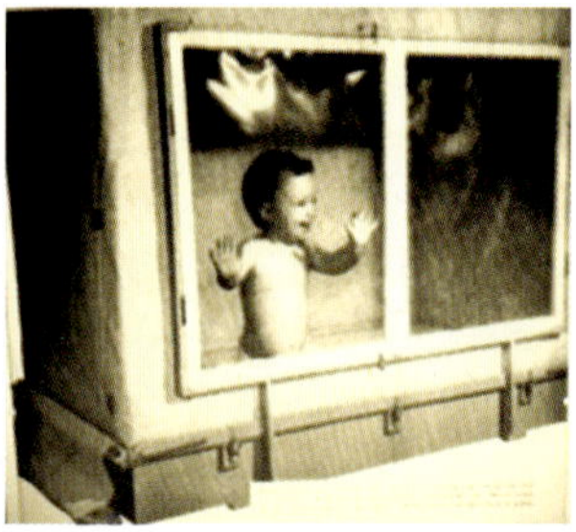

[그림 4-6] 아기 보육기 안의 스키너 딸

출처: http://rationalwiki.org/wiki/File:Skinner_baby_box.jpg

스키너는 [그림 4-5]와 같이 자신이 고안한 실험 상자에서 마음대로 돌아다니던 쥐가 우연히 음식이 나오게 되어 있는 지렛대를 누르고(R) 음식(S)을 먹게 되자 그 지렛대를 누르는 횟수가 증가함을 발견하였다. 이와 같이 유기체의 행동이 선행하고 그 뒤에 오는 자극에 의해 조건화가 이루어지는 것을 스키너는 조작적 조건화(R-S)라고 명명했다(Salkind, 1983). 즉, 자극이 반응을 유발하는 고전적 조건화(S-R)와 반대로 조작적 조건화(operant conditioning)에서는 행동이 자극(강화)을 유발한다(R-S).

2) 강화와 벌

정적 강화(positive reinforcement)는 자극을 첨가할 때 행동이 증가하는 것으로 영유아가 그림책을 볼 때 어머니가 칭찬을 해 주면(좋은 자극의 첨가) 그림책을 보는 빈도가 증가하는 것을 예로 들 수 있다. 부적 강화(negative reinforcement)는 자극을 제거함으로써 행동이 증가하는 것을 말한다. 예를 들어, 소음과 같은 방해하는 요인을 제거한 뒤(나쁜 자극의 제거) 그림책을 읽는 빈도가 증가한 경우이다. 대개 정적 강화물은 음식과 같이 유기체가 선호하는 것이고, 부적 강화물은 전기쇼크와 같이 유기체가 피하는 것이므로 결국 어떠한 유형이던 강화는 행동을 증가시키게 된다.

한편 부적 강화를 나쁜 자극을 제공하는 것으로 생각하여 벌과 혼동하는 경우가 있는데, 강화는 행동의 증가와 관련되고, 벌은 행동의 감소와 관련된 개념이라는 점에서 이 둘은 분명히 다르다. 즉, '정적-부적'이란 용어는 '좋고-나쁜'의 가치 개념이 아니라 자극의 '첨가-제거'와 관련이 있다. 마찬가지로 벌에도 정적 벌과 부적 벌이 있다. 예를 들어, 그림책을 읽다가 실수를 하여 교사나 친구들에게 조롱을 받은 후(나쁜 자극의 첨가) 그림책을 읽으려고 하지 않는다면 정적 벌(positive punishment)이고, 영아가 즐겨 앉던 소파를 치운 이후(좋은 자극의 제거) 그림책을 읽는 빈도가 줄었다면 이는 부적 벌(negative punishment)로 볼 수 있다.

	행동의 증가	행동의 감소
자극의 첨가	**정적 강화** 행동(책읽기)의 증가를 위해 좋은 자극(칭찬)을 첨가 	**정적 벌** 행동(책읽기)의 감소를 위해 나쁜 자극(조롱)을 첨가 
자극의 제거	**부적 강화** 행동(책읽기)의 증가를 위해 나쁜 자극(소음)을 제거 	**부적 벌** 행동(책읽기)의 감소를 위해 좋은 자극(소파)을 제거 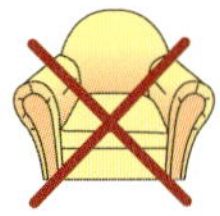

[그림 4-7] 강화와 벌의 4가지 유형

3) 강화 계획

연속적 강화(continuous reinforcement)는 어떤 행동을 할 때마다 매번 강화를 제공하는 것이다. 예를 들어, 영유아가 하루에 몇 번 그림책을 읽든 혹은 얼마나 오래 그림책을 읽든 상관없이 그림책을 꺼내들 때마다 칭찬을 해 주는 경우이다.

간헐적 강화(intermittent reinforcement)는 훨씬 복잡한 것으로 강화의 제공 단위(비율-간격)와 제공 방식(고정-유동)에 따라 2×2의 차원으로 나뉜다. 예를 들어, 〈표 4-2〉와 같이 고정비율계획은 영유아가 그림책을 3권 읽을 때마다 강화를 주는 것이고, 고정간격계획은 그림책을 읽을 때 10분마다 강화를 주는 것이다. 유동비율계획은 처음 그림책을 읽을 때 칭찬을 하고, 5권째 읽을 때 다시 칭찬을 함으로써 평균 3권에 1번 강화를 주는 것이고, 유동간격계획은 그림책을 읽기 시작한지 5분 후 강화를 주고 다시 15분 후 강화를 주어 평균 10분에 1번 강화를 주는 경우라고 할 수 있다.

일반적으로 연속적 강화보다 예측이 어려운 간헐적 강화가 더 효과가 높은 것으로 알려졌으나 학습 초기 단계에서는 연속적 강화가 유용할 수 있다. 또한 연령이 어릴수록 간헐적 강화에 혼란을 느껴 조건화 자체가 이루어지기 어려울 수도 있다.

〈표 4-2〉 간헐적 강화

		강화의 제공 단위	
		비율(빈도)	간격(지속 시간)
강화의 제공방식	고정(규칙적)	매 행동 3회마다	행동을 지속하는 매 10분 마다
	유동(불규칙적)	평균적으로 행동 3회에 1번	평균적으로 행동 지속 시간 10분에 1번

스키너에 의하면, 특히 영아에게 흔히 발견되는 강화로는 어머니가 안아주고 미소 짓고 만져주는 것과 같은 사회적 성향의 자극과 영아용 조제식이나 설탕물, 그리고 감각 및 운동적 자극 등이 있다. 이러한 강화는 주로 영아의 고개 돌리기, 빨기, 궤적 그리기, 지향반응, 차기, 미소 짓기, 뻗기, 만지기, 소리내기, 저항하기, 울기 등의 반응을 유발하는 것으로 연구되었다(Gewirtz & Pehlez-Nogueras, 1992).

3. 반두라의 사회학습이론

반두라 Albert Bandura(1925~)

캐나다 앨버타 지방의 작은 시골 마을에서 6남매 중 막내로 태어난 반두라는 그 지역의 유일한 학교로 학생 20명과 교사 2명이 전부이며 초등부터 고등학교까지 통합과정으로 운영되는 학교를 다녔다. 이와 같이 교육환경이 열악한 외진 곳에서 성장함으로 인해 길러진 독립적이고 자기주도적인 학습 성향이 이후 연구에 많은 도움이 되었다고 한다. 그는 브리티시컬럼비아 대학 심리학과 졸업 후 미국 아이오와 대학에서 심리학으로 석, 박사 학위를 받고 스탠포드 대학 교수로 재직했다. 미국 심리학회 회장을 역임했을 뿐만 아니라 2002년 스키너, 프로이드, 피아제에 이어 4번째로 자주 인용되는 학자로 천거되는 등 심리학 발전에 많은 공헌을 했다.

1) 모방

반두라(Bandura)는 개나 쥐 등의 동물을 대상으로 실험실에서 수행된 스키너의 조작적 조건화는 사회적 상황에서 이루어지는 인간의 행동을 설명하기에 적절치 못하다고 생각했다. 같은 학습 이론가면서도 반두라는 인간은 동물과 달리 직접적 강화 없이 타인의 행동을 단순히 관찰하는 것만으로도 새로운 행동의 학습이 가능하고 보았으며, 이러한 학습은 일상적인 사회생활에서 많이 이루어지기 때문에 사회학습 이론(social learning theory)이라고 명명했다. 즉, 사회학습 이론에 의하면 학습은 보상이나 벌을 통해서 이루어지는 것이 아니라 영유아 자신이 모델의 행동을 관찰하여 모방함으로써 이루어지는데, 이러한 점에서 사회학습 이론을 모방학습(modeling) 이론 또는 관찰학습(observational learning) 이론이라고도 부른다.

반두라는 동일시(identification)는 너무 복잡한 개념이며, 모방이 훨씬 간편하고 다루기 쉬우면서도 동일시와 동일한 설명력을 가진 개념이라고 제시하였다. 그에 의하면 부모는 영유아에게 최초의 그리고 영유아의 삶에 늘 함께 하는 모델이며, 영유아는 자신의 욕구를 충족하는 데 부모가 필수적임을 인식함에 따라 부모를 모방하고 정서적 애착을 느끼게 된다(Thomas, 1990). 반두라의 대표적인 실험은 보보인형(bobo doll)을 이용한 영유아의 공격성 연구이다. 그는 한 집단의 영유아들에게는 인형에게 공격적인 행동을 가하는 영화를 보여주고 다른 집단의 영유아들에게는 중립적인 영화를 보여준 다음 두 집단을 비교한 결과 전자의 집단이 공격적 행동을 많이 나타냄을 발견하였다. 이러한 연구결과는 영유아발달에 있어 폭력적이거나 선정적인 TV 등 매스컴의 위험성을 시사한다.

[그림 4-8] 보보인형을 이용한 공격성 연구

출처: stalbanscounselling.wordpress.com

2) 대리강화

반두라의 사회학습 이론도 행동주의에 이론적 토대를 두고 있기 때문에 영유아가 자신의 행동에 대해 직접 강화를 받지 않더라도 다른 영유아가 보상이나 벌을 받는 것을 관찰함으로써 간접적으로 강화를 받는다고 본다. 즉, 자신의 경험이 아니라 타인의 경험을 통한 학습이 가능하다는 것으로 이를 대리강화(vicarious reinforcement)라고 한다. 동생이 태어났을 때 영유아가 흔히 나타내는 퇴행현상도 대리강화를 통한 학습으로 볼 수 있다. 이들은 동생이 울 때마다 어머니가 안아주고 관심을 주는 것을 관찰하였기 때문에 자신도 관심을 받고 싶을 때 울거나 오줌을 싸는 등 아기처럼 행동하는 것이다. 대리강화뿐만 아니라 대리처벌(reinforcement punishment)도 가능하다. 예를 들어, 영유아가 직접 벌을 받지 않았지만 친구가 그림책을 찢고 야단맞는 것을 관찰한 후로는 그림책을 찢지 않으려고 한다면 대리처벌로 볼 수 있다.

3) 관찰학습 과정

이와 같이 사회학습 이론에서는 인간의 행동은 단순히 환경에 의해서만 이루어지는 것이 아니라 다음과 같은 인간의 내적인 면 즉, 인지적인 과정에 의해 학습이 이루어진다고 본다.

① 주의(attention)

학습을 하려면 먼저 모델의 행동과 이에 따른 결과를 집중해야 한다. 주의집중을 저해하는 요인(예 졸리거나 아프거나 불안하거나 산만한 상태)이 있으면 학습이 잘 이루어지지 않는다. 모델의 특성도 중요한데, 매력적이거나 권위가 있거나 유능하거나 학습자와 닮은 모델(예 동성)일수록 학습자가 주의를 기울인다.

② 파지(retention)

모델의 행동을 관찰한 후 어느 정도 시간이 지난 다음에 그 행동을 모방하기 때문에 주의를 집중하여 관찰한 내용을 기억해야 한다. 이는 관찰한 내용을 언어나 이미지의 형태로 저장했다가 나중에 필요할 때 꺼내어 쓸 수 있기 위함이다.

③ 재생(reproduction)

기억 속에 저장했던 정신적 표상을 외현적 행동으로 전환하는 것으로 실제 행동에 필요한 신체적 능력이나 운동 기술을 필요로 한다. 예를 들어, 영유아는 자전거 타는 모습을 아무리 열심히 관찰한다고 해도 이에 필요한 근육이나 기술(예 균형 잡기, 눈과 손의 협응, 대근육)이 발달하지 않았기 때문에 자전거 타기를 제대로 모방할 수 없다. 한편 재생 능력은 연습에 의해 향상될 수 있다.

④ 동기(motivation)

앞의 과정을 다 갖추어 모방 능력이 있어도 동기가 없다면 아무런 행동도 하지 않을 것이다. 반두라에 의하면 모방 행동의 발생 비율을 높이는 강화로는 전통적인 학습 이론에서 말하는 과거의 강화 외에도 예상된 강화(인센티브가 예상될 때)와 대리강화(모델이 강화 받던 장면을 회상), 내적강화(내적 기준에 의해 스스로에게 보상) 등이 있다.

[그림 4-9] 사회학습 이론의 관점 : 아이들은 부모를 닮는다
출처: http://www.toondoo.com/cartoon/3734532

영유아기에는 행동을 여러 번 반복해 주어야 모방할 수 있으며, 관찰 즉시 모방하는 즉각적인 모방(immediate modeling)에 제한되어 있지만, 주의집중과 파지, 운동재생 능력이 발달하는 만 2세경이 되면, 관찰한 행동을 일정 시간이 지난 후 모방하는 지연모방(delayed modeling)이 가능해진다.

4) 자기효능감

이와 같이 반두라에 의하면 인간은 감정이나 사고, 행동을 통제할 수 있는 능력을 갖고 있기 때문에 인간의 행동은 외적 요인뿐만 아니라 자기강화에 의해서도 결정된다. 자기효능감(self-efficacy)이란 자신이 원하는 목적을 이루기 위해 특정 행동을 성공적으로 수행할 수 있다는 믿음이다. 자기효능감이 높은 아동은 긍정적 자아개념을 형성하고 높은 성취 수준을 보이지만, 자기효능감이 낮은 아동은 부정적 자아개념으로 인하여 자신감 부족이나 우울증, 쉽게 포기하는 특성 등을 나타낸다. 자기효능감은 연령마다 다른 양상을 나타낸다. 영유아기에는 또래, 그리고 청년기에는 이성교제를 통해서 자기효능감을 평가하다가, 성인기에는 사회인이나 부모 역할에 대한 능력이 중요한 효능감으로 등장하게 된다. 일반적으로 자기효능감은 과거 수행(자신의 성공/실패)과 대리경험(친구의 성공/실패를 관찰), 사회적 기대(격려나 피드백)와 자신의 생리적, 정서적 상태(피로감이나 불안) 등에 의해 영향을 받는다.

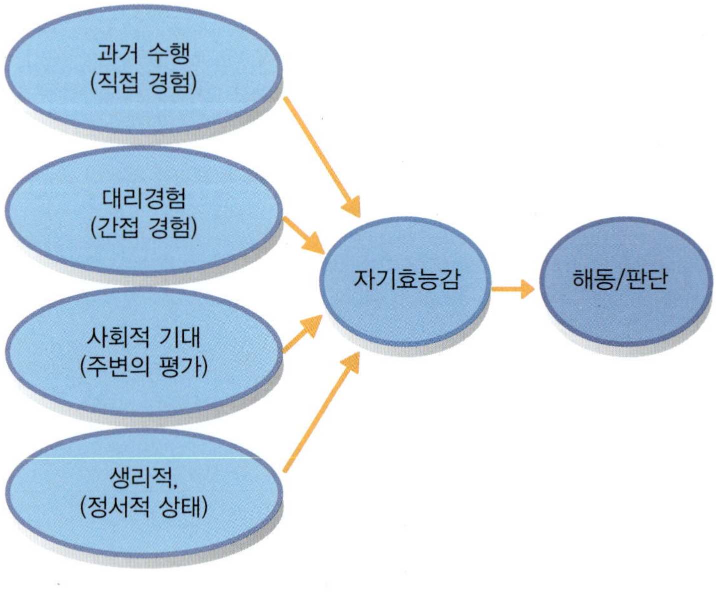

[그림 4-10] 자기효능감

5 생물학적 접근

인간발달이 유전에 의해 결정된다는 생물학적 성숙 개념은 18세기 루소(Rousseu)로 거슬러 올라간다. 루소는 인간발달은 사전에 계획된 자연스러운 과정이므로 자연의 법칙에 따라 발달하도록 내버려 둘 때 가장 바람직하게 자라난다고 주장했다. 또한 그는 유아기, 아동기, 소년기, 청년기 등의 단계로 순서 짓고, 유아기는 신체의 발육에 중심을 두는 시기로 보았다.

이후 영국의 생물학자 다윈(Darwin)은 『종의 기원』(Origin of Species)에서 진화를 생명체가 자연선택 과정을 통해 단순한 형태에서 복잡한 형태로 변화함으로써 적응적인 유기체가 되는 과정으로 정의했다. 생존에 적합하게 변화된 특성은 유전자를 통해 다음 세대로 전달되고 그렇지 않은 특성은 사라지게 되므로 자연선택은 적자생존 개념으로 연결된다. 인간 역시 이러한 과정을 통해 동물에서 진화했다는 그의 이론은 동물 연구결과를 인간 행동의 이해에 적용할 수 있다는 인식을 심어줌으로써 초창기 연구자들에게 영향을 끼쳤다. 뿐만 아니라 자신의 아들을 상세히 관찰, 기록하여 진화론의 관점에서 인간발달을 이해하기 위한 자료로 사용함으로써 아동연구의 개척자로도 불리게 되었다(Keenan & Evans, 2009). 이와 같은 루소와 다윈의 이론을 배경으로 한 생물학적 접근의 대표적인 학자인 게젤과 로렌츠의 이론을 살펴보기로 한다.

[그림 5-1] 루소의 에밀
출처: classiques.uqac.ca

[그림 5-2] 다윈의 종의 기원
출처: www.kobobooks.com

1. 게젤의 성숙 이론

게젤 Arnold Lucius Gesell(1880~1961)

출처: drugline.org

미국 미시시피 강 상류 목가적인 작은 도시에서 성장한 게젤은 훗날 아동 발달을 연구하면서 이때 관찰한 아름다운 계절의 변화인 '그 계절과 순서'라는 용어를 사용했다고 한다. 그는 현대 아동심리학의 선구자인 홀의 지도로 심리학 박사학위를 받고 예일대학교에 아동 발달연구소를 설립하고 소장을 역임하다가 아동 발달 연구에 의학이 필수적이라는 생각으로 생리학으로 다시 박사학위를 받았다. 이후 게젤 아동발달연구소를 설립하여 심리학과 의학을 통합한 정신 발달의 실증적 연구에 평생을 보냈다. 루소의 자연주의 발달 이론과 다윈의 진화론의 영향을 받아 아동 발달에 발생학적 모델을 적용시켰을 뿐만 아니라 아동용 지능검사를 개발하고 아동 연구에 최초로 영화카메라를 이용한 학자로도 알려졌다.

1) 성숙

다윈의 진화론과 헤켈의 반복 이론(recaptitulation theory)[5]의 관점에서 성숙을 가장 중요한 발달기제로 생각했던 게젤은 수많은 영유아들의 행동을 관찰하여 자세 조정이나 이동 동작, 손 기술 등이 거의 일정한 순서를 거쳐 발달함을 발견했다. 아울러 그는 비교문화 연구결과 이러한 발달 순서는 문화적으로도 보편성이 있음을 확인하고, 발달을 내성적인 생물학적 과정에 의해 지배를 받는 단일한 과정으로 규정했다. 그렇다고 환경적 요인을 완전히 무시하지는 않았지만(예 산소가 부족하면 태아는 심각한 손상을 입음) 게젤의 기본적인 관점은 환경은 발달 순서를 바꾸지는 못한다는 것이었다(Michell & Moore, 1999).

5) "개체 발생은 계통 발생을 반복한다."는 말로 대표되는 반복이론은 개체의 발달은 그가 속한 종이 거쳐 온 진화의 역사를 축소된 방식으로 되풀이 한다는 것이다.

게젤은 또한 일란성 쌍생아 실험을 통해서 성숙의 중요성을 입증했다. 쌍생아 T는 신체적 성숙이 이루어지기 전에 6주간 계단 오르기를 훈련받았고, 쌍생아 C는 훈련을 받지 않다가 신체적 성숙이 이루어졌을 무렵 2주간 계단 오르기를 지도 받았다. 처음에는 훈련을 받은 T가 계단 오르기 기술이 우수했으나 실험이 종료되었을 때에는 T와 C가 똑같이 계단을 잘 올라간 것으로 나타나 훈련이 성숙의 힘을 뒤집을 수 없음이 확인되었다. 또한 이러한 결과는 준비도(readiness)를 결정짓는 내적 스케줄이 있는 증거로서, 성숙 전의 조기훈련은 일시적 효과만 있을 뿐이고 성숙이 되었을 때의 구체적인 가르침이 더 효과적임을 시사한다(Horowitz, 1987).

2) 발달 규준

게젤은 많은 영유아의 발달 상태를 직접 관찰하고 측정한 후 연령별로 평균값을 산출하여 이를 해당 연령의 발달 규준(developmental norms)으로 삼았다. 오늘날에도 소아과 의사나 아동 관련 종사자들은 게젤의 발달 규준을 가치 있는 자료로 여기며, 영유아의 발달 상태를 평가하는 기준으로 이용하고 있다(Gesell & Ilg, 1943).

〈표 5-1〉 게젤의 발달 규준의 예: 운동

연령	발달 규준
1주	걷는 것 같은 다리 동작을 한다.
16주	걷는 것 같은 다리 동작의 빈도가 늘어난다. 발바닥에 압력이 느껴지면 미는 동작을 한다.
28주	붙잡고 세워 주면 제자리에서 뛰는 동작을 할 수 있다.
48주	물체를 잡고 걸을 수 있다.
12~18개월	혼자 걸을 수 있다.
18개월	옆으로 혹은 뒤로 걸을 수 있다.
20개월	보폭이 상당히 일정하며 안정적으로 걸을 수 있다.
21개월	달릴 수 있다.
24개월	상당한 거리를 지속적으로 걸을 수 있다. 걸으면서 고개를 돌릴 수 있다.

[그림 5-3] 게젤의 저서에 수록된 영아의 정신적 성장 과정

출처: Gesell, A.(1934)

3) 발달의 기본 원리

게젤은 발달은 예측 가능하고 순서 있는 과정으로서 다음과 같은 5가지 발달의 기본 원리를 갖고 있다고 했다(Crain, 2010; Horowitz, 1987; Osborn, DeWitt, First, & Zenel, 2005).

(1) 발달의 방향성

유전적 기제의 작용으로 발달이 체계적인 방향성(developmental direction)을 갖고 일어난다는 것을 말한다.

① 머리에서 발의 방향

출생 후 머리의 크기는 단지 2배로 증가하지만 몸통의 길이는 3배로, 다리의 길이는 5배로 증가한다. 또한 발달 초기에도 영아는 팔이나 다리를 통제하기 전에 먼저 머리를 가누고, 다리의 협응보다 팔의 협응이 먼저 일어나는 등 상체에서 하체로 발달이 일어나는 경향이 있다.

② 중심에서 말초의 방향

대근육이 있는 신체의 중심 부분이 먼저 발달하고 난 후 소근육이나 미세근육이 있는 말초 부분의 발달이 이루어진다. 예를 들어, 영아는 갖고 싶은 장난감이 있을 때 처음에는 장난감 쪽으로 몸통을 투박하게 움직이다가, 그 다음에는 팔을 뻗게 되고, 점차 손목을 움직이고, 마침내 손가락으로 세련되게 장난감을 잡을 수 있게 된다.

(2) 상호 교차

상호 교차(reciprocal interweaving)의 원리란 인간은 눈, 뇌, 손, 다리 등 신체 부위가 좌우 한 쌍으로 구성된 경우가 많기 때문에 대칭되는 두 측면의 발달이 교대로 일어나고 점차 효과적으로 체계화되어 간다는 것이다. 예를 들어, 처음에는 한쪽 손을, 다음에는 두 손을 모두, 그 다음에는 다른 쪽 손을, 그리고서 다시 두 손을 함께 쓰는 과정이 계속 반복된다. 성격의 경우에도 내성적 성향과 외향적 성향 등 대응되는 힘의 균형이 끊임없이 재조직화 되다가 점차 안정적인 성격 구조가 형성된다. 이와 같은 상호교류 과정을 통해 인간은 양측면의 균형을 이루게 된다.

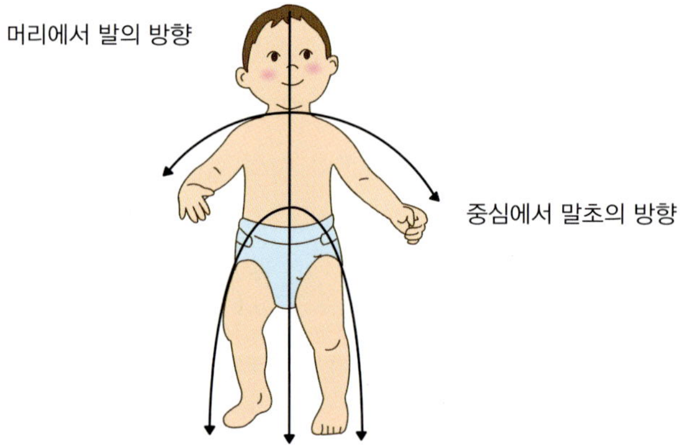

[그림 5-4] 발달의 방향성

(3) 기능적 비대칭

상호 교류의 원리를 통해 양측면의 균형을 이룰 수 있지만, 완벽한 균형이나 대칭을 이루는 경우는 흔치 않다. 즉, 양손잡이보다 오른손잡이가 많은 것처럼 결국 어느 한 측면에서 우세성이 나타나게 되는데, 인간은 이러한 비대칭성(functional asymmetry)을 통해 보다 효과적으로 기능을 하게 된다. 예를 들어, [그림 5-5]와 같이 생후 3개월경 나타나는 경직성 목 반사(tonic neck reflex)에서 영아는 마치 펜싱 자세처럼 한쪽 방향으로 머리를 돌리고 눕고 그쪽 팔을 내밀고 그 쪽 다리는 쭉 피며, 반대쪽 팔은 머리 뒤로 구부리고 반대쪽 무릎은 구부리는 자세를 취한다. 이는 영아로 하여금 머리를 돌려 질식을 예방하게 해 주며, 추후 공 던지기 등의 행동에 기여한다.

[그림 5-5] 경직성 목반사와 펜싱 자세

(4) 자기조정의 유동성

게젤은 강력한 내적 발달기제(intrinsic developmental mechanism)가 존재하므로 영유아는 물론 신생아조차도 자신의 발달을 통제할 수 있다고 믿었다. 그는 수유 시간이나 수면 시간을 결정하게 했을 때 영유아 스스로 적절한 수유 횟수로 조절하고 깨어 있는 시간도 증가했음을 발견했다. 그러나 영유아가 안정된 발달 스케줄에 도달하기까지 변화가 늘 일관성 있게 일어나는 것은 아니며, 전진과 후퇴, 공고화와 재전진 등 많은 유동성을 보인다. 예를 들어, 걸음마를 배우는 영아는 첫 걸음을 내디딘 후 다시 기는 행동을 보였다가 몇 걸음을 걷고 다시 기어 다니기를 반복하다가 안정적으로 걸을 수 있게 된다. 안정과 불안정의 시기가 교대로 일어나는 것이 발달의 본질이므로 자기조정의 유동성(self-regulation fluctuation)은 부정적인 현상이 아니라 성장이 지속될 수 있도록 통합을 유지하려는 개인의 노력의 일환으로 볼 수 있다.

(5) 개별적 성숙

발달이나 학습은 특정한 생리적 구조의 존재를 전제로 한다. 예를 들어, 걸을 수 있으려면 팔다리가 어느 정도 안정성을 갖추어야 하며, 걷기에 필요한 생리적 발달이 이루어지지 않았다면 아무리 연습을 시켜도 걷기가 촉진되지 않는다. 물론 연습이 미세 운동기술의 습득을 가속화하는 경우도 있지만(예 악기 연주), 기본적인 운동기술의 발달에는 경험보다 생물학적인 요소가 더 중요하다.

한편 게젤은 발달 순서는 모든 영유아에게 공통적이지만 각 영유아의 내적 유전기제에 의해 발달 속도에는 개인차가 있다고 했다. 그는 또한 발달 속도를 성격과도 연결시켰다. 예를 들어 성장이 느린 영유아는 침착하고 조심성 있고 생활상의 문제를 현명하게 처리하며, 성장이 빠른 영유아는 외향적이고 행복하고 영리하며, 불규칙하게 성장하는 영유아는 때로는 지나치게 조심성이 많고 때로는 너무 부주의하거나 감정 기복이 심하다는 것이다.

4) 양육철학

게젤은 아동에게는 발달을 지배하는 생체 시계가 있기 때문에 부모가 이를 바꾸려고 해서는 안 된다고 했다. 예컨대 영아가 요구할 때 수유를 하는 것이 제일 좋으며, 앉거나 기거나 걷는 것 역시 부모가 굳이 강요하지 않아도 스스로 발달한다는 것이다. 또한 출생 후 첫 1년은 가장 중요한 시기로 부모는 자녀에 대한 직관력뿐만 아니라, 발달의 순서나 경향성에 대한 이론적 지식이 있어야 한다. 특히 안정기와 불안정기 사이에 발달이 유동성을 보인다는 것을 이해해야만 부모는 영유아를 이해하고 인내심을 가질 수 있다. 예를 들어, 대개 2세경이 되면 고집이 세어진다는 것(terrible twos)을 아는 부모라면 성급한 마음에 자녀의 행동을 고치려 하기보다 이를 독립심의 징후로 보고 자녀를 유연하게 대할 것이다(Crain, 2010).

또한 게젤은 발달지체(developmental delay)나 조숙(precocity) 모두 부모나 성인이 영유아에게 자연스러운 성장 패턴을 벗어난 행동을 수행하도록 강요했기 때문에 정상적인 발달이 진행되지 못하고 균형이 깨진 경우로 보았다. 그에 따르면 가족과 학교 사회의 중요성은 개개인의 고유한 성장 잠재력이 완전히 그리고 최적의 상태로 실현될 수 있는 환경을 제공하는 데 있다. 따라서 발달이 지체된 영유아에게는 지지적이고 인도주의적인 환경을 제공하고, 영재아에게는 인지발달과 사회정서발달이 균형 있게 이루어지고 있는지 주시해야 한다. 게젤이 제안한 발달 규준의 목적 역시 최적의 성장을 이끌기 내기 위해 개인의 상태를 확인하는 것이므로 영유아의 능력에 정확히 맞추어 환경을 조성해야 한다. 즉, 어떠한 영유아도 자신의 준비도를 벗어난 과업을 부여받아서는 안 된다(Thelen & Adolph, 1992).

2. 로렌츠의 동물행동학

로렌츠 Konrad Lorentz(1903~1989)

현대 동물행동학의 창시자로 불리는 로렌츠는 오스트리아 빈의 교외에서 부유한 정형외과 의사의 아들로 태어나 대저택에서 동물들과 교감하고, 근처 동물원에서 아픈 동물들을 간호하기도 하면서 유년을 보냈다. 아버지의 소망대로 대학에서 의학을 공부했지만, 어린 시절부터 지녔던 동물에 대한 유별난 관심과 사랑으로 동물학으로 전향하여 박사학위를 받았다. 이후 도시와 떨어진 저택에서 긴꼬리원숭이 등 이국적 동물과 다양한 야생동물과 생활하면서 유형별 동물의 특성을 상세히 관찰, 비교 분석하여 1973년 노벨 생리의학상을 공동 수상했다. 국적이 오스트리아인 관계로 제2차 세계대전 때 나치의 편을 들어 독일군에 참전한 오점이 있지만, 노벨상 수상 전후로는 환경운동을 활발히 했다.

1) 동물연구

로렌츠는 실험실 연구는 심리학자들에게 커다란 오류를 범할 수 있다고 보았다. 예를 들어, 새장 안에 갇혀 사는 새는 스스로 둥지를 틀고 교미하고 영토 싸움을 하는 방법을 배울 수 없으므로 자연환경 속에서만 동물을 제대로 이해할 수 있다는 것이다. 따라서 그는 생태학적 타당도(ecological validity)를 높이기 위해 자연관찰(natural observation)을 사용했고, 그 다음 단계로 여러 종의 행동과 자극에 대한 반응을 비교함으로써 '비교행동학' 또는 '동물행동학'이라고 불리는 새로운 과학이 시작되게 하였다. 동물행동학에서는 주로 곤충이나 물고기, 새를 연구했지만 기본 원리는 인간을 포함한 포유동물에도 적용 가능한 것으로 판명되었다. 특히 로렌츠는 동물의 연구에서 시작했지만 후반기에 동물의 본능으로부터 인간의 본능을 유추하여 인간의 이해에 기여했다(http://nobel.or.kr).

2) 고정된 행동 패턴

인간발달의 이해를 위해 적용되는 동물행동학의 근본적인 가정은 인간의 어떤 행동들은 생물학적인 토대를 갖고 있으므로 학습이 없이도 일어난다는 것이다. 이러한 본능 행동에는 반사, 자극운동, 고정된 행동 패턴 등이 있는데, 이중 가장 복잡한 형태인 고정된 행동 패턴(fixed action patterns)은 신호자극과 선천적 방출기제 등의 요소로 구성된다.

1. 어미 거위가 목을 알을 향해 뻗는다.
2. 둥지에서 일어나 알을 향해 접근한다.
3. 목을 알 위에 놓는다.
4. 목과 부리로 알을 뒤로 굴린다.

[그림 5-6] 고정적 행동 패턴의 예

① 신호자극

환경에는 무수한 자극이 존재하지만, 대부분의 자극은 무시되고 특정 자극만이 행동에 직접적인 영향을 주게 된다. 예를 들어, 가게에 간 영유아는 다른 사람들에 대해서는 신경을 쓰지 않지만, 어머니가 잠시만 안 보여도 불안해하다가 어머니를 보면 반가워한다. 이와 같이 환경에서 오는 특정한 신호로 본능 행동을 유발하는 것을 신호자극(signed stimulus) 또는 해발인(releaser)이라고 한다. 신호자극은 유기체에게 다른 자극이 갖지 않는 가치를 갖고 있으며, 선천적 방출기제를 자극함으로써 고정된 행동 패턴을 유발할 수 있다.

② 선천적 방출기제

선천적 방출기제(innate releasing mechanism: IRM)는 신호자극에 의해 자극되는 신경중추로서 신경과 근육을 통해 연쇄적 반응이 발생하여 고정된 행동 패턴을 일으킨다. 대부분의 동물에 선천적 방출기제가 내재되어 있으며, 신호자극에 의해 활성화되는 스위치로 작용한다. 신호자극이 없으면 선천적 방출기제가 활성화되지 못하고, 따라서 고정된 행동 패턴도 일어나지 않는다(Salkind, 1983).

고정된 행동 패턴은 종 특유의 것으로서 주로 구애 행동이나 적과 싸우는 자세, 어미를 따르는 행동 등에서 나타난다. 명칭에 나타나있듯이 고도로 틀에 박힌 모습으로 나타나며, 일단 시작되면 주변에 무슨 일이 일어나는지에 관계없이 전형적인 과정을 밟아 끝나게 된다. 반사와 유사하지만 반사를 유발하는 역치(threshold)는 일정한 반면, 고정된 행동 패턴을 유발하는 역치는 유기체의 상태에 따라 달라질 수 있다는 점에서 차이가 있다(Bowlby, 1971).

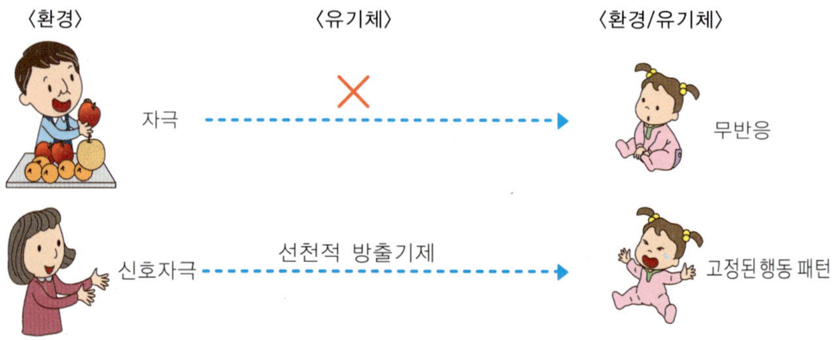

[그림 5-7] 고정된 행동 패턴의 구성 요소

3) 각인

(1) 각인의 대상

로렌츠는 본능 행동은 대체로 생득적이며 고정된 행동이지만, 일부 행동은 학습 경험을 내포하고 있다고 하면서 각인(imprinting) 행동을 그 증거로 제시하였다. 각인 행동의 대표적인 예는 새끼 거위가 갓 부화한 직후에 어미 거위만을 따라다니는 것이다. 그러나 로렌츠가 거위 알의 일부는 어미가 부화하게 하고 일부는 로렌츠 자신이 부화시킨 결과, 그가 키운 거위 새끼들은 그를 어미로 여기고 그의 뒤를 졸졸 따라다녔다. 이와 같이 어미가 아니라 다른 대상에 대해서도 각인이 이루어진다는 점에서, 로렌츠는 각인이라는 본능 행동 자체는 생득적이지만 신호자극에 해당하는 대상(움직이는 물체)은 학습에 의한 것이라고 보았다(정혜경, 2012)[6]. 그는 또한 동물의 종에 따라 각인 대상이 각기 다르다는 것을 발견했다. 예컨대 새끼 거위는 움직이는 것이면 어느 것이나 각인하지만(예 움직이는 보트), 물오리 새끼는 로렌츠가 어떤 높이 이하로 몸을 구부리고 꽥꽥 소리를 지르면서 움직일 때만 그에게 각인했다(http://ko.wikipedia.org).

출처: www.glogster.com 출처: gentilelagosospirante.blogspot.com 출처: http://cutestlife.com

[그림 5-8] 각인 대상 : 어미(좌), 로렌츠(중), 개(우)

6) 로렌츠는 미국의 행동주의에 영향 받은 심리학자들이 본능을 구체적 자극에 대한 기계적 반응으로 간주한 나머지 본능행동이 보여주는 복잡한 레퍼토리를 제대로 설명하지 못하고 있다고 비판했다(정혜경, 2011).

(2) 각인의 기능

각인이 얼마나 강하고 빠르게 일어나는가를 좌우하는 것은 새끼가 어느 정도 발달한 상태로 태어나느냐 하는 것이다. 로렌츠가 연구한 거위나 오리, 기러기 등의 새끼들은 깃털이 다 난 상태로 부화하여 바로 걸어 다니면서 먹이를 먹을 수 있는 조숙류의 새이다. 반면 까치나 박새, 비둘기 등은 깃털도 없고 눈도 안 뜬 상태로 부화하여, 새끼가 스스로 걸어 다닐 수 있기까지 상당한 기간을 둥지 안에서 어미가 돌봐주어야 하는 만숙류의 새이다. 이 중에서 어미에 대한 각인이 빠르고 강하게 일어나는 쪽은 조숙류의 새들이다. 둥지 안에서 천천히 성숙하는 새들(만숙류)은 먹이를 주는 개체를 어미로 인식하면 되므로 어미를 빨리 각인할 필요가 없기 때문이다. 그러나 부화 직후 혼자 돌아다니면서 먹이를 찾아야 하는 조숙류의 새들은 어미를 빨리 알아보고 따라다니는 것이 자신의 안전을 위해 매우 중요하다(http://nobel.or.kr/board/bbs).

[그림 5-9] 조숙류(닭 : 좌)와 만숙류(까치 : 우)의 예

출처: nobel.or.kr – 527

또한 각인은 새끼 때의 어미 추종 반응뿐만 아니라 이후의 사회적 행동을 결정짓기도 한다. 특히 초기 각인은 성인이 되었을 때의 성적 선호(sexual preferences)에 영향을 미칠 수 있는데,[7] 로렌츠는 인간에게 각인이 된 갈까마귀가 성적으로 성숙하게 되자 로렌츠에게 벌레를 입 속에 넣어주는 등의 구애 행동을 하는 것을

7) 성적 각인의 결정적 시기는 어미를 따르는 각인과는 시기적으로 다르겠지만, 역시 매우 초기에 나타나며 실제 성 행동이 나타나기 훨씬 전에 나타난다. http://ko.wikipedia.or

체험했다. 이 새는 생의 초기에 인간에게만 노출되었던 까닭에 성적 대상으로 인간에게 집중했던 것이며, 이와 같이 많은 동물들의 경우 각인은 평생에 걸쳐 영향을 미친다(Coon & Mittere, 2007).

(3) 부모의 각인

개체의 생존을 중요시하는 진화론의 자연선택의 관점에 근거하고 있는 동물행동학은 개체의 생존과 반대되는 어미의 희생적인 유대를 설명하기는 어렵다. 그 결과 각인을 비롯한 동물행동학 연구는 새끼에 대한 어미의 행동보다 어미에 대한 새끼의 행동(예 각인)에 일방적으로 초점을 둔 것으로 지적되지만(황현주, 2006), 로렌츠의 저술을 살펴보면 부모가 자식에게 각인되는 사례 또한 발견된다. 그는 동물의 새끼들은 대개 큰 머리, 튀어나온 이마, 부드러운 털선, 통통한 볼, 크고 동그란 눈, 솜털과 뭉툭한 다리 등 모양이 비슷함을 알아채고, 이를 '아기같음'(babyishness)이라고 명명하였다. 로렌츠에 의하면 이러한 신체적 특징들은 부모에게 신호자극으로 작용하여 양육 행동을 유발한다. 입양을 결심했던 미혼모가 아기를 보고 나면 아이를 직접 기르고 싶어 하는 것도 바로 이러한 이유이다(Salkind, 1985).

[그림 5-10] 아기다움

아기같은 속성은 우리로 하여금 인간의 아기뿐만 아니라 동물의 새끼, 심지어 봉제인형이나 만화주인공에게도 본능적으로 사랑을 느끼고 미소를 짓게 만든다. 로렌츠는 이러한 생각을 한 단계 발전시켜 장난감 회사에서는 어린이가 아니라 실질적인 구매자인 부모가 매력을 느끼는 모습으로 인형을 만든다고 보았다. 실제로 [그림 5-11]과 같이 1928년에 태어난 미키마우스의 이마가 커보이게 귀가 뒤로 젖혀지고 눈은 커지고 코는 짧아지고 긴바지를 입혀 다리가 통통해 보이게 되는 등 점점 아기답고 귀여운 모습으로 진화했음을 알 수 있다(Gould, 1979).[8)]

[그림 5-11] 미키마우스의 진화
출처: www.flickriver.com

8) Gould는 인간도 아기다운 모습으로 진화하고 있다고 하면서 그 증거로 옛 인류는 작은 두개골과 돌출된 턱을 가진 성인의 모습이고, 헐리우드 영화에 등장하는 미래의 종적은 머리가 크고 벗겨진 진보된 문명인들로 신생아와 닮은 모습이 라는 것을 들었다.

4) 결정적 시기

로렌츠가 각인을 최초로 관찰한 것은 아니지만,[9] 그는 각인이 결정적 시기(critical period) 동안에 일어남을 최초로 언급한 학자이다. 결정적 시기는 특정 기능의 발달이 가장 용이하게 이루어지는 최적의 시기를 말하는데, 이때 적절한 자극이 주어지지 않으면 그 기능에 할당된 뇌의 부위가 사용되지 않게 되고 다른 기능을 하도록 조정되기 때문에 나중에 자극이 주어져도 그 기능을 제대로 수행하지 못하게 된다. 오리나 거위의 각인 행동의 경우 결정적 시기는 이들이 걸을 수 있는 시점에서 시작하여 낯선 대상을 두려워하기 시작하는 시점에서 끝난다. 만약 결정적 시기 이전에 대상에 노출되면 각인은 형성되지 않으며, 일단 결정적 시기가 지나가면 그 동물로 하여금 다른 대상에게 애착하도록 유도하는 것이 불가능해진다.

그러나 이후 로렌츠의 생각만큼 결정적 시기가 엄격하게 정해져 있거나 회복이 불가능한 것은 아님이 밝혀졌다. 예를 들어, 집에서 기르는 병아리의 각인은 적절한 자극이 없는 시기까지 결정적 시기가 연장될 수 있고, 특정 환경 하에서는 학습이 회복될 수 있는 것으로 나타났다. 이와 같은 광범위한 발달 현상을 설명하기 위해 현대의 연구자들은 결정적 시기의 대안으로 민감기(sensitive periods)라는 용어를 채택하게 되었다(Thomas & Mark, 2008).

9) 각인은 수 세기 동안 사람들이 야생동물을 길들여 가축화하는 과정에 이용되어 왔다.
http://nobel.or.kr /board/bbs/board.php?bo_table=b3&wr_id=9&page=0

명저탐색 털 없는 원숭이-동물학적 인간론

책명 : 털 없는 원숭이
-동물학적 인간론
지은이 : 데즈먼드 모리스
옮긴이 : 김석희
발행년도 : 2011
출판사 : 문예춘추사

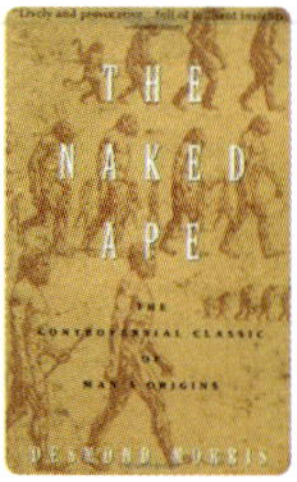

책명 : The Naked Ape: A Zoologist's Study of the Human Animal.
지은이 : Morris, D.
발행년도 : 1999
출판사 : NY: Dell Publishing Co., Inc.

'털 없는 원숭이-동물학적 인간론-'을 통해 데즈먼드 모리스는 인간은 다른 어떤 동물보다 부모의 부담이 무거움을 보여준다. 다른 동물들도 털 없는 원숭이만큼 집중적으로 부모의 의무를 수행할 수 있지만 그만큼 폭넓게 오랫동안 부담을 짊어지는 동물은 하나도 없다. 또한 그러한 부담을 기꺼이 짊어졌기 때문에 털 없는 원숭이는 지구상에 살았던 모든 동물 종 가운데 가장 성공한 비범하고 놀라운 종이 될 수 있었다. 갓 태어난 아기는 너무나 무력하기 때문에 어머니는 아기를 가슴에 안고 젖꼭지를 물려주는 등 수유 과정에서 다른 영장류의 어미보다 훨씬 적극적인 역할을 해야 한다. 미국에서 조사한 결과, 오른손잡이 어머니 83%와 왼손잡이 어머니 78%가 아기를 왼쪽에 껴안는 것으로 밝혀졌다. 유일한 단서는 심장이 어머니의 몸 왼쪽에 있다는 사실이며, 아기가 어머니의 몸속에 있을 때 심장의 고동소리에 익숙해져 있다는 점을 시사한다.

아기가 울면 부모는 당장 아기를 보호하는 반응을 일으킨다(일으켜야 한다). 아기의 울음소리를 들으면 부모는 얼른 달려와서 아기를 껴안고 흔들어주거나 토닥거리거나 어루만져준다. 부모의 반응은 아기의 신호가 사라질 때까지 계속된다.

또한 인간에게는 어미를 붙잡을 털이 없는 대신 아기는 어머니를 보고 미소를 지음으로써 어머니로 하여금 아기 옆에 계속 머물러 있고 싶은 마음이 나게 한다. 사람과 비슷한 형상을 더 선호하는 아기의 능력은 생후 7개월경에는 어머니의 이미지를 유지할 수 있는 능력으로 발전한다. 이와 같이 영아는 성인의 도움 없이는 생존할 수 없기 때문에 태어나면서부터 누군가에게 애착을 형성하도록 하는 생물학적 성향이 내재되어 있는 것이다.

출처: 이영환(2013)

6 인지이론적 접근

인지이론은 지각, 기억, 사고, 판단, 의사결정 등을 이해함으로써 인간 행동을 설명하고자 하는 이론이다. 행동주의와 달리, 인지이론은 영유아를 능동적인 존재로 보고 내면적인 사고과정을 중시한다. 또한 인지이론은 정신분석 이론과 마찬가지로 정신구조가 매우 중요한 의미를 갖는다. 그러나 정신분석학자들이 무의식적 사고를 중시하고 성격 발달에 관심을 가졌던 반면, 인지 이론가들은 의식적 사고와 그 발달 과정에 초점을 둔다. 인지이론의 효시는 20세기 초 발달을 단편적 지식이나 행동의 축적이 아닌 역동적이고 위계적인 과정으로 규정한 발드윈(Baldwin)이다. 그의 발생학적 인식론은 피아제(Piaget)에게 계승되어 인지발달 이론의 정립에 중요한 역할을 했다. 아동이 정답을 말했는지보다 왜 그렇게 생각하는지에 관심이 있던 피아제는 영유아의 사고 과정이 성인과는 질적으로 다름을 발견했다. 그는 영유아를 타고난 과학자로 보고, 영유아 스스로의 경험이나 환경과의 상호작용을 통한 지식 구성을 강조했다는 점에서 인지적 구성주의(cognitive constructionism)로 불린다. 피아제와 같은 해에 출생한 비고츠키는 지식이 영유아의 내부에서 구성된다는 점에서는 피아제와 같은 입장이지만, 인지발달에 미치는 사회적 매개 요인의 영향을 강조함으로써 사회문화적 구성주의(socio-cultural constructionism)로 불린다. 이 두 학자의 이론을 살펴보기로 한다.

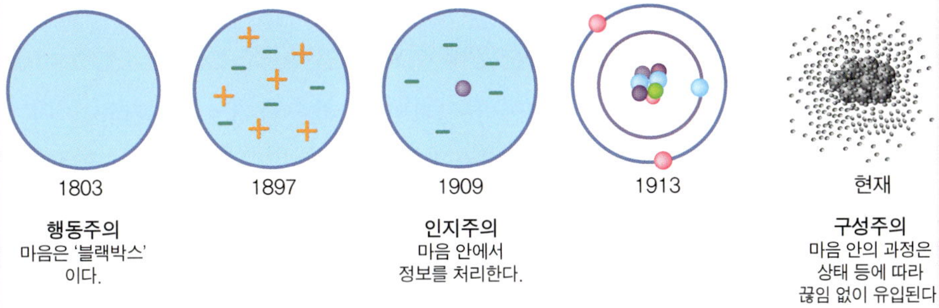

[그림 6-1] 원자론에 비유한 인지 이론

1. 피아제의 인지적 구성주의

피아제 Jean Piaget(1896~1980)

스위스 대학도시 뇌샤펠에서 중세 역사학자의 아들로 태어난 피아제는 불과 10세에 참새에 대한 논문을 썼다. 이후, 연체동물에 관한 논문을 출판하여 자연사 박물관의 취업 제의를 받는 등 천재성을 나타냈다. 21세에 생물학 박사학위를 받았으나 베르그송의 철학을 접한 후 사회학, 심리학, 종교학, 논리학 등 다양한 학문에 관심을 돌리게 되었다. 그는 실험실이 아니라 교실이나 운동장 등 자연 상황, 특히 세 자녀를 기르면서 이들의 행동을 세밀히 관찰했다. 예컨대, 자녀가 블록을 넘어뜨리는 것이 일반 부모에게는 청소거리에 불과하겠지만, 그는 "어떤 순서(크기, 모양)로 블록을 넘어뜨리는가?" 하는 질문을 제기하면서 인지발달을 연구했다. 제네바대학 교수로 재직하면서 방대한 저서와 논문을 남겼는데, 초기에는 난해함과 방법론적 문제로 인기를 끌지 못하다가 1960년대에 인정을 받기 시작하여 오늘날에는 가장 탁월한 발달심리학자로 평가된다.

1) 인지구조와 기능

피아제는 인간의 인지는 신체와 마찬가지로 구조를 갖고 있으며, 이를 통해서 사물이나 사건을 이해하게 된다고 보았다. 또한 그는 적응(adaptation)이란 인간이 환경과의 직접적인 상호작용을 통해 이러한 인지구조(cognitive structure) 즉 도식(scheme)을 만들어가는 과정이라고 하였다. 기존의 도식을 변화시키지 않고 새로운 사물이나 사건을 해석하는 것을 동화(assimilation)라고 하며, 기존의 도식이 새로운 사물이나 사건을 동화하기에 적합하지 않을 때 도식을 수정하거나 새로운 도식을 만드는 것을 조절(accommodation)이라고 부른다. 즉, 동화가 도식의 양적 변화를 통한 적응이라면, 조절은 도식의 질적 변화를 통한 적응이다. 예를 들어, [그림 6-2]와 같이 두드리기 도식은 영아가 세상을 탐색하기 위해 흔히 사용하는 도식이다. 영아가 블록을 보고 신기해서 요리조리 두드려 볼 때는 동화가 일어난다. 그러나 계란의 경우에는 기존의 도식대로 두드리면 계란이 깨져 버리므로 조절이 필요하게 된다. 즉, 계란을 탐색할 때에는 계란을 책상에 탁탁 두드리기보다는 조심스럽게 굴리면서 살펴보아야 한다.

A. 두드리기는 영아가 탐색을 위해 사용하는 '도식'이다

B. 새로운 물체(블록)를 도식에 통합할 때 '동화'가 일어난다.

C. 새로운 물체(계란)가 도식에 맞지 않을 때 '조절'이 일어난다.

[그림 6-2] 도식과 동화 및 조절

조절보다 동화가 많이 사용되어 안정된 인지상태에 있을 때를 평형화(equilibrium)라 부르며, 동화보다 조절이 많이 사용되어 인지적으로 안정되지 못한 상태를 인지적 불평형화(disequilibrium)라고 한다. 이와 같은 평형화와 불평형화 상태를 오가면서 영유아의 부정확한 인지구조는 점차 성인과 같은 인지구조로 발달하게 된다(Johnson & Slater, 2007).

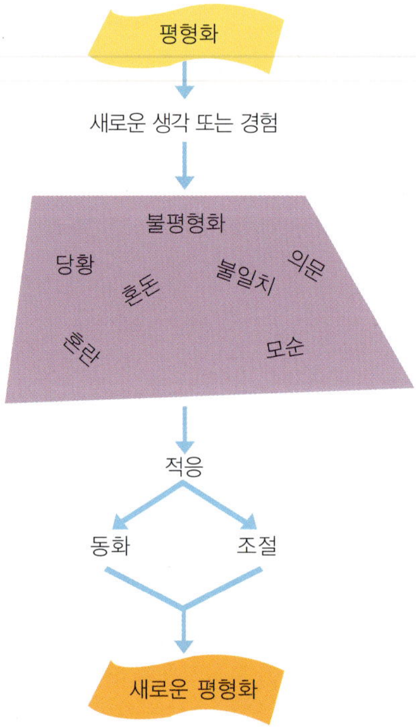

[그림 6-3] **평형화**
출처: Berk(2003)

2) 인지발달 단계

피아제에 의하면, 인지발달은 인지구조의 질적 변화에 따라 다음과 같은 4가지 단계로 분류된다.[10)]

10) 피아제에 의하면 프로이드의 단계는 단계마다 강조되는 발달이 구강이나 항문 등과 같이 달라서 제멋대로이며, 게젤의 발달 단계는 순서에 맞는 연속적인 발달을 강조하지만 점진적인 측면은 무시하고 있다. 피아제의 발달은 인간의 능동성에 의해 점진적으로 일어난다는 점에서 차이가 있다(이명조, 2005).

〈표 6-1〉 피아제의 인지발달 단계

연령	단계	특성
영아기 (0~2세)	감각운동기 (sensorimotor stage)	언어적 의사소통이 개시되기 이전으로 감각과 운동을 통해 환경을 이해하고 적응한다.
유아기 (2~7세	전조작기 (preoperational stage)	사물이나 행동을 표상하고, 상징을 사용하는 능력이 발달하며, 언어의 습득이 급속하게 이루어진다. 전조작기라고 부르는 이유는 정신적 표상에 의한 사고가 가능하긴 하지만 아직 논리적 조작 능력이 충분히 발달하지 못했기 때문이다. 즉, 보존개념이 부족하고, 자아중심성, 직관적 사고, 물활론, 인공론 등 비논리적인 사고 특성을 갖고 있다.
학동기 (7~12세)	구체적 조작기 (concrete operational stage)	논리적 추론이 가능해진다. 외형이 변하더라도 양은 그대로라는 보존개념을 이해하며, 사물을 어떤 기준에 따라 순서를 짓거나 위계적 유목에 따라 분류할 수 있다. 그러나 추상적 사고가 불가능하여 성인의 지능에는 미치지 못한다.
사춘기 (12세~)	형식적 조작기 (formal operational stage	논리적 사고가 구체적이고 관찰 가능한 것에 한정되지 않고 추상적 사고를 할 수 있게 된다.

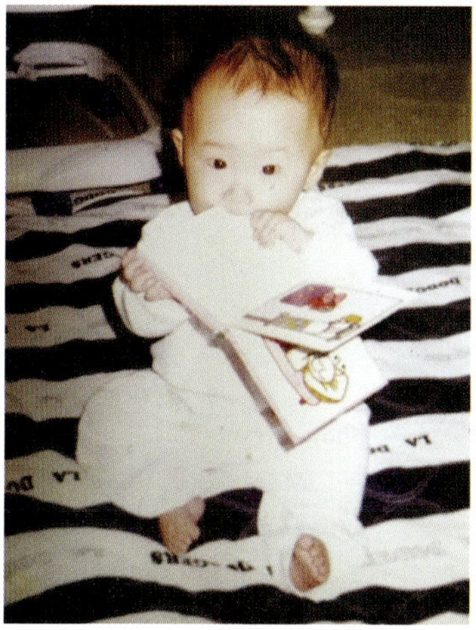

[그림 6-4] 물체를 입으로 가져가서 탐색하는 감각운동기 영아

3) 영유아기 발달

(1) 영아기

피아제의 인지발달 단계에서 영아기는 감각운동기에 해당하며 다음과 같은 하위 6단계로 세분된다.

① 하위 단계 1 : 반사기(~1개월)

인간은 환경을 이해하는 일차적 수단으로 빨기, 쥐기, 큰소리에 반응하기 등과 같은 다양한 반사를 갖고 태어나는데, 이중에서 가장 강력하고 자주 사용되는 것이 빨기반사이다. 영아는 배가 고프던, 고프지 않던 입에 닿는 것은 무엇이든지 빨려고 하는데, 이는 영아가 빨기라는 반사도식(reflexive schemes)을 통해 모든 것을 동화시켜 가고 있음을 나타낸다. 이와 같이 반사기에는 동화가 우세하고 조절은 불필요하지만, 반사기가 끝날 무렵이 되면 조절이 시작될 수도 있다. 모유수유를 하던 영아의 예를 들면, 우유병 꼭지는 동화만으로 충분히 빨 수 있지만, 공갈 젖꼭지는 우유가 안 나오기 때문에 혀를 밀거나 삼키기 반사 없이 빠는 등의 조절이 요구된다.

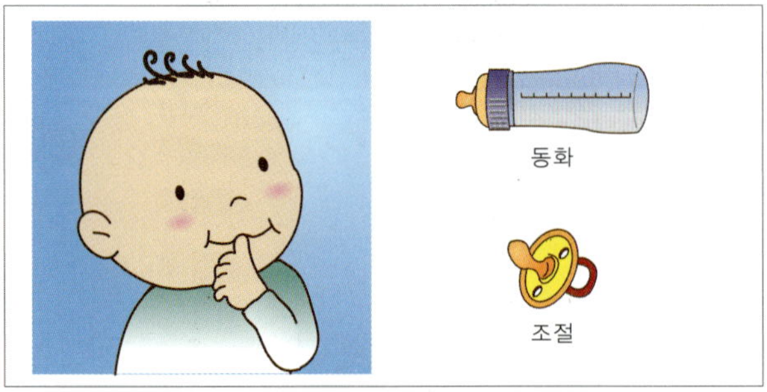

[그림 6-5] 반사기

② 하위 단계 2 : 일차순환반응기(1~4개월)

이 단계에서 우연히 새로운 경험을 하게 된 영아는 그 행동을 반복하게 된다. 예를 들어, 우연히 엄지손가락을 입에 넣었다가 반사적으로 빨다가 이에 흥미를 느끼고 계속 빠는 것이다. 이러한 행동을 하는 단계를 일차순환반응기(primary circular reactions)라고 한다. '순환반응'이라는 명칭은 빨기나 쥐기 등의 감각운동을 반복함을 의미하며, '일차'라는 용어는 영아의 관심이 외부 환경보다 자신의 신체에 있고, 기본적인 욕구에 의해서 순환반응이 일어나기 때문에 붙여진 것이다. 즉, 영아는 순전히 빨기 그 자체의 즐거움 때문에 행동을 할 뿐이지 아직 자신의 행위가 환경에 미치는 영향에 대해서는 관심이 없다.

이러한 과정에서 학습된 도식 즉, 적응(adaptations)이 나타나게 되는데, 예컨대 빨기는 반사라기보다는 환경을 탐색하기 위한 수단으로서 하나의 도식이 된다. 상황에 관계없이 빨았던 반사기의 행동이 이제는 상황(배고픔 vs 위안)에 따라 조정되는 좀 더 체계적인 패턴으로 변화한다. 즉, 평상시에는 엄지손가락이나 딸랑이를 빨다가도 배가 고프면, '엄마의 젖꼭지'나 '우유병의 젖꼭지'만 빨려고 할 것이다. 반대로 배는 안고프지만 빠는 행동을 통해 위안을 얻고 싶으면, '공갈 젖꼭지'를 원하고, 부드러운 담요나 공 등은 빨되 아무거나 다 빨지는 않을 것이다.

이전 단계인 반사기에서는 선천적 반사를 수정하는 것에 지나지 않았지만, 이 단계에서는 재미있는 일이 반복되어 새로운 상황에서도 행동하는 능력이 생겼다는 점에서 초보적이나마 학습이 일어났다고 볼 수 있다. 그러나 영아는 대상이 시야에서 사라지면 더 이상 존재하지 않는다고 생각하여 손에 쥐었던 공갈 젖꼭지가 바닥에 떨어지면 울기는 하지만 찾으려고 하지는 않는다.

③ 하위 단계 3 : 이차순환반응기(4~8개월)

이 단계의 중요한 특징은 영아가 자신의 외부에 있는 사물이나 사람, 사건에 열중한다는 것이다. 예를 들어, 부모의 웃는 모습이나 장난감, 먹을 것 등 흥미로운 것을 보면 상호작용을 시도하고, 이러한 경험을 지속하려고 한다. 영아가 만든 도식은 이제 더욱 복잡해지고 반복적으로 되는데, 단순히 도식을 활성화하기 위해서가 아니라 환경에 하나의 사건을 만들어내기 위해 도식을 활성화하기 때문에 이차순환반응기(secondary circular reactions)라고 부른다. 예를 들어, 일차순환반응기에서는 딸랑이를 계속 흔드는 것이 근육의 즐거움 때문이었는데, 이차순환반응기에는 딸랑이 소리가 재미있어서 딸랑이를 흔드는 것이다.

④ 하위 단계 4 : 이차순환반응의 협응기(8~12개월)

이 단계에서 일어나는 획기적인 두 가지 사건은 흔히 지능의 첫 신호로 여겨지는 인과관계 개념과 대상영속성 개념이 발달하기 시작하는 것이다. 인과관계 개념이 생기면 영아는 목표가 되는 도식에다가 이를 달성하기 위한 수단이 되는 다른 도식을 이용하는 능력을 발달시키게 된다. 예를 들어, 욕조에서 놀기를 좋아하는 영아는 목욕을 하자는 신호로 비누를 갖고 엄마에게 기어갈 수 있으며, 자신의 의도를 더욱 분명히 하기 위해 옷을 벗으려고 할 수 있다. 이와 같이 목표에 대해 생각하고, 그것을 어떻게 이룰 것인지를 이해하기 시작하므로 영아의 행동은 보다 의도적이고 목표지향적으로 된다. 이 단계의 명칭을 이차순환반응의 협응기(coordination of secondary circular reaction)라고 한 것 역시 목표를 달성하기 위해 2가지 행동을 협응한다는 점에서이다.

한편 이 시기에는 시야에서 사라져도 물체가 계속 존재한다는 것을 이해하는 대상영속성 개념이 완전하지는 않으나 지능의 일부가 된다. 대상영속성 개념은 이전 단계에서도 어렴풋이 출현하긴 했지만, 예컨대 침대에서 떨어져 소파 밑으로 굴러 들어가거나 담요 아래에 감춰진 장난감을 의도적으로 찾는 것과 같은 행동은 이 시기가 되어야 비로소 가능해진다. 이는 '대상(장난감)이 나(영아)와 별도로 존재한다'는 도식과 '나(영아)는 대상(장난감)을 찾을 수 있다'는 도식 등 두 가지 도식의 협응에 의한 것으로 볼 수 있다.

⑤ 하위 단계 5 : 삼차순환반응기(12~18개월)

첫돌 무렵 걷기가 가능해지면서 영아는 주변 환경을 적극적으로 탐색하고 새로운 경험을 할 가능성이 크게 증가한다. 이에 따라 과거에 경험했던 친숙한 정보를 새로운 상황에 적용했던 이전 단계들과 달리, 기존의 도식이 효과가 없는 상황에 직면하여 새로운 도식을 고안할 필요가 생긴다. 즉, 삼차순환반응기(tertiary circular reactions)의 영아는 능동적 실험과 시행착오를 통해서 새로운 수단을 발견하고 문제를 해결하려고 한다. 이러한 행동을 앞의 순환반응들과 구별하기 위해 '삼차'라는 용어가 붙여졌다. 영아는 일차순환반응을 하는 동안에는 자신의 신체에 관심이 있었고, 이차순환반응기에는 외부 세계의 대상에 초점을 두고 있었다. 삼차순환반응기의 영아는 실험에 열중하므로 피아제는 이들을 '어린 과학자'(little scientist)라고 불렀다. 예를 들어, 이 무렵 영아는 무슨 일이 일어나는지 보기 위해 아기용 높은 의자에서 장난감을 다양한 방법으로 떨어뜨린다든지 장난감을 잡을 수 있는지 보기 위해서 장난감이 놓인 담요를 끌어당겨 보는 등의 행동을 흔히 한다.

⑥ 하위 단계 6 : 정신적 표상기(18~24개월)

이 시기는 감각운동기의 마지막 하위 단계이자 전조작기로 이행하는 과도기로서 인지능력의 비약적인 성장이 이루어진다. 앞 단계에서는 영아 자신의 신체를 통한 실제 경험에 의해서만 인지작용이 가능했지만, 이제는 눈앞에 없는 사물이나 사건을 정신적으로 표상(mental representation)하기 시작한다. 먼저 정신적 표상은 영아로 하여금 실제 행동으로 옮기기 전에 자신의 행동이 가져올 결과에 대해 미리 생각해 볼 수 있게 해준다. 따라서 이 단계 영아는 시행착오에 의존하지 않고서도 새로운 수단을 만들어내서 문제를 해결할 수 있다. 또한 정신적 표상은 영아에게 지연모방(deferred imitation)을 가능하게 해준다. 지연모방이란 모델의 행동을 그 자리에서 모방하는 것이 아니라 일정 시간이 지난 후 자발적으로 재연하는 것을 말한다. 따라서 지연모방을 하려면 상당한 기억력이 필요하다. 피아제는 지연모방의 예로 16개월 된 자신의 딸 재클린이 어떤 아이가 발을 동동 구르고 장난감을 던지면서 화를 내는 것을 보고 놀라서 한참 바라보더니 그 아이가 돌아가고 12시간쯤 지난 후 갑자기 생각난 듯이 똑같은 행동을 하는 것을 관찰했다. 마지막으로 정신적 표상을 사용함으로써 영아는 가상놀이를 할 수 있게 된다. 예를 들어, 이 단계 영아는 인형을 재우기 전에 자장가를 불러줄 수 있는데, 이는 인형을 다른 장난감처럼 바닥에 던지거나 물거나 두드렸던 이전 단계 영아들과 커다란 차이가 있다.

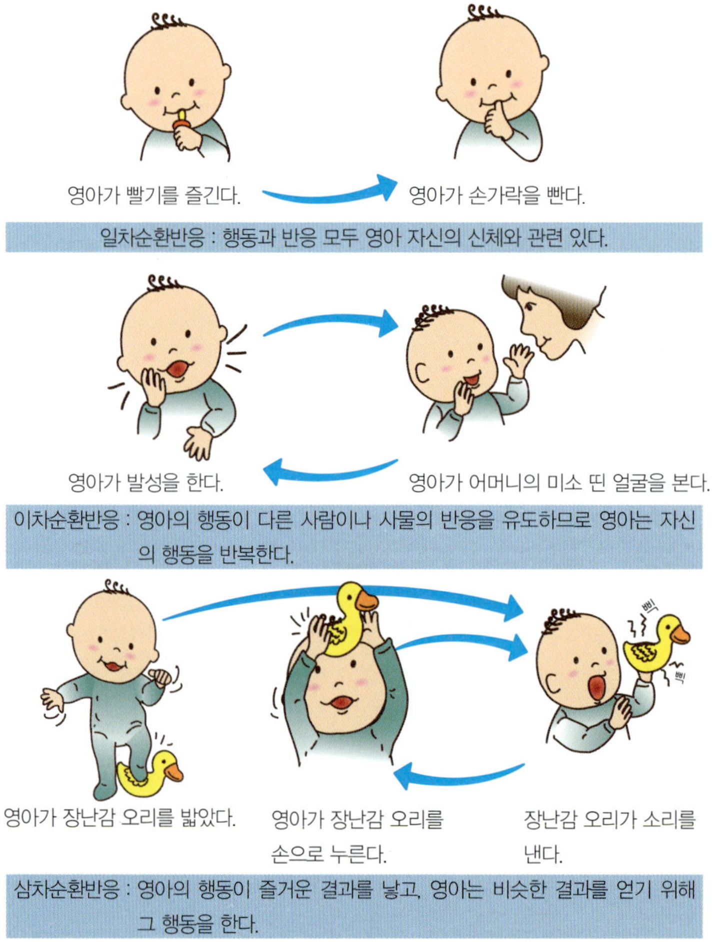

[그림 6-6] 일차, 이차, 삼차 순환반응의 예

(2) 유아기

피아제는 인지발달의 궁극적 목표를 논리적 추론 능력의 획득으로 보았다. 그는 영유아가 '무엇을 할 수 있는가'보다 '영유아가 무엇을 할 수 없는가'에 주목하여 2세에서 6세의 유아기를 전조작기라고 불렀다. 전조작기란 사고의 논리적 조작이 가능하지 않은 단계를 뜻하며, 전조작기는 다시 전개념기(preconceptional stage)와 직관적 사고기(intuitive stage)로 나뉜다.

① 전개념기

2세부터 4세까지로 전조작기의 전반기에 해당한다. 이 시기의 특성은 급속한 언어발달, 상징 기능의 출현, 사회적 놀이에의 참가 등이다. 유아는 감각 운동적인 행동에만 의존하던 것에서 벗어나 새로이 학습한 언어를 사용하기 시작한다. 그러나 조작적 사고는 거의 나타나지 않는다. 점차 주변에서 일어나는 여러 사물이나 사건의 변화에 대해 유추와 판단을 시작하지만, 눈에 보이는 경우에 국한된다.

② 직관적 사고기

전조작기에서 구체적 조작기로 넘어가는 전환기로 4세에서 6세에 해당한다. 이 시기가 되면 유아는 좀 더 논리적인 유추와 판단을 하기 시작하는데, 전개념기의 외형적인 모양에 근거를 둔 유추가 반복되지만 좀 더 객관성을 추구하려는 노력이 나타난다는 점에 차이가 있다. 사고와 지각이 대립하는 경우에는 항상 지각이 우선시된다.

사고의 논리적 조작이 가능하지 않은 전조작기에는 대략 언어를 사용하면서 자신이 내재적으로 가지고 있는 표상을 여러 형태의 상징으로 표현하게 된다. 전조작기 사고의 주요한 특징은 다음과 같이 요약할 수 있다.

① 상징적 사고

감각운동기의 영아는 자신의 행동이나 감각에 의존하여 생활하다가 감각운동기의 말기가 되면 점점 초보적인 표상을 시작한다. 예를 들어, 어머니 목소리를 어머니의 상징으로 인식하기 때문에 목소리만 들어도 흥분하거나 아이스크림을 보기만 해도 이것이 상징으로 작용하여 실제 아이스크림을 핥아 먹을 때와 같은 반응을 나타낸다. 그러나 피아제의 관점에서 전조작기 이전의 영아는 진정한 의미의 표상적 사고는 하지 못한다. 즉, 아직 외적 단서 없이는 어떤 사람이나 사건을 상상하지 못한다. 전조작기가 되면 유아는 어머니의 목소리를 듣지 않고도 어머니를 생각할 수 있고, 아이스크림을 상상하는 것만으로도 군침을 흘릴 수 있게 된다. 이러한 정신적인 표상은 언어의 발달을 촉진한다. 눈에 보이지 않는 사물이나 사건을 대신해서 언어를 사용하기 때문이다. 또한 전조작기 유아는 자신이 가지고 있는 표상들을 언어 외에도 그림 등의 형태로 표현한다. 예를 들어, 소꿉놀이나 병원놀이와 같은 가상놀이를 통해 유아는 어떤 사물을 다른 것으로 대신한다.

② 자기중심적 사고

피아제는 크기가 다른 세 개의 모형 산을 테이블에 올려놓고, 한쪽 의자에는 유아를 앉히고, 다른 쪽 의자에는 인형을 앉혔다. 산의 배치도를 그린 카드들 중에서 인형의 자리에서 바라본 카드를 고르라고 할 때 대부분의 유아는 자신의 눈에 보였던 산 배치도를 집었다. 이러한 세 산 실험(three mountain problem)은 유아는 타인의 시각에서 보는 조망을 추론할 수 있는 조망수용능력(perspective taking)이 없음을 시사한다. 또한 자기중심성(egocentrism)은 유아가 “내가 텔레토비를 좋아하므로 엄마도 텔레토비를 좋아한다”고 믿게 만든다. 이와 같이 자기중심적 사고 때문에 유아는 타인의 입장을 고려하지 못한다. 즉, 이들은 타인의 생각, 감정, 지각, 관점 등이 자신과 동일할 것이라고 생각한다.

피아제 인터뷰

질문: 당신은 유아가 자기중심적이라고 했는데, 그건 정확히 무슨 의미입니까?

피아제: 그 용어는 내가 사용했던 용어 중에서 가장 부적절하게 해석된 것입니다.

질문: 바로 그 점 때문에 제가 질문한 것입니다.

피아제: 내가 유아에 대해 현실적인 면이나 도덕적인 면에서가 아니라, 인식론적인 면에서 그렇게 표현한 것입니다. 해석의 잘못이 바로 여기에 있지요. 자기중심적인 유아는 자기의 관점을 단 하나의 가능성으로 생각합니다. 다른 사람도 그 사람 나름의 관점을 갖고 있다는 사실을 감지하지 못하기 때문에 다른 사람의 입장에 자기 자신을 놓을 수 없는 것입니다.

질문: 유아의 생각이 '우주가 지구를 중심으로 돌고 있다는 옛날 사람들의 믿음'과 비슷한 종류의 것입니까?

피아제: 네, 바로 그것이 제가 제시하려던 예입니다. 그것은 지능의 자연스러운 경향이지만, 유아가 성장해가면서 아주 천천히 교정됩니다. 당신도 알다시피, 유아는 걸어갈 때 태양이나 달이 자기를 따라온다고 생각합니다. 한 예를 더 들어볼까요? 유아는 새로운 단어를 만들어 내고는 모든 사람이 자기가 의미하는 것을 정확히 안다고 생각합니다.

출처: Papalia & Olds(1982)

③ 직관적 사고

크기, 모양, 색깔과 같은 한 가지 두드러진 속성에 근거하여 대상을 이해하려는 사고를 말한다. 즉, 지각적인 특성에만 의존하게 된다는 것인데, 이러한 사고의 특성으로 전조작기 유아는 보존개념을 획득할 수 없다. 예를 들어 A, B의 두 비커에 같은 양의 물을 담았다고 생각해 보자. A 비커와 B 비커는 모양과 크기가 같으므로 두 비커에 든 물의 양은 동일하다고 여긴다. 그러나 A 비커의 물을 좁고 높은 모양의 C 비커에 담는다면 물이 늘어났다고 여기게 된다. 즉, 눈에 보이는 모양만을 보고 물의 양을 판단하게 되는 직관적 사고(intuitive thinking)가 나타나게 되는 것이다.

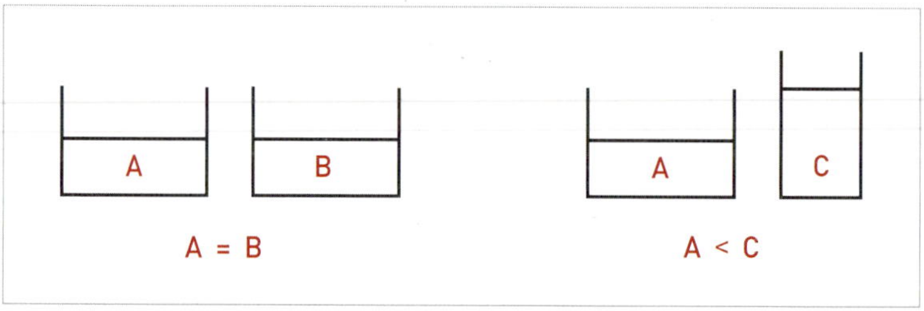

[그림 6-7] 직관적 사고

④ 인과관계 이전의 사고

전조작기 유아는 원인과 결과 간의 관계를 이해하지 못한다. 인과관계 이전의 사고(precasual thinking)로는 물활론, 인공론, 전환적 추론 등 세 가지가 있다. 첫째, 물활론(物活論, animism)은 모든 물질이 생명, 혼을 가지고 있다고 믿는 자연관을 말한다. 전조작기 유아는 생명이 없는 물체도 살아있다고 생각한다. 예를 들어, 오즈의 마법사에서 도로시가 양철 나무꾼과 허수아비의 친구가 되는 것처럼, 유아는 장난감에 생명을 부여하며 친구처럼 대화를 시도한다. 둘째, 인공론(人工論)은 모든 사물이나 자연현상이 사람을 위해 존재하거나 사람이 만들었다고 믿는 것을 말한다. 즉, 전조작기 유아는 사람이 해와 달을 만들었고, 밤에 달이 뜨는 것은 밤길을 걸어가는 사람이 넘어지지 않도록 하기 위한 것으로 생각한다. 마지막으로 변환적 추론(變換的 推論)은 서로 관련이 없는 두 사건을 인과관계로 해석하는 것을 말한다. 변환적 추론은 연역적(일반 -> 특수) 추론이나 귀납적(특수 -> 일반) 추론과는 달리, 특수한 것에서 특수한 것을 추론하는 경우이다. 예를 들어, 고양이 울음소리를 듣고 풍선이 터지는 것을 본 유아가 고양이 소리 때문에 풍선이 터졌다고 생각하는 것과 같이, 대개 변환적 추론은 두 개의 사건이 동시에 일어났을 때 일어난다.

2. 비고츠키의 사회문화적 구성주의

비고츠키 Lev Vygotsky(1896~1934)

러시아에서 유대인 은행지점장 아들로 태어난 비고츠키는 공립학교에 가지 않고 가정교사에게 배우는 등 유복하고 지적인 환경에서 성장했다. 학창시절 역사철학 특히 헤겔(Hegel)의 변증법에 관심이 많았지만 부모의 뜻에 따라 모스크바 대학의 의과대학에 입학했다. 그러나 한 학기 만에 법학으로 전과하고 러시아 혁명을 겪으면서 철학, 언어학, 문학 등을 공부하고 예술심리학으로 박사학위를 취득하였으며, 이러한 방대한 영역의 지식이 심리학 연구의 기초가 됐다고 한다. 강의와 저술 활동에 광적으로 매달리다가 37세에 폐결핵으로 요절했다. 비고츠키의 저서는 부르주아적 사고라는 이유로 출판이 금지되었으나 스탈린 사후 1950년대부터 출판되어 서구에 소개되기 시작했고 1980년대부터는 그에 관한 연구가 많이 이루어지고 있다.

출처: en.wikipedia.org

1) 지식의 사회적 기원

비고츠키(Vygotsky)는 영유아는 무의식적 주의, 단순 지각, 자연적 기억 등 기본정신기능(elementary mental functions)을 갖고 태어나며, 이는 사회나 문화에 의해 범주인식, 논리적 기억, 추상적 사고, 선택적 주의집중, 문제해결 등 고등정신기능(higher mental functions)으로 발달한다고 보았다. 여기에서 사회 또는 문화는 주위 사람들(부모, 교사, 친구 등)과의 사회적이고 일상적인 상호작용과 대화, 교육활동 등 인간사회에서 일어나는 모든 행동을 포함한다. 예를 들어, 영유아기에 어머니나 형제와 함께 하는 놀이나 게임에는 그 문화에 독특한 요인들이 포함되어 있으며 이러한 경험이 영유아의 지식으로 내면화될 수 있다는 것이다.

비고츠키의 관점에서 영유아가 살아가고 있는 사회적 맥락은 영유아가 무엇을 생각하고 어떻게 생각하는지에 영향을 미친다. 일례로 미국의 경우 상대적으로 소수의 학습은 일찍 시작되고 자릿값의 학습은 늦게 시작되는데, 이는 미국에서는 소수를 포함하는 화폐 사용이 일상적이고 친숙한 맥락을 제공하기 때문이다. 반면, 우리나라는 화폐에 큰 자리 수를 포함하고 수 단어가 규칙적인 십진법 체계(eleven-twelve vs 십일-가십이)를 갖추고 있어 자릿값의 학습에 용이한 사회적 맥락을 제공한다(홍혜경, 2004). 이와 같이 그는 개인의 내부에서 일어나는 인지발달의 기제에 초점을 두고 있는 피아제와 달리, 인지발달에 미치는 사회적 요인의 영향을 강조했다는 점에서 사회문화적 구성주의자라고 불린다. 비고츠키의 입장에서 영유아는 타인과의 관계에서 영향을 받으면서 성장하는 '역사사회적 존재'(historico-societal being)이다.

[그림 6-8] 미국과 한국의 화폐와 아동의 수개념 발달

2) 언어의 중요성

언어가 인지발달에 영향을 미치지 못한다고 본 피아제와 달리, 비고츠키는 언어가 인지발달에 매우 중요한 역할을 한다고 보았다. 인간은 언어를 통해 타인과 지식을 교환하고 새로운 생각을 만들며 이를 타인과 공유하기 때문이다. 또한 영유아는 타인뿐만 아니라 자기 자신에게도 말을 하는 행동을 나타내는데, 피아제는 이러한 혼잣말은 전조작기의 인지적 미성숙(자아 중심성)에서 비롯된 것으로 이후 인지가 발달함에 따라 사회적 언어로 대체된다고 보았다. 반면 비고츠키는 혼잣말을 자신의 생각을 명료하게 하거나 행동을 통제하는 수단으로 생각했다. 예를 들어, 영유아가 "하나, 둘, 셋…"이라고 혼잣말을 하면서 세는 것은 물체를 중복하거나 건너뛰지 않고 정확한 수세기를 하는 데 도움이 된다는 것이다. 쉬운 과제보다 어려운 과제에서 혼잣말을 더 많이 사용하는 것 역시 혼잣말의 목적이 의사소통이 아니라 자기통제에 있다는 증거이다. 또한 영유아의 인지가 발달하고 사회적 상호작용이 증가한다고 해서 혼잣말이 사라지거나 사회적 언어로 대치되는 것은 아니다. 단지 소리가 들리지 않게 되었을 뿐 정신 속으로 들어가서 언어적 사고가 된다.

3) 근접 발달 영역

피아제가 영유아를 스스로 발견하고 독립적으로 지식을 구성하는 존재로 본 데 비해, 비고츠키는 영유아는 혼자보다는 유능한 또래나 성인과 상호작용을 할 때 더 많고 더 어려운 문제를 해결할 수 있다고 보았다. 그는 이를 근접 발달 영역(zone of proximal development)이란 개념으로 설명하였다. 근접 발달 영역은 영유아의 현재의 실제적 발달 수준과 잠재적 발달 수준 간의 간격을 의미하는 개념으로서, 영유아가 아직 혼자서는 할 수 없지만 성인이나 유능한 또래가 도와주면 수행할 수 있는 범위를 말한다. 따라서 부모나 교사는 개별 영유아의 근접 발달 영역이 무엇인지 알아야 하며, 근접 발달 영역의 최저 수준과 최고 수준의 범위 안에서 학습내용을 선정해야 한다. 그렇지 않으면 너무 지루하거나 너무 어려워서 학습이 제대로 이루어지지 못할 것이기 때문이다.

[그림 6-9] 근접 발달 영역
출처: Berk(2003)

이와 같이 비고츠키의 근접 발달 영역 개념은 인지발달 수준에 맞는 내용을 학습내용으로 선정해야 한다고 한 피아제와 달리, 영유아의 발달 수준보다 조금 앞선 자료를 제시해야 함을 시사한다. 처음에는 영유아가 상당한 양의 도움 즉, 스캐폴딩(scaffolding)을 필요로 하지만, 이러한 도움의 필요성은 점차 감소하고 결국에는 영유아 혼자서도 할 수 있게 되기 때문에 교사는 스캐폴딩을 적절히 조절하여 제공해야 한다. 효과적인 스캐폴딩 전략으로는 '영유아가 이해할 수 있는 말로 문제를 정의해 주기', '어려운 과제에 대해서는 부분적인 해결을 유도하기', '쉬운 과제는 어려움을 체계적으로 증가시키기', '문제를 해결하는 데 필요한 지식 및 인지 전략 가르쳐 주기', '공동 활동 중 따뜻하게 반응해 주기' 등이 있다(한순미, 1999).

[그림 6-10] 행동주의와 사회문화적 구성주의에서의 아동과 성인의 역할

출처: Sabina(2011)

심층탐구 **피아제 vs 비고츠키**

학습, 발달의 유래, 발달기제, 발달 단계, 발달의 보편성, 학습자의 역할, 교사의 역할, 학습과 발달 등의 측면에서 피아제와 비고츠키를 비교하고, 두 학자 중 누구의 이론이 더 타당하다고 생각하는지 그 이유나 개인적 경험을 들어 설명해보자.

7 생태학적 접근

생태학이란 19세기 말 독일의 생물학자 헤켈(Hackel)이 처음 사용한 용어로 다윈의 생존경쟁 상황에 적용되는 생물의 복잡 다양한 모든 상호관계를 연구하는 학문을 말한다. 1920년대에 들어와서 생태학을 인간 사회로 확대하기 위해 인간생태학이라는 용어가 사용되기 시작하면서 1960년대 중반 환경오염과 관련하여 생태학이라는 용어가 유행했다. 브론펜브레너(Bronfenbrenner)는 인간발달생태학을 능동적으로 성장해 가고 있는 인간 유기체와 그가 살고 있는 변화하는 속성을 지닌 인접 환경 간에 전 생애에 걸쳐 일어나는 상호 조절 과정을 과학적으로 연구하는 학문으로 정의했다(임은희, 2005). 브론펜브레너 이전에는 아동심리학자들은 아동을, 사회학자들은 가족을, 인류학자들은 사회를, 경제학자들은 경제 상황을, 정치학자들은 구조를 연구했다. 브론펜브레너의 인간발달 생태학이라는 파격적인 개념으로 인하여 가족에서 시작하여 경제, 정치 구조에 이르기까지의 환경이 아동기와 성인기를 포괄하는 생애 과정의 한 부분으로 간주되었다. 인간발달에 대한 그의 '생물생태학적' 접근은 사회과학들 간의 경계를 깨뜨리고, 교량을 연결함으로써 사회들 간에 그리고 보다 큰 사회구조 안의 어떠한 요인이 인간의 잠재력 발달에 중요한지를 밝혔다(Observer, 2005 Nov.).

[그림 7-1] 생태학적 접근
출처: Berk(1990)

1. 브론펜브레너의 인간발달생태학

브론펜브레너 Urie Bronfenbrenner(1917~2005)

러시아에서 출생한 브론펜브레너는 6세에 미국으로 이주한 뒤 지적 장애인들의 수용 마을에서 아동기를 보냈다. 그곳의 의사였던 아버지는 그를 실험실과 병동, 환자들이 일하던 병동 밖의 농장이나 가게 그리고 다양한 동물과 식물이 있는 숲 속으로 데리고 다니면서 생물과 환경 간의 상호의존적인 관계를 설명해 주었는데, 이로 인해 생태학적 개념들이 싹트게 되었다고 한다. 코넬 대학에서 심리학과 음악을 복수전공한 뒤 하버드 대학에서 발달심리학 석사를 마치고 미시간 대학에서 박사학위를 받았다. 헤드스타트 창시자 중 하나로 발달 프로그램 설계에 실제적 역할을 담당했으며 유럽의 6개 대학에서 명예박사학위를 받았고 1994년 국제학술대회 연사로 한국을 방문한 바 있다.

출처: http://www.psychologicalscience.org

1) 인간과 환경

브론펜브레너는 당시의 발달심리학은 인위적인 상황에서 한 영유아의 고립된 행동에 미치는 단일한 환경적 요인이나 낯선 사람의 영향을 연구하는 학문으로서 실제 생활 상황 속에서 자라고 있는 영유아에게 자연스럽게 일어나는 발달 과정을 반영하지 못한다고 보았다(Papilia & Olds, 1982). 그는 인간과 환경은 분리할 수 없으며, 지속적인 상호작용을 통하여 서로에게 영향을 미치고 상호 적응하는 호혜적 관계를 유지한다는 관점에서 유기체와 생태계라는 용어를 사용하여 인간발달을 설명했다. 유기체(organism)란 미시체계 안에서 생활하는 개인을 말하는 것인데, 이들은 개별적이고 통제적이며 살아있는 체계로서 에너지와 정보를 필요로 한다. 생태계(ecosystem)는 미시체계, 중간체계, 외체계, 거시체계로 세분되며, 각각의 체계는 마치 러시아 인형처럼 안쪽에서 바깥쪽으로 중첩된 구조(nested structure)를 가지고 있다(Bronfenbrenner, 1994). 이후 시간체계가 추가되어 총 5개의 체계로 늘어났다.

이와 같이 사회라는 큰 틀 속에서 생물학적, 심리적, 사회적으로 적응하고 발달하는 전인적인 존재로서의 아동관은 과거보다 훨씬 더 복잡하고 포괄적으로 영유아를 파악하는 것이다.[11] 또한 그는 인간은 환경적 자원과 사회적 지지를 자율적으로 이용할 수 있으며, 환경 속에서 효과적으로 기능할 수 있는 능력을 지니고 있다는 낙관론적인 관점을 갖고 있었다.

2) 미시체계

미시체계(micro system)는 가장 인접한 수준의 환경으로 개인이 대면적인 상호작용에 참여하는 환경을 말한다. 따라서 미시체계는 개인의 경험에 직접적인 영향을 미치게 되는데, 환경의 객관적인 속성 자체보다 개인이 경험하고 지각하는 것을 미시체계로 보아야 한다. 즉, 활동(예 함께하는 놀이), 역할(예 부모의 양육 태도), 대인관계(예 친밀한 부모 자녀 관계)가 미시체계를 구성하는 요인들이다. 영유아의 경우 대개 가정이 가장 중요한 혹은 유일한 미시체계로 지적되어 왔다. 최근 영유아보육이 증가함에 따라 어린이집이 중요한 미시체계로 등장하였다. 개인이 직접 대면하는 즉각적 환경은 하루에도 수없이 변하는 만큼 미시체계도 여러 가지일 수 있다. 오전만 어린이집을 다니는 영유아의 경우 어린이집은 오전의 미시체계이며, 가족은 오후의 미시체계라고 할 수 있다. 또한 개인은 성장함에 따라 각기 다른 미시체계를 가질 수 있다. 처음에는 가족이 주된 미시체계였지만, 성장함에 따라 어린이집이나 학교 등이 중요한 미시체계로 등장하게 된다.

---

11) http://lookingforidealtheteacher-martikis.blogspot.kr/2011/03/adquisition-lenguage.html

3) 중간체계

중간체계(meso system)는 개인이 참여하는 두 가지 이상의 미시체계 간의 연결망으로 정의된다. 예를 들어, 어린이집에 다니는 영유아의 중간체계는 미시체계인 부모와 또 다른 미시체계인 어린이집 간의 관계이다. 이와 같이 개인에게 가장 인접한 환경인 미시체계들 간의 상호작용은 개인의 발달에 커다란 영향을 미칠 수 있다. 예를 들어, 보육 경험이 영유아의 발달에 미치는 영향은 단지 어린이집 프로그램의 질뿐만 아니라 부모가 어린이집의 방침에 신뢰를 하고 어린이집 역시 부모 참여를 적극적으로 유도하는 경우와 그렇지 않은 경우에 따라서도 크게 달라질 수 있다.

일반적으로 영유아의 발달을 저해하는 중간체계의 특성은 다음과 같은 것으로 알려졌다(곽형식 외, 2000). 첫째, 미시체계들 간에 의미 있는 연결이 거의 또는 전혀 없는 경우이다. 자녀의 친구를 모르는 부모나 영유아의 가족을 잘 알지 못하는 보육교사 등을 예로 들 수 있다. 둘째, 중간체계 내에 가치관의 갈등이 존재하고 있는 경우이다. 개인은 자신의 미시체계가 각기 다른 가치관을 갖고 있을 때 혼란을 경험한다. 예컨대 어린이집에서는 양성 평등적인 태도를 강조하는데, 가정에서는 여전히 전통적인 성 역할 태도로 양육을 하고 있다면, 영유아는 두 개의 미시체계 중 어느 하나를 선택하거나 혹은 두 가지를 다 따르는 척하며 미시체계를 이동할 때마다 행동, 태도, 가치관을 변화시켜야 한다. 셋째, 중간체계와 거시체계 간의 가치관이 갈등상태에 있을 때이다. 가정과 어린이집 모두 양성평등적인 태도를 갖고 있으나 거시체계에 남성 우월적 사고가 팽배해 있는 경우 영유아는 혼란을 경험할 수 있다.

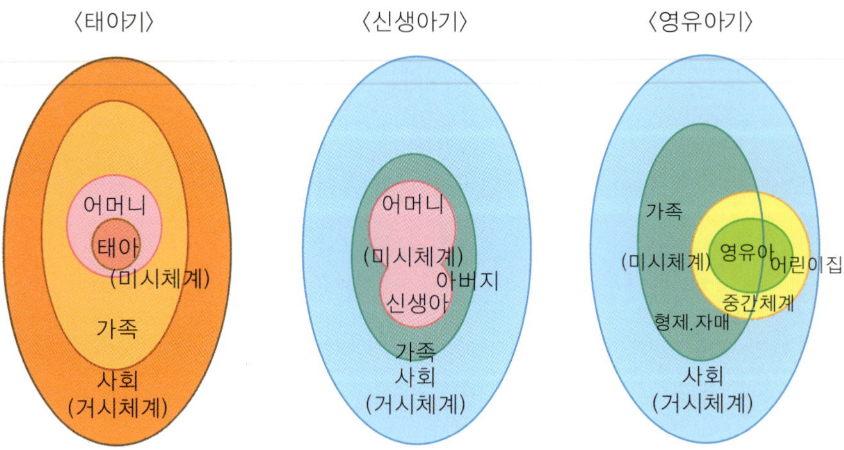

[그림 7-2] 영유아의 연령에 따라 경험하는 체계의 변화

4) 외체계

외체계(exo system)는 개인이 직접 참여하지는 않지만 개인의 발달에 간접적으로 영향을 주는 좀 더 큰 환경을 말한다. 맞벌이 가족의 경우 부모의 직업, 직급, 근무시간, 수입 등의 직업 환경은 영유아에게 강력한 영향력을 미치는 외체계이다. 부모가 유급 육아휴직을 적극 실시하고 있는 직장에 다니는 경우 자녀는 영유아기에 보육을 경험하지 않고 가정 내에서 양육될 수 있다. 이와 같이 개인의 발달은 그가 존재하지 않는 상황에서 일어나고 있는 상황, 즉 외체계에 의해서도 영향을 받는다. 외체계는 또한 개인이 직접 속한 미시체계와 이들의 연결망인 중간체계의 질에도 상당한 영향을 미치게 된다.

5) 거시체계

거시체계(macro system)는 개인이 속한 문화나 하위문화의 문화, 정치, 사회, 법, 종교, 경제, 교육에 대한 가치관 및 정책 등 보다 광범위한 사회적 맥락을 의미한다. 즉, 거시체계는 미시체계, 중간체계, 외체계에 포함된 모든 요소에다가 문화적 환경까지 포함하는 개념이다. 거시체계는 개인의 삶에 직접 개입하지는 는다. 그러나 전체적으로 볼 때 광범위한 사회구조적인 맥락을 포함하고 있기 때문에 간접적이지만 매우 강력한 영향력을 발휘한다. 예를 들어, 과거에 유행하던 우량아 선발대회가 사라지고 날씬한 몸매에 대한 선호도가 높아진 것도 거시체계가 갖고 있는 건강 및 외모에 대한 기준이 변화했기 때문이다.

6) 시간체계

시간체계(chrono system)는 개인의 전 생애에서 일어나는 변화와 사회·역사적인 환경을 뜻한다. 이 체계는 브론펜브레너의 처음 모델에는 포함되어 있지 않았으나 생태학적 관점에서 아동발달을 이해하는 데 필요하다고 생각으로 후에 새롭게 추가된 것이다. 개인의 인생에는 입학, 취업, 결혼, 은퇴 등의 규범적 전이와 죽음이나 심각한 질병, 이혼, 이사, 전쟁 등의 비규범적 전이가 전 생애에 걸쳐 일어나며 발달에 영향을 미친다. 예를 들어, 부모의 이혼은 첫 해에 부정적 영향이 최고조에 달하고, 2년쯤 되면 영유아가 갖는 정서적 불안이나 혼란이 감소한다(정정옥·이경희·임은숙, 2003). 또한 사회·역사적 환경의 측면에서는 과거 농경시대 확대가족에서 자라나던 영유아와 현대 산업화 사회의 맞벌이 가족에서 자라나는 영유아의 발달 속도와 생활양식에 커다란 차이가 있다. 이와 같이 어느 시대에 태어나 성장하였는가에 따라 영유아의 발달과 삶은 지대한 영향을 받게 된다.

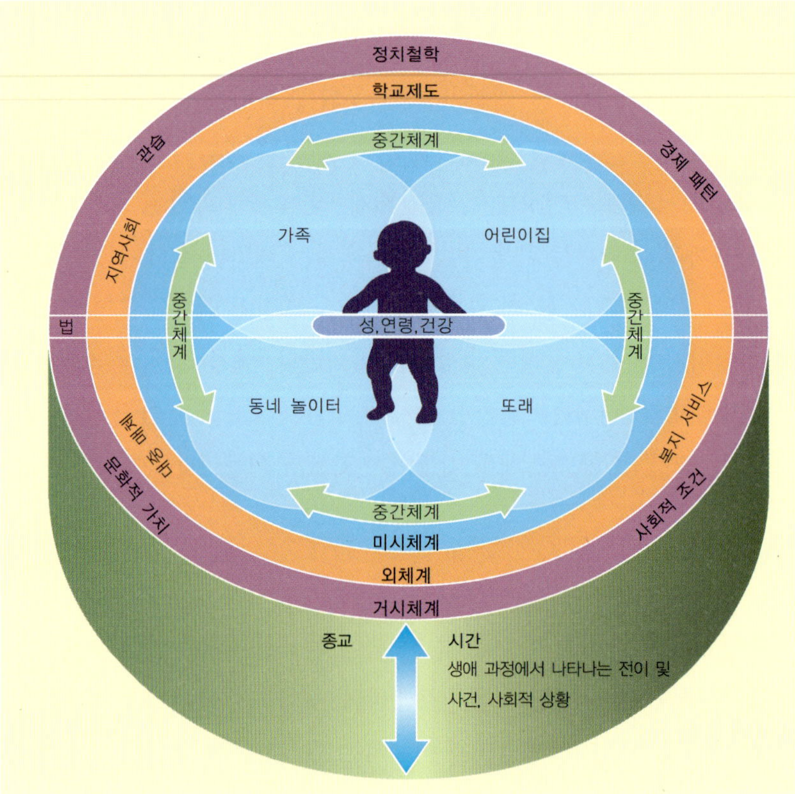

[그림 7-3] 브론펜브레너의 인간발달의 생태학적 모델

미시체계, 중간체계, 외체계의 특성이 동일한 문화권 안에서는 가정, 학교, 직장과 같은 환경들이 여러 가지 점에서 유사성을 나타내는 반면 문화권이 다를 경우 이러한 환경들이 상이하다. 예를 들어, 서양과 동양의 가정은 주택의 물리적 특성뿐만 아니라 가족구성원 간의 인간관계 등 많은 측면에서 차이를 나타낸다. 또한 같은 나라 안에서도 계층(하위문화)에 따라 양육태도나 행동은 상당히 다를 수 있다.

	양육가치		양육행동
	• 독립심 • 자기 주장 • 환경 탐색	➡	• 명확한 지시로 놀이를 진행 • 장난감 자체의 특성과 기능적 사용을 강조 (예 버스를 밀어라)
	• 친밀성 • 어머니에 대한 의존 • 타인의 요구에 순응하고 좋은 관계 맺기	➡	• 자녀에게 놀이를 주도하게 함 • 상호작용적이고 타인 지향적인 가상놀이 격려 (예 인형에게 음식 주기)

[그림 7-4] 영유아를 둔 미국과 일본 어머니의 양육 가치관 및 행동

출처: Hughes(1999)

제3부
영유아기의 발달

8 생명의 시작 및 태내발달[12)]

17~18세기에는 생명의 기원에 대한 논쟁이 활발했다. 난자론자는 여성의 난소에 아주 작은 배아가 있고 남성의 정자에 의해 활성화된다고 보았고, 정자론자는 정자는 머리 부분에 이미 형성된 배아가 있어서 자궁 안에만 두면 자랄 수 있다고 믿었다. 그러다가 18세기 중반에 이르러 남성과 여성 모두 새 생명의 시작에 똑같이 기여하며, 생명은 미리 형성되는 것이 아니라 남성세포와 여성세포가 합해진 단순세포로부터 성장한다는 사실이 밝혀졌다(Papalia & Olds, 1982).

우리나라 최초의 태교 전문서인 『태교신기』에는 "스승의 가르침 10년이 어머니의 태중 10개월의 교육만 같지 못하고 모태의 10개월 교육이 아버지가 하루의 낳음만 같지 못하다."라는 기록이 있다. 이는 영유아의 건강한 성장 발달을 위해 출산 이전부터 최적의 환경을 제공해야 함을 시사한다. 우리나라에서 출생 시 나이 한 살을 부여해 왔던 것도 바로 태내발달의 중요성을 반영한 것으로 볼 수 있다(Bukatko & Daehler, 1995). 본 장에서는 영유아발달을 이해하는 출발점으로 새 생명이 어떻게 형성되어 태내에서 발달하는지 그리고 건강한 상태로 세상에 나오기 위해서는 태내 환경과 출산을 어떻게 준비해야 하는지 알아보기로 한다.

[그림 8-1] 아기예수 탄생
출처: 김기창(1953). 비단에 채색. 운향미술관 소장.

12) 권민균·권희경·문혁준·성미영·신유림·안선희·안효진·이경옥·천희영·한유미·한유진·황혜신(2009)의 아동 발달에서 저자가 집필한 제3장 '태내발달과 출산'을 수정 보완함.

1. 임신

1) 수정

(1) 난자와 정자

생명은 여성의 난자와 남성의 정자가 결합하는 순간 시작되며, 이를 수정이라고 한다. 난자의 모양은 타원형이며 크기는 0.12㎜로 인체 중 가장 큰 세포이다. 출생 전부터 여성(여태아)은 이미 5백만 개의 원시난자를 갖고 있는데, 성장함에 따라 점차 감소하여 사춘기가 되면 3만 개 정도의 난자가 남는다. 이 중에서 약 400개가 가임 기간에 성숙하여 배란이 된다(Samuels, 1986). 배란주기는 약 28일로서 2개의 난소에서 교대로 1개씩 난자가 배출된다. 배출된 난자가 자궁을 향해 이동하는 중 정자와 만나면 정상적으로 수정된다. 수정의 기회는 생리 시작 14일 경부터 시작되며, 이 기간에 수정이 안 되면 월경이 되어 난자가 질 밖으로 나온다.

남성의 정자는 사춘기 이후 고환에서 1초당 약 1,000개씩 매일 100만 개 정도씩 생산된다. 정자는 난자보다 크기가 훨씬 작으며 올챙이 모양을 하고 있다. 또한 편모가 있어서 난자가 있는 곳으로 활발히 헤엄쳐 간다. 1회 사정 시 수억 개의 정자가 나오는데, 이 중에서 난자와 만나 수정이 되는 것은 단 1개뿐이다.

(2) 생명의 시작

1개의 정자가 난자의 세포막을 뚫고 들어가면 정자의 꼬리 부분이 잘리고, 정자의 핵과 난자의 핵이 결합하여 수정란이 된다. 수정란은 부모로부터 받은 유전 정보를 지니고 빠른 속도로 성장해 나가며, 수정이 되는 순간 성별이 정해지고, 유전적 특성과 정상 여부 등 전 생애에 큰 영향을 미치는 여러 가지 발달 특성이 결정된다.

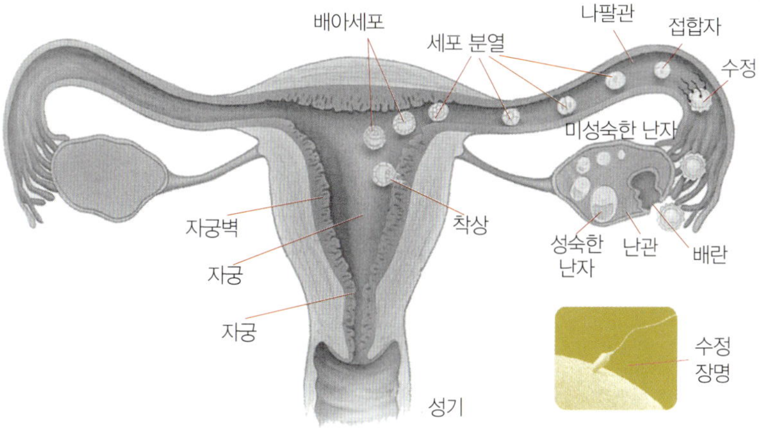

[그림 8-2] 여성의 생식기, 수정과 착상
출처: Berk(2000)

그러나 실제로 정자와 난자가 만나 임신이 되기는 쉽지 않다. 그 이유는 난자의 생존 기간이 한 달 중 72시간 정도로 제한되어 있으며, 자궁 입구가 좁아서 사정된 정자의 극히 일부만이 자궁으로 갈 수 있기 때문이다. 또한 난자가 있는 나팔관까지 갈 수 있을 만큼 정자가 활발하고 건강해야 한다(조복희, 2000). 일 년 동안 부부생활을 정상적으로 해왔는데도 불구하고 임신이 안 되는 경우를 불임이라고 한다. 불임의 원인은 여성, 남성 그리고 양쪽 모두 때문인 경우가 각기 40%, 40%, 20%로 보고되며, 불임 문제를 해결하기 위해서 호르몬 치료, 인공수정, 시험관 아기, 대리모 등의 방법이 이용되고 있다.

2) 유전

(1) 유전인자

모든 생명체는 고유의 유전인자(gene)를 가지고 있으며, 유전인자의 특징에 의해 생명 현상의 상당 부분이 결정된다. 유전인자는 이중나선구조 형태의 DNA (deoxyribonucleic acid)라는 분자로 구성되어 있다. 유전인자가 모여 있는 집합체를 염색체라고 하며, 인간의 염색체는 총 23쌍, 즉 46개이다. 일란성 쌍생아를 제외하면 모든 사람은 서로 다른 유전인자 조합을 갖고 있다. 성별, 키, 머리카락이나 눈동자 색깔 등이 다른 것도 바로 유전인자의 차이 때문이다. 인간의 특성과 관련된 모든 유전인자는 항상 같은 염색체 상의 같은 위치에 있으므로 오늘날에는 유전인자들의 위치를 규명함으로써 출산 전에 유전적 결함을 진단하고자 한다.

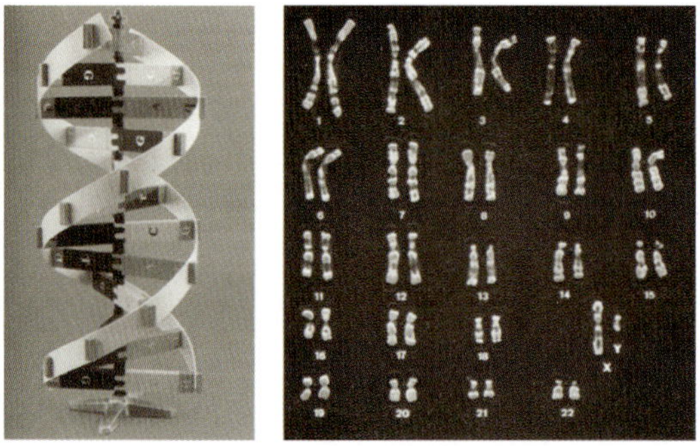

[그림 8-3] 이중나선 구조로 이루어진 DNA(좌)와 인간(남성)의 염색체(우)
출처: McDevitt & Ormrod(2002)

(2) 세포분열

인간은 생식세포(gemete)라 불리는 정자와 난자가 만나 수정이 이루어져야만 형성될 수 있다. 생식세포는 인체의 다른 일반적인 세포의 절반에 해당하는 23개의 염색체만 가지고 있다. [그림 8-3]과 같이 생식세포가 형성될 때 46개의 염색체에서 23개의 염색체로 수가 줄어들므로 이를 감수분열(meiosis)이라고 한다. 감수분열 시 세포 내 46개 염색체는 23개의 염색체 쌍을 형성하고 세포가 둘로 나누어질 때 각각 23개의 염색체로 나누어지면서 결과적으로 생식세포는 23개의 염색체만을 보유하게 된다. 23개의 염색체로 나누어질 때 어떤 염색체가 포함될지는 알 수 없다. 그러므로 동일한 사람일지라도 형성되는 생식세포 내 염색체 조합은 같을 수가 없으며, 이로 인해 같은 부모에게서 태어난 형제간이라도 개인차를 보이게 된다.

(3) 유전의 법칙

개인마다 고유한 유전인자의 구성을 유전형(genotype)이라고 하며, 이러한 유전인자가 실제 발현되어 머리카락의 색과 같이 외부에 표출되는 것을 표현형(phenotype)이라고 부른다. 자녀는 23쌍의 염색체 각각에 대해 부모로부터 각기 1개씩 염색체를 받기 때문에 같은 위치에 있는 한 쌍의 유전인자는 서로 동질적(homozeneous gene)일 수도 있고 이질적(heterozeneous gene)일 수도 있다. 표현형으로 발현하는 데 우세한 유전인자를 우성인자(dominant gene), 열세한 유전인자를 열성인자(recessive gene)라 한다.

〈표 8-1〉 우성인자와 열성인자의 예

우성인자	열성인자
검은 머리	노랑 머리
정상 머리	대머리
곱슬 머리	직모
빨간 머리 외	빨간 머리
보조개	보조개 없음
정상 청력	청각장애
정상 시력	근시
원시	정상 시력
정상 피부	알비니즘
A형	O형
B형	O형
Rh+형	Rh−형

출처: Berk(2000)

[그림 8-4]와 같이 일반적으로 우성인자는 대문자로, 열성인자는 소문자로 표시한다. 인간은 부모로부터 각각 절반씩 유전인자를 물려받기 때문에 같은 종류의 표현형을 결정하는 유전인자라 할지라도 실제 자녀가 물려받는 표현형은 다를 수 있다. 우성인자인 경우 절반의 인자만 물려받더라도 표현형으로 발현되지만, 열성인자는 양쪽 다 물려받을 경우에만 표현형으로 발현된다. 대부분의 유전적

질환은 열성인자에 속하며 극히 일부의 경우에만 우성인자로 전달된다.

아버지의 유전형 (Ff)

어머니의 유전형 (Ff)	F 정자	f 정자
F 난자	FF (동질접합) 유전형-정상	Ff (이질접합) 유전형-정상
f 난자	fF (이질접합) 유전형-정상	ff (동질접합) 유전형-비정상

F는 정상인자, f는 열성인자를 나타낸다. 부모 모두 표현형은 정상이지만 유전형은 이질접합(Ff)인 경우, 자녀의 25%는 FF 동질접합, 50%는 이질접합(Ff)을 갖게 되며 이들은 질병을 나타내지 않는다. 그러나 나머지 25%는 ff 열성인자의 동질접합으로 질병을 나타내게 된다.

[그림 8-4] 유전법칙

출처: Bukatoko & Daehler(1995)

또한 유전과 환경의 상호작용 관점에서 볼 때 표현형은 유전형의 한계 안에서 발현될 수 있다. 예를 들어 정신지체를 일으킬 유전형을 갖고 태어난 다운증후군 영유아의 경우 지적 자극이 풍부한 환경에서 성장한다면 열악한 시설에서 성장할 때보다 훨씬 높은 지능을 나타낼 수 있다. 또한 동일한 환경의 영향을 받더라도 이것이 표현형으로 발현되는 범위는 개인의 유전형에 따라 서로 다르다.

3) 성의 결정

염색체 23개 중 22개는 상염색체로서 개체의 특성과 관련되며, 1개는 성염색체로서 태아의 성별을 결정짓는 유전인자를 갖고 있다. 난자는 X염색체만 있으나 정자는 X염색체와 Y염색체 등 두 가지가 있으므로 정자의 염색체에 따라 성별이 결정된다. 난자가 X염색체를 가진 정자와 만나 XX조합을 이루면 여아가 되고,

난자가 Y염색체를 가진 정자와 결합하여 XY조합을 구성하면 남아로 태어난다.

정자의 절반은 X염색체를 갖고 있고 절반은 Y염색체를 갖고 있으므로 원칙적으로는 남아와 여아가 반반씩 태어나야 한다. 그러나 Y염색체를 가진 정자는 머리가 작고, 꼬리가 길어 활동성이 높으므로 난자와 결합하기 쉽다. 따라서 수정 시의 성비는 100:160 정도로 남아가 훨씬 더 많이 수정된다. 그러나 수정 이후 태내에서 남아의 사망률이 훨씬 높기 때문에 출생 시에는 성비가 100:106 정도로 비슷해진다.

4) 쌍생아

쌍생아에는 일란성 쌍생아(identical or monozygotic twins)와 이란성 쌍생아(fraternal or dizygotic twins) 두 종류가 있다. 일란성 쌍생아는 1개의 정자가 1개의 난자에 수정된 수정란이 발달 초기에 2개의 배아로 분할되어 따로 성장·발육한 경우이다. 일란성 쌍생아는 유전인자가 동일하며 태반도 공유한다. 따라서 일란성 쌍생아는 성별이 같을 뿐만 아니라 신체 특성이나 성격 등도 유사하다.

이란성 쌍생아는 여성이 한 번에 2개 이상의 난자를 배란하고, 이들이 서로 다른 2개의 정자에 의해 수정된 경우이다. 따라서 이들은 성별이나 신체적 특성, 성격 등이 서로 다를 수 있다. 즉, 동시에 임신이 되어 함께 출생할 운명일 뿐 유전적으로는 다른 형제자매나 다를 바가 없다.

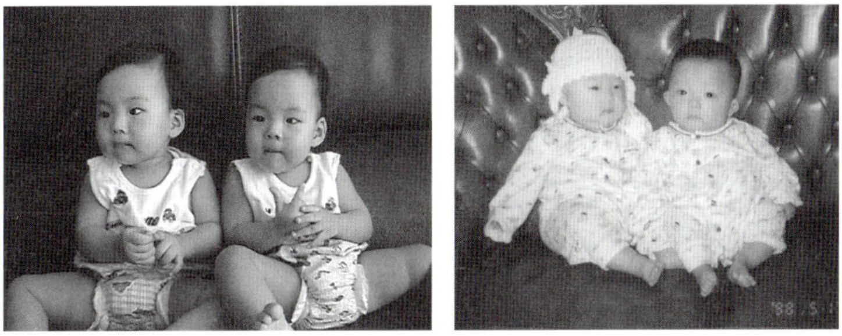

[그림 8-5] 일란성 쌍생아와 이란성 쌍생아

자연적인 상황에서도 일란성 쌍생아보다 이란성 쌍생아가 더 많이 태어나지만, 오늘날에는 불임 치료의 증가로 이란성 쌍생아를 자주 볼 수 있게 되었다. 이란성 쌍생아가 생기는 데에는 〈표 8-2〉와 같은 유전적, 환경적 요인이 작용하는 것으로 알려졌다.

〈표 8-2〉 이란성 쌍생아 출생의 유발 요인

요인	설명
인 종	1,000번의 출생 당 백인종은 8, 흑인종은 12~16, 황인종은 4
연 령	35세까지 증가하다가 다시 급격히 떨어짐
영 양	영양 상태가 나쁜 여성에게서는 잘 나타나지 않고, 키가 크고 과체중인 여성에게서 많이 나타남
분만 횟수	분만 횟수가 늘수록 증가함
배란 유도제 및 인공 수정	인공 수정을 하거나 호르몬제로 배란을 유도할 경우 증가함

출처: Berk(2000)

2. 태아의 발달

1) 태아의 발달 단계

(1) 배란기

배란기(germinal period)는 수정란이 자궁벽에 착상되기 전까지, 즉 수정 후 14일간을 말한다. 마지막 월경 시작일 14일 후 난소에서 배출된 난자는 정자와 만나 수정이 된다. 수정란은 자체의 영양으로 급속한 세포분열을 시작한다. 또한 활발히 세포분열을 계속하면서 난관 내의 융모 운동과 난관 수축 운동으로 난관 속을 지나 점차로 자궁 내로 이동하게 된다. 수정 7~10일 후 자궁 내에 도착하여 내막의 표면에 정착하게 되는데, 이를 착상이라고 하며 비로소 임신이 시작된 것으로 간주한다. 따라서 임신 1개월이라고 하면 마지막 월경 시작일로부터 4주간을 말하지만, 실제 임신 1주와 2주는 임신하지 않은 상태이다.

이 시기에는 세포단(cell mass)에 변화가 생겨서 배아의 가장 안쪽 부분의 세포가 바깥쪽 세포와 분리되기 시작하는데, 바깥쪽 세포를 외배엽, 안쪽 세포를 내배엽이라고 한다. 후에 이들은 다음과 같은 신체기관이 된다.

- 외배엽(ectoderm) : 피부, 손톱, 발톱, 머리카락, 신경계, 감각기관
- 중배엽(mesoderm) : 근육, 골격, 순환기, 생식기, 배설기관
- 내배엽(endoderm) : 소화기관, 간, 췌장, 호흡기

(2) 배아기

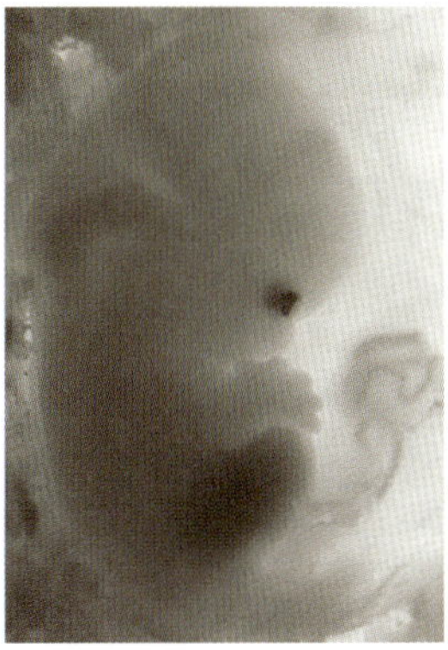

[그림 8-6]
배아기의 발달

배아기(embryonic period)는 주요 기관과 조직이 형성·발달되는 단계로서 수정란이 착상한 이후 골격이 형성되는 수정 후 3~8주를 말한다. 배아(embryo)는 자궁벽에서 영양을 섭취하며 성장을 계속한다. 배아기는 인간의 발달 과정 중 성장 속도가 가장 빠른 시기로서, 이에 따라 태내 환경의 영향에 의해 상처를 받기도 쉽다.

배아의 발달은 머리 부분부터 이루어져서 머리가 전신의 절반 정도가 되고, 눈, 코, 입, 귀가 형성된다. 기관별로는 순환계가 가장 빨리 발달하여 분당 65회 정도로 심장이 박동하게 된다. 뇌, 신장, 간과 식도가 발달하기 시작하고, 위에서 소화액이 분비되기 시작한다. 얼굴도 발달하기 시작하고 이빨과 혀가 나타난다. 팔 끝에 손과 손가락 그리고 다리에는 무릎, 발목, 발꿈치가 분명해지며 생식기도 발달한다(TAE, 1995).

(3) 태아기

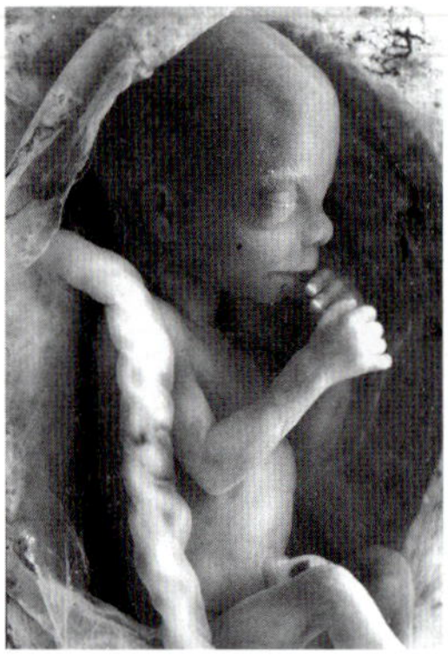

[그림 8-7]
태내에서 손가락을
빨고 있는 태아

태아기(fetal period)는 태아가 모체 환경에서 기능하기 위한 준비를 하고 기관이 급속히 성장하는 기간으로 수정 후 8주에 시작하여 출생 시까지를 말한다. 이 시기에는 배아가 성장하여 태아(fetus)가 되면서 손톱, 발톱, 눈꺼풀, 목청, 입술, 코 등을 갖추게 된다. 태아는 숨을 쉬고 오줌도 눌 수 있고 팔, 다리, 엄지손가락, 머리를 움직일 수 있으며 반사 행동도 나타낸다. 이와 같이 신체 각 부위와 기관들이 정교한 구조로 발달하면서 태아는 더욱더 활동적이 된다. 예를 들어, 차기나 뻗기 등을 할 수 있고, 임신 17주 정도에는 자신의 손가락을 빨기도 한다. 5개월째에는 심장박동을 들을 수 있고, 7개월이 되면 자궁 밖에서 생존할 만큼 호흡기관이 발달한다. 8~9개월에는 뇌가 놀라울 정도로 발달하며 피하지방이 형성되어 인간으로서의 모습을 갖추어 나가게 된다.

또한 이 시기에는 태반을 통해 태아와 모체가 불가분의 관계에 놓이게 된다. 태반은 태아에게 산소와 영양 등을 공급해 줄 뿐만 아니라 모체로부터 탯줄로 들어오는 혈류를 여과하는 역할을 한다. 이러한 여과작용은 혈액 내의 많은 세균이나 영양과 관계없는 물질로부터 태아를 안전하게 보호한다. 태반은 5개월 정도가 되어야 완성되므로 그 이전에는 유산의 위험이 크다. 태반과 태아는 탯줄로 연결된다.

이와 같은 태내기에는 배아 또는 태아가 특히 상처받기 쉬운 시기가 있다. [그림 8-8]와 같이 대부분의 출생 결함은 첫 번째 발달 단계, 즉 배란기에 일어난다. 따라서 이 시기 임산부는 영양과 건강에 각별한 주의를 기울여야 한다.

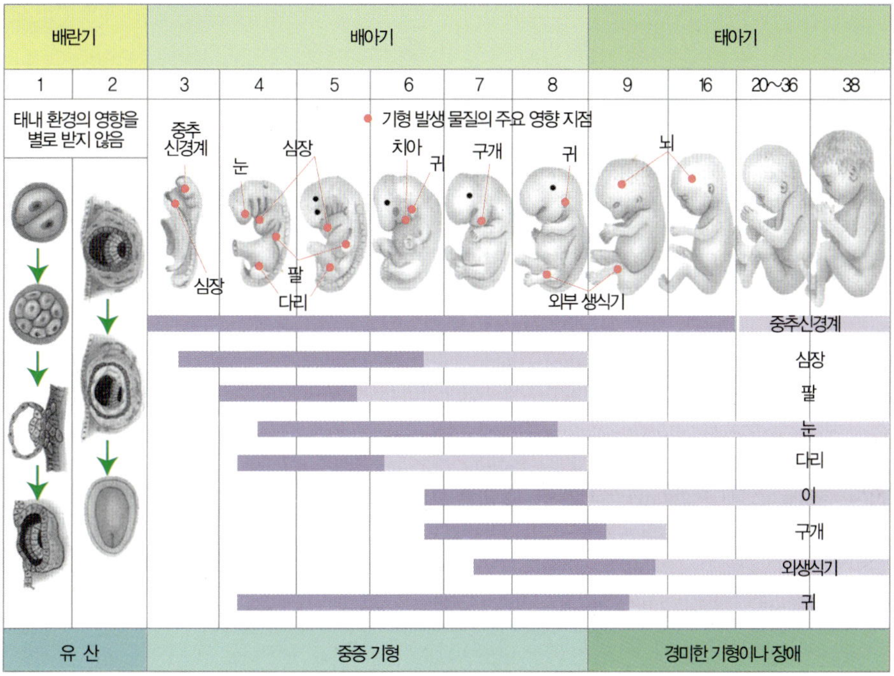

[그림 8-8] 태내발달의 민감기

출처: Morre & Persaud(1993), Berk(2000), 재인용

2) 태아의 진단

오늘날에는 의학의 발달로 출생 전에 태아의 상태를 진단해서 심각한 장애가 있는 태아를 유산시키거나 혹은 치명적인 상태로 질환이 진행되기 전에 태내에서 조치를 하고 적절한 분만 방법을 준비할 수 있다.

태내 진단이 필요한 경우는 다음과 같다.

- 35세 이상 산모
- 전에 염색체 이상이 있는 태아를 임신했던 경우
- 부모 중 어느 한 쪽에 염색체 이상이 있는 경우
- 가까운 친척 내에 다운증후군이나 다른 염색체 이상이 있을 경우
- 멘델성 혹은 다인자성 유전질환(구순열, 구개열 등)이 있는 경우

- 전에 신경관 결손이 있는 태아를 임신했거나, 부모 중 어느 한 쪽에 신경관 결손이 있는 경우 및 선별검사에서 비정상인 경우
- 초음파에서 기형이 발견된 경우
- 전에 기형아를 분만했으나 염색체 검사 등을 시행하지 않은 경우
- 심각한 반성유전질환에서 태아의 성감별이 필요한 경우
- 유전학적 설문조사에서 의미 있는 답변을 얻었을 경우

(1) 초음파 검사

초음파 검사(ultrasound)는 가장 보편적으로 사용되는 태내 진단검사로서 임산부의 복부에 초음파를 통하게 하여 자궁 내부의 사진을 찍는 기법이다. 이 검사는 임신 초기에는 정상 임신여부(예 쌍생아)를 진단하기 위해, 임신 중기에는 해부학적 기형을 알아내기 위해, 그리고 임신 말기에는 태반과 태아 위치나 태아의 발육 정도를 평가하기 위해 시행된다. 컴퓨터를 이용하여 태아를 여러 각도에서 보다 정밀하게 입체적으로 관찰할 수 있다.

(2) 양수 검사

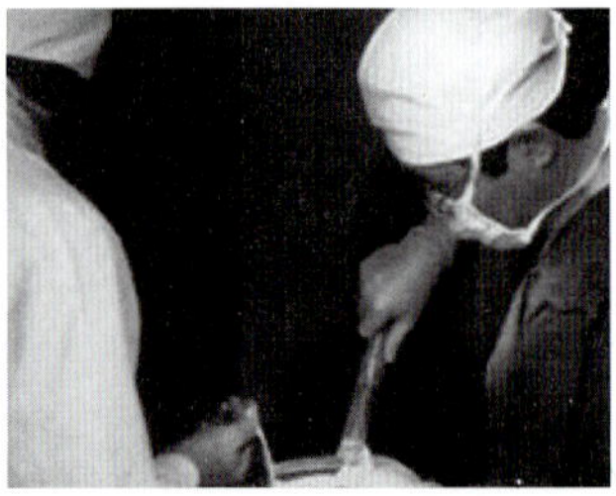

[그림 8-9] 양수 검사
출처: http://www.bohoon.co.kr

양수 검사(amniocentesis)는 염색체 이상을 판별하고자 초음파로 태반의 위치를 확인한 후 산모의 배꼽 주위에 주삿바늘을 넣어 소량(20cc)의 양수를 추출하는 시술이다. 검사의 성공률은 약 99%로 큰 위험성은 없으나 너무 일찍 검사하면 자연유산의 가능성이 있다. 검사 시간은 15~25초 정도로 융모막 검사보다 간편하고 통증도 크지 않지만, 검사 시기가 임신 15주 이후로 늦은 것이 단점이다. 또한 검사 결과를 확인하는 데에도 시간이 걸리므로 태아에게 심각한 결함이 있어도 유산하기에 너무 늦어버리게 될 수 있다.

(3) 융모막 검사

융모막 검사(Chorionic Villus Sampling; CVS)는 장차 태반이 될 융모를 검출하여 염색체 이상을 검사하는 것이다. 대개 카테터(catheter)라는 기구를 자궁 경부나 배를 통하여 자궁 안에 넣어 융모를 검출한다. 장점은 양수 검사보다 빨리(임신 2개월) 실시할 수 있고, 결과도 빨리 알 수 있다는 것이다. 그러나 시술이 어려울 뿐만 아니라 유산의 가능성이 있고 태아에게 사지 기형을 일으킬 수 있다는 단점이 있다.

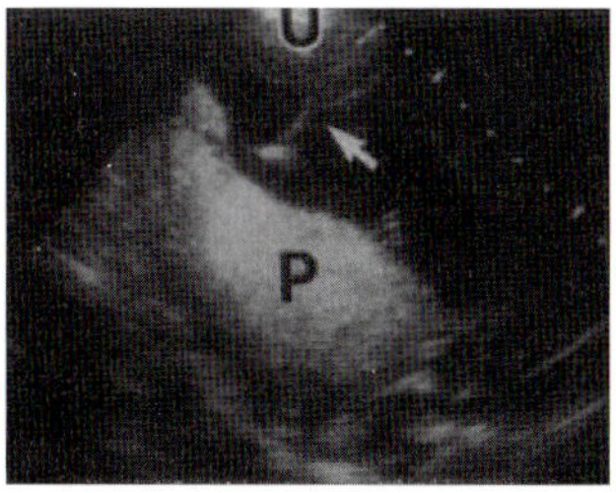

[그림 8-10] 융모막 검사
출처: http://www.bohoon.co.kr

3. 태내발달에 영향을 미치는 요인

대부분의 아기는 정상아로 태어나지만, 일부 아기들은 출생 시 이미 결함을 갖고 있다. 더욱이 과거보다 기형아나 장애아의 출생 빈도가 높아지는 추세이다. 태내발달에 영향을 미치는 환경적 요인과 유전적 요인을 살펴보면 다음과 같다.

1) 유전적 요인

수정란의 절반 정도는 유전인자나 염색체의 이상이 있는 것으로 추정된다. 이들은 대부분 임신 초기에 바로 자연유산이 되며, 태어난다고 해도 부정적 영향이 전 생애에 걸쳐 지속되는 경우가 대부분이다.

(1) 유전인자 이상

① 우성인자에 의한 이상

정상 유전인자는 대개 우성이므로 우성인자에 의한 유전병은 매우 드물다. 그러나 열성인자에 의한 유전병과 달리, 우성인자에 의한 유전병은 보균 상태로 머물지 못하고 반드시 병이 발생하게 되어 있다. 우성인자에 의한 대표적인 질병은 헌팅턴 병(Huntington disease)인데, 35~40세 전에는 증상이 잘 나타나지 않으므로 자신도 모르는 채 자녀에게 결함을 전해 줄 수 있다. 이 병은 일단 발병하면 인성의 변화, 우울, 기억 및 운동 능력 상실, 뇌 세포 파괴로 인한 정신적 손상 등의 증상이 나타나 결국 사망한다(Berk, 2000). 이외에도 우성인자에 의한 결함으로는 단지증(short-finger gene)과 성장장애(maturation-achardroplasia)가 있다.

② 열성인자에 의한 이상

대부분의 유전적 결함은 열성인자에 의한 것이지만, 건강해 보이는 사람도 열성인자에 의한 질병을 보유하고 있을 수 있다. 한쪽 부모만 결함이 있는 열성인자를 갖고 있을 때에는 자녀에게서 결함이 나타나지 않기 때문이다. 부모 모두 결함이 있는 열성인자를 갖고 있을 경우 자녀가 결함을 나타낼 확률은 25%이다. 그러나 다시 그 자녀들이 낳은 자녀는 결함을 나타내거나 보유자일 수도 있는 확률이 50%로 증가한다. 근친혼을 금하는 것도 바로 같은 조상에게서 물려받았을지도 모르는 열성인자로 인한 유전병을 줄이기 위한 것이다(정옥분, 2002). 열성인자로 인한 대표적인 결함은 아미노산 대사장애로 지능장애와 신경계의 손상을 일으키는 페닐케토뉴리아(Phenylketonuria: PKU)와 색소가 형성되지 못하여 피부나 머리카락, 눈동자에 정상적 색소가 결핍된 알비노이즘(Albionism), 효소의 결핍으로 뇌 세포가 급속히 파괴되고 시력과 청력을 상실하게 되는 테이색스병(Tay-sacks) 등이 있다.

(2) 염색체 이상

대부분의 염색체 결함은 난자와 정자 등 생식세포가 감수 분열되는 과정에서 생겨난다. 염색체의 수 또는 조합의 이상으로 인해 나타나는 결함을 상염색체와 성염색체로 나누어 살펴보면 다음과 같다.

① 상염색체와 관련된 결함

정상적인 인간은 염색체가 46개(23쌍)인데 염색체 수가 이보다 많거나 적은 사람들이 있다. 가장 흔한 염색체 이상은 정자나 난자가 감수분열을 할 때 23쌍의 염색체 중 21번째 염색체가 2개(1쌍)가 아니라 3개가 되어 전체 염색체 수가 총 47개가 되는 다운증후군(Down syndrome)이다. 다운증후군의 발생률은 산모의 연령이 많을수록 기하급수적으로 증가한다. 다운증후군이 있는 영유아는 심한 지적 장애 증상을 보이며, 병에 대한 저항력이 약하여 심장병이나 백혈병, 호흡기 질환 등에 걸리기 쉽다. 외모적으로는 뒤통수가 납작하고 목이 짧으며 혀가 튀어나오고 코가 낮아서 몽고인을 연상하게 하므로 몽고리즘(Mongolism)이라고도 부른다.

② 성염색체와 관련된 이상

성염색체 이상은 성염색체 중 하나가 더 많거나 없는 경우인데, 사춘기까지는 장애가 잘 나타나지 않는다. 가장 흔한 유형은 X염색체가 하나 더 있어서 성염색체가 XXY인 클라인펠터 증후군(Klinerfelter's syndrome)이다. 이 경우 Y염색체가 있으므로 남성이기는 하지만 X염색체가 2개이므로 남성적 특성이 약하고 여성처럼 유방과 엉덩이가 발달한다. 고환의 미성숙으로 정자를 생산하지 못하므로 생식능력도 없다.

정상적인 여성의 성염색체는 XX이지만 터너 증후군(Turner syndrome) 여성은 X염색체가 1개인 XO로 전체 염색체의 수가 45개뿐이다. 이들은 여성 호르몬이 부족하여 사춘기가 되어도 2차 성징이 잘 나타나지 않으며, 생식능력도 없다.

2) 환경 요인

태아는 미성숙한 상태이므로 태내 환경이 적절치 못할 경우 손상을 입을 수 있으므로 어머니와 관련된 모든 요인이 태아에게 영향을 미침을 인지해야 한다.

(1) 영양

어머니의 영양 상태는 태아 발달에 결정적인 요인이다. 임신 초기에는 양적으로 많은 음식이 필요하지는 않지만, 질적으로 균형 있는 영양소가 필요하며, 임신 후기에는 양적으로도 많은 영양분이 요구된다. 임산부의 하루 섭취량은 임신 전보다 15~30%(300~500㎉) 정도 증가시키는 것이 바람직하며, 철분, 칼슘, 비타민 등도 충분히 공급해 주어야 한다. 서양에서는 기형아 방지를 위해 임신 전부터 꾸준히 엽산을 섭취할 것을 권장해 왔다.

임산부의 영양 상태는 태아 발달에 결정적인 영향을 준다. 영양 부족의 임산부에게서 태어난 아기는 모든 발달이 저조하지만, 영양 부족이 심했던 시기가 신경계, 특히 뇌의 발달이 이루어지는 시기에 해당한다면 그 영향은 더욱 회복하기 어렵다(서봉연·유안진, 1982). 과거에는 가난이나 식량 부족으로 인한 영양실조가 많았지만, 최근에는 날씬한 몸매에 대한 선망으로 인해 중산층 임산부의 태아에게서도 영양실조가 발견된다. 임신 말기에는 체중이 11~12㎏ 증가하는데, 임산부들은 이를 자연스러운 현상으로 긍정적으로 받아들여야 할 것이다.

(2) 연령

흔히 25~29세를 임신과 출산의 최적 연령이라 하며, 임산부의 연령이 35세를 넘을 경우 의학적으로 노산이라고 부른다. 근래에는 의학의 발달로 임산부의 연령이 태아에게 미치는 영향이 과거보다 많이 감소했지만, 노산인 경우 자연유산, 난산, 임신중독증, 다운증후군이나 미숙아 출산 비율이 급격히 증가하는 것으로 알려졌다.

반대로 임산부의 연령이 너무 어려도 조산이나 사산의 위험이 크고 미숙아나 체중미달아를 출산할 가능성이 증가한다. 이는 신체적 미성숙보다는 심리적 미성숙에 의한 것으로 볼 수 있다. 이들은 신체적으로는 임신을 유지할 수 있지만, 심리적으로 어머니가 될 준비를 하지 못하고 원치 않은 임신으로 인해 스트레스를 받고 있을 것이기 때문이다. 또한 임신 중에 의료적 처치를 잘 받지 못했을 가능성이 크며, 영양불량이나 건강 문제 등이 많은 저소득층 출신이 많다는 것도 원인일 수 있다.

(3) 질병

임신 중 5% 정도의 여성은 어떤 종류로든 바이러스에 감염된다. 일반적인 감기 같은 질병은 대부분 태아에게 별 영향을 미치지 않지만, 태아에게 심각한 영향을 미치는 질병이 있다. 그 대표적인 것이 풍진으로, 임산부 본인에게는 가벼운 질병이지만 임신 전반기에 감염될 경우 태아에게 시각장애, 청각장애, 정신지체 등의 심각한 결함을 초래할 수 있다. 따라서 가임기에 있는 모든 여성은 임신 전에 필수적으로 풍진 예방접종을 받아야 한다.

매독이나 임질 등의 성병도 기형아 출산 등 심각한 영향을 미칠 수 있다. 임산부가 임질에 걸린 경우 출산 과정에서 태아가 임질균에 감염될 수 있으며, 출생 직후 눈에 페니실린을 떨어뜨리지 않으면 시각장애가 일어날 수 있다. 매독은 대개 태반을 통해 태아에게 전달되며, 청각장애, 대뇌손상, 피부장애 및 태아 사망을 일으키기 쉽다(정정옥 외, 2003). 최근에는 면역계를 파괴하는 질병인 AIDS에 걸린 여성의 수가 급격히 증가함에 따라 태반이나 출산 과정 중 접촉을 통해 AIDS에 감염된 신생아들도 늘고 있다. 이러한 아기들은 증상이 나타난 후 5~8개월밖에는 생존하지 못한다(Berk, 2000).

이외에도 임산부가 당뇨병이 있는 경우 사산이 되거나 호흡기 이상과 저혈당 등의 문제가 있는 아기가 태어날 가능성이 높다. 또한 임산부가 날고기나 덜 익은 고기를 먹거나 감염된 고양이의 배설물을 만지면 주혈원충병(Toxoplasmosis)에 걸려 태아의 눈과 뇌에 손상을 일으킬 수 있다.

(4) 흡연 및 음주

담배에 있는 중독 물질인 니코틴은 태반을 비정상적으로 자라게 하고, 어머니와 태아의 혈류에 일산화탄소의 농도를 상승시켜 중앙신경계를 손상시킨다. 임산부 흡연의 결과로 가장 잘 알려진 것은 저체중아이며, 이외에도 미숙아, 수면 중 호흡곤란, 유산, 영아 사망, 아동암 등이 흔히 발견된다. 또한 신체적 이상 없이 출생한 것처럼 보일지라도 행동상의 문제가 있을 수 있다. 예를 들어, 임신 중 흡연한 경우 영아는 소리에 덜 반응하고 근육에 긴장을 보이며, 유아기에 짧은 주의 집중 간격과 낮은 지수를 보이는 것으로 밝혀졌다.

임신 중의 음주도 태아에게 좋지 않은 영향을 미친다. 알코올 대사에는 산소가 많이 필요하므로 뇌와 신체 부위의 세포 성장에 필요한 산소를 태아에게서 뺏어가기 때문이다. 그래서 임신 기간 내내 알코올을 많이 마신 여성에게서는 태아 알코올 증후군(Fetal Alcohol Syndrome: FAS)이 발견된다. 이런 영아는 정신지체나 비정상적인 얼굴 모양 등의 결함이 있고 신체 성장 속도가 느릴 뿐만 아니라 아무리 풍부한 영양을 섭취해도 이후 또래의 신체 크기를 따라잡지 못하고 영구적인 정신지체를 보인다(Berk, 2000).

[그림 8-11] 태아 알코올 증후군(Fetal Alcohol Syndrome: FAS)
출처: Berger(2007)

(5) 약물 복용

과거에는 임산부들의 정서 안정이나 치료의 목적으로 의사들이 신경안정제를 처방해 주기도 했다. 그러나 1956년 입덧을 완화하기 위한 일종의 신경안정제인 탈리도마이드(Thalidomide)를 복용한 임산부에게서 팔다리가 아예 없거나 아주 짧은 극심한 기형아들이 태어난 이후 임산부가 복용하는 약물의 위험성에 대한 경각심이 높아졌다. 수면제의 일종인 세코날(Seconal)을 복용한 어머니에게서 태어난 아기들은 생후 2일 동안 계속 졸려 하며, 종합 호르몬제인 DES(Diethylstilbestrol)를 복용한 어머니에게서 태어난 아기들에게서 뇌의 기형이나 두뇌에 암이 발견되었다(서봉연, 유안진, 1984). 간혹 임산부들은 임신 사실을 미처 인식하지 못하고 피임약을 복용하기도 하는데, 이러한 경우에도 태아가 염색체 이상을 나타낼 확률이 높다. 임산부가 취하는 약물은 다른 영양물질과 마찬가지로 태반을 통해 태아에게 그대로 전달되기 때문이다. 특히 임신 초기에는 태아에게 미치는 영향력이 치명적일 수 있으므로 임신 가능성이 있는 여성은 감기약일지라도 가능한 한 약물 복용을 자제하는 것이 바람직하다.

(6) 유해 물질

제2차 세계대전 히로시마의 원폭 피해로 인해 방사선에 노출되어 기형아나 지적장애아를 출생한다는 것이 입증되었다. 그러나 방사선에 노출되었다고 모두 다 기형아를 출산하는 것은 아니며, 방사선의 종류나 양, 촬영 횟수 등에 따라 피해가 다를 수 있다. 일반적으로 진찰을 위한 소량의 X-ray나 CT 촬영은 태아에게 별 영향을 미치지 않지만, 임신 중기나 후기에 비하여 임신 전기 착상 무렵에 방사선에 노출되면 유산이 되거나 기형아가 태어날 확률이 현저히 높아진다.

일상생활에서 사용하는 물건 중에도 유독성 화학물질이 포함된 것이 많다. 살충제, 제초제, 공업용 화학용품, 시너, 가구광택제 등은 심각한 결함을 초래할 위험이 있으므로 반드시 피해야 한다. 임산부가 자동차 매연이나 오래된 건물 벽에서 떨어진 페인트 조각 등으로부터 납중독이 될 경우 미숙아, 저체중아, 뇌손상, 심각한 신체적 결함 등을 가진 아기를 출산할 수 있다.

(7) 정서 상태

임산부가 정서적으로 불안하면 부신 호르몬의 분비가 촉진되며, 이는 태반을 통해 태아에게 직접적으로 영향을 미친다. 따라서 많은 문화권에서 임신 중에 놀라거나 스트레스를 받으면 태아에게 해롭다고 믿어 임산부들에게 평온한 마음가짐을 가질 것을 권해 왔다. 우리나라에서도 태중 교육 10개월이 출생 후 스승에게 10년 배우는 것보다 더 중요하다고 하면서 태교를 강조해 왔다. 태교의 중요성은 현대 사회에서도 과학적으로 입증되고 있다. 예를 들어, 임신 중 스트레스를 받은 경우 조산을 하거나 저체중과 호흡곤란 등을 갖고 태어나기 쉽다. 또한 출생 후 과잉 행동을 보이거나 불안정한 성격을 보이며, 이러한 특성은 양육을 어렵게 만들어 부모 자녀 관계에도 부정적 영향을 미칠 수 있다.

특별 활동 생명의 시작과 태내 발달 영상물 시청

아래 영상물 중 하나를 선택하여 시청한 후 감상문을 쓰세요.

〈감상문 주제 예시〉

- 시청 후 낙태에 대한 견해가 어떻게 변화했는가?
- 시청 후 임신과 출산에 대해 새로 알게 된 사실은 무엇인가?
- 건강한 아이를 출산하기 위해 나는 어떠한 노력을 할 것인가?

[BBC] 인체 대탐험 2부 임신과 출산(48분31초)
결혼 7년차 부부의 아기 갖기 과정을 통해 임신과 출산을 소개. 최초로 특수 제작된 의학영상 기술을 이용
http://www.youtube.com/watch?v=5_KAuBNaTPc

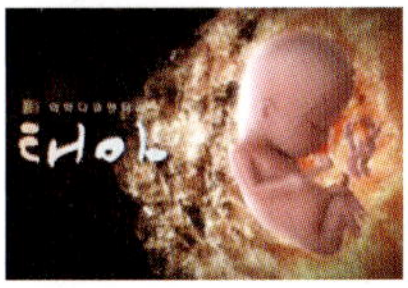

[KBS] 태아 1부 : 만남
정자와 난자의 만남과 태아의 성장 과정을 3D로 보여주며 임산부의 주의사항을 알려줌 만남
http://www.kbs.co.kr/1tv/sisa/fetus/view/vod/index.html

[KBS] 태아 2부 : 교감
태아와 엄마와의 교감이 어떻게 이루어지는지, 쌍생아 이야기, 태아치료 등에 관해 소개http://www.kbs.co.kr/1tv/sisa/fetus/view/vod/index.html

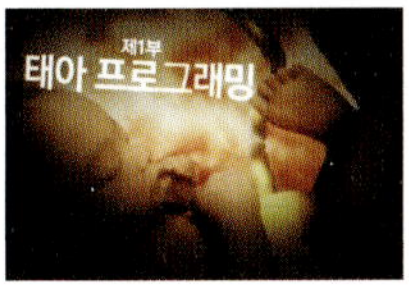

[EBS 다큐프라임] 퍼펙트 베이비 1부 태아 프로그래밍 (49분 42초)
전통유전학을 뒤엎는 후성유전학에 대한 이야기. 유전자와 환경 못지않게 자궁에서의 9개월이 강력한 요인임을 소개
http://www.ebs.co.kr/replay/show?prodId=348&lec

영화: 해피 이벤트(2011년, 프랑스)
감독: 레미 베잔송 / 출연: 루이즈 보르고앙, 피오 마르마이
한 여성과 남성이 만나 가족을 이루는 출산과 육아의 일대기를 사실적으로 담아낸 영화. 부부 또는 애인이 함께 시청하면 좋으며, 성교육용으로도 적합

4. 출산

흔히 아기는 열 달 동안 엄마 뱃속에 있다고 말하지만, 실제로 수정 후 태아가 자궁에서 지내는 기간은 266일이다. 수정된 날짜를 정확히 알기 어려우므로 마지막 월경 시작 일을 기준으로 280일이 되는 날을 분만예정일로 계산한다. 분만 예정 달은 마지막 생리가 시작한 달에 9를 더하며, 합이 12가 넘으면 -3을 한 이듬해가 된다. 예정일은 마지막 생리가 시작된 날에 7을 더해준다. 그러나 태아의 크기, 자궁의 상태, 임산부의 생리적·심리적 상황, 분만 경험 등에 따라 예정일보다 먼저 혹은 나중에 분만하는 경우가 많으며, 예정일 전후 2주간을 정상으로 본다.

1) 출산의 단계

출산이 가까워지면 태아가 골반으로 내려오고 태아의 움직임이 줄어든다. 또한 출산을 대비한 자궁 수축 운동으로 배가 자주 당기고 허리와 등이 같이 아프면서 아랫배가 단단해지는 느낌이 들기도 한다. 이러한 징후가 나타나고 1주일 정도 지나면 피가 섞여 있는 이슬이 비치는데, 10시간~3일 후 대개 진통이 시작되므로 입원 준비에 들어가는 것이 좋다. 한편 대부분 출산 직전에 파수가 되는 것이 정상이지만, 임산부 10명 중 2~3명은 진통이 시작되기 전에 양수가 먼저 터지는 조기파수를 경험한다. 파수가 되고 48시간이 지나면 태아와 양수가 감염될 우려가 있으므로 바로 병원에 가야 한다. 출산 단계는 다음 세 단계로 나누어진다.

(1) 개구기 또는 준비기

진통 시작에서 자궁구가 완전히 열릴 때까지로 대개 초산부는 10~12시간, 경산부는 4~6시간이 소요된다. 이때 자궁은 규칙적인 간격으로 수축하는 반면 태아가 산도 속을 통과할 수 있도록 자궁경부가 서서히 팽창된다. 처음에는 10~20초 동안의 진통이 20여 분 간격으로 있다가 점점 진통 간격이 짧아지고 진통 시간은 길어진다. 1분 정도의 진통이 2~3분 간격으로 오면 자궁 안의 압력이 높아지면서 자궁 입구가 열리기 시작한다.

(2) 배출기 또는 산출기

자궁 입구가 완전히 열려 아기가 밖으로 나올 때까지로, 대개 초산부는 2~3시간, 경산부는 1시간~1시간 30분이 소요된다. 양수가 터진 다음에는 진통이 더 심해지며 진통 시간도 길어지고, 배는 물론 허리나 발바닥까지 아플 정도로 통증이 심하지만, 태아가 나오고 나면 통증이 사라진다. 정상적으로는 태아가 머리부터 나오게 되지만 그렇지 않은 경우 어려움이 있다. 또한 이 과정이 너무 길어지면 태아는 태반으로부터 산소를 공급받지 못하여 뇌 손상을 입을 수 있다.

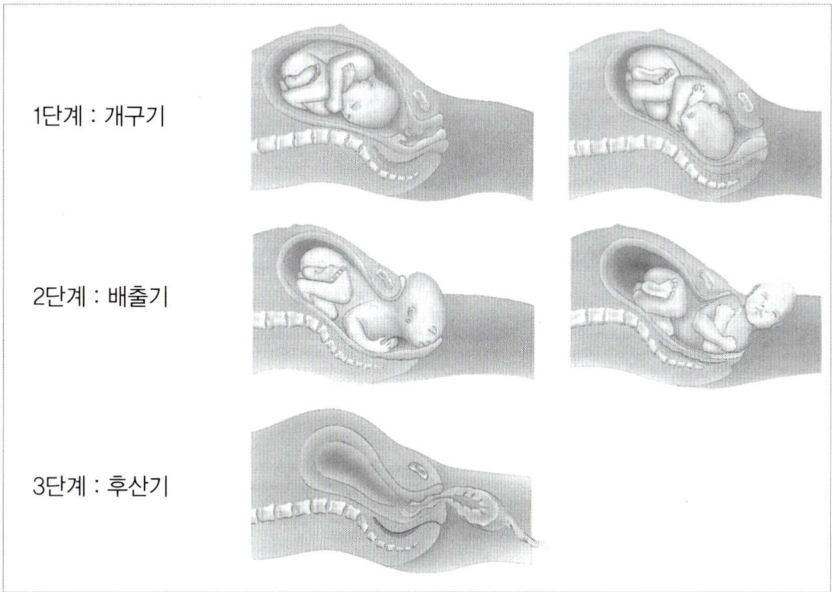

[그림 8-12] 출산 단계

출처: Berk(2000)

(3) 후산기

아기가 태어나고 태반이 나올 때까지를 말하며, 소요 시간은 15분 정도로 그리 길지 않다. 아기가 태어난 후 자궁이 수축하면서 자궁벽에서 태반이 떨어져 나와 양막과 함께 밖으로 나오면 분만이 종료된다. 그러나 이후에도 자궁이 예전의 크기로 돌아가기 위해 수축하면서 다소의 진통을 경험하게 된다.

2) 대안적인 출산 방법

출산 방법이라고 하면 누워서 하는 체위만을 떠올리기 쉽지만, 과거에는 선 자세, 무릎을 대고 앉는 자세, 앉은 자세, 쪼그리고 앉는 자세 등 다양한 체위가 사용되었다. 현대 사회에서는 산모의 고통을 덜어주고 출산 과정을 원활히 하기 위해서 다양한 분만 방법이 개발되고 있다(http://www.amc.seoul.kr).

(1) 제왕절개 분만

제왕절개 분만(Caesarean section)은 임신부의 배를 절개하고 인위적으로 태아를 꺼내는 방법이다. 세계보건기구에서는 제왕절개 분만 비율이 10% 정도가 적당한 것으로 제시하고 있다. 우리나라는 제왕절개 분만의 의료보험 수가가 자연분만에 비해 높아 40% 정도로 나타난다. 제왕절개 분만은 비용이 비쌀 뿐만 아니라 수술 후 산모의 회복 기간이 오래 걸리는 문제가 있으므로 신중히 결정해야 한다. 제왕절개 분만이 필요한 경우는 산모의 몸에 문제가 있는 경우나 태아가 거꾸로 있거나 4Kg 이상의 거대아나 쌍생아인 경우, 그리고 전치태반이거나 조기파수가 일어났을 때 등이다. 제왕절개 분만이 남용되어서는 안 되지만 위험 상황에서는 효과적으로 사용될 수 있으므로 분별력 있는 선택이 필요하다.

(2) 무통 분만

무통 분만이란 말 그대로 마취 등의 방법을 이용하여 산모가 산통을 느끼지 않게 하고 분만시키는 것을 말한다. 무통 분만에는 전신마취에 의한 방법과 산모의 의식을 잃게 하지 않으면서 통증을 완화하거나 느끼지 않게 하는 국소마취 방법이 있다. 전신마취법은 약제가 태아에게 작용할 위험이 크므로 최근에는 분만 전반기에 한하여 사용하고 후반기에는 국소마취제를 사용하는 것이 일반적이다.

무통 분만은 산모의 극심한 통증을 경감시켜 주고, 이로 인해 통증이나 스트레스가 있을 때 혈관을 수축시키는 카테콜라민 호르몬의 생성을 감소시켜 자궁에서 태반으로 가는 혈류를 증가시켜 준다. 그러나 산모의 진통을 덜어주기 위해 투여된 약물이나 주사는 태아에게 좋지 않은 영향을 미치며, 산모와 아기의 초기 결속 관계를 방해할 수 있다. 따라서 물리적 방법에 의한 무통 분만보다는 라마즈법과 같이 정신에 의한 무통 분만을 선택하는 것이 바람직하다.

(3) 라마즈 분만

러시아 파블로프(Pavlov)의 조건반사 현상을 분만에 이용한 것이 라마즈 분만법의 시초이며, 프랑스 산부인과 의사인 라마즈 박사에 의해 전파되었다. 라마즈 분만은 질을 통한 정상 분만을 원칙으로 하며, 진통 및 분만 시의 고통을 경감시키고 분만이 보다 즐겁고 좋은 추억이 되게 하는 데 그 목적을 둔다.

현재 우리나라에서도 널리 시행되고 있는 라마즈 출산 교육은 부부가 함께 참여하는 가족 중심의 출산법이다. 교육 내용은 크게 세 가지로 나눌 수 있는데, 즐거웠던 일을 떠올리는 연상법, 우리 몸 전체의 긴장을 풀어주는 이완법 그리고 분만의 경과에 따라 호흡을 조절하는 호흡법으로 이 세 요소가 합쳐져야 효과가 크다.

동영상 : 김혜숙 교수의 라마즈 강좌(10분10초)
http://www.youtube.com/watch?v=VBpxCQjAQ5E

(4) 폭력 없는 탄생

산모뿐만 아니라 태아의 고통에도 관심을 두어야 한다는 입장에서 프랑스 산부인과 의사 르보아르(Leboyer)가 개발한 방법이다. 그는 자궁 안은 양수가 있고 방음이 되는 아늑하고 어두운 공간인데, 아기는 분만 시 강렬한 빛과 소리로 인해 불안한 상태에서 탯줄을 잘리므로 공포를 느끼게 된다고 하였다. 따라서 다음과 같이 아기의 입장에서 폭력 없는 분만 환경을 만들어야 한다는 것이다.

- 태아는 청각이 가장 발달했으므로 분만에 임하는 모든 사람은 조용히 말한다.
- 태아의 시력을 보호하고 안정감을 주기 위해서는 분만실 불빛을 약하게 한다.
- 출생 후 바로 신생아를 산모의 배 위에 올려놓아 모유를 먹인다.
- 분만 즉시 탯줄을 자르지 말고 5분 후 자른다.
- 신생아를 욕조에 넣어 엄마 자궁 안과 비슷한 환경에서 놀게 한다.

그러나 희미한 불빛으로 인해 출산 과정 중 일어날 수 있는 위험 요소를 놓칠 수 있고 신생아가 물로부터 병균에 감염될 수 있다는 점을 들어, 이 방법을 반대하는 사람들도 있다(정옥분, 2002).

(5) 수중 분만

글자 그대로 물속에서 아기를 낳는 것을 말한다. 욕조에 따뜻한 물을 채우고 산모와 남편이 함께 들어가 진통부터 분만 때까지 욕조 안에서 쪼그리고 앉는 자세로 힘을 준다. 누운 자세가 아니라 쪼그리고 앉는 자세이므로 분만이 용이하며, 따뜻한 물속에서 회음부 근육이 이완되어 회음절개 없이도 분만이 가능하다. 신생아의 입장에서도 출산 시 양수와 비슷한 환경이므로 친숙하고 환경의 변화가 적다. 그러나 사람들이 가장 호감을 느끼는 점은 진통이 적어 보이고, 남편과 함께 다른 조작술 없이 태아를 분만한 후 바로 본인의 손으로 아기를 안을 수 있다는 것이다. 단점은 모든 산모가 수중 분만이 가능한 것은 아니며, 욕조와 수질 관리가 철저하지 않을 경우 산모와 태아가 감염될 위험이 있다는 것이다. 또한 현재의 의료수가로는 수중 분만에 드는 시설과 경비를 충당하기가 어렵다는 현실적인 문제도 있다.

3) 출산과 관련된 문제

정상적인 임신 기간을 못 채우고 태아가 중도에 배출되는 경우 기간에 따라 유산과 조산으로 구분한다. 유산은 태아가 모체 밖에서의 생존이 불가능한 임신 초기에 중절되는 것이며, 조산은 모체 밖에서 태아의 생존이 가능한 시기의 분만을 뜻한다.

(1) 유산

유산은 임신 24주 이전의 분만을 말한다. 유산의 빈도는 모든 임신의 10% 전후인데, 대부분은 태반이 완성되기 전인 임신 15주 안에 일어난다. 유산의 원인은 크게 수정란에 원인이 있을 때와 모체에 원인이 있을 때로 나누어 볼 수 있다. 먼저 수정란 원인으로는 수정 전 난자나 정자의 이상, 수정란의 비정상적인 착상, 세포분열 과정에서 수정란에 문제가 생겼을 때 등이다. 최근에는 수정란의 염색체 이상에 의한 경우가 많이 발견된다. 다음으로 모체 원인에는 당뇨병, 호르몬 불균형, 자궁근종 등의 질환을 들 수 있다. 또한 모자 간의 혈액형 부적합이나 면역학적 불균형도 원인으로 알려져 있다. 유산의 두드러진 증상은 자궁출혈인데, 이외에도 하복부의 통증을 수반하거나 배가 팽팽한 느낌이 지속되는 경우 및 간헐적으로 통증이 되풀이되는 경우가 있다.

임신이 자연히 중단되는 경우를 자연유산이라 하고, 인위적으로 유산시키는 경우를 인공유산이라고 한다. 인공유산의 경우는 치료를 목적으로 임신을 중절시키는 것으로서 비합법적으로 행해지는 낙태와 구별된다. 또 자연유산이 3회 이상 계속 일어난 경우를 습관성 유산이라 하는데, 이 경우 불임으로 이어지기 쉬우므로 각별히 주의해야 한다.

(2) 조산과 미숙아

조산은 임신 29~38주에 일어나는 분만을 말하며, 자연조산과 인공조산으로 나뉜다. 자연조산은 쌍생아나 기형아, 태아의 위치 이상, 태반이나 탯줄의 이상 등 태아에 원인이 있는 경우와 자궁질환, 임신중독증, 심장병, 당뇨병, 설사, 백신 사용 등 모체에 원인이 있는 경우가 있다. 또 외상, 수술, 과격한 운동, 황체 호르몬, 비타민 K나 비타민 E 등의 부족도 조산의 가능성을 증가시킨다. 인공조산은 분만예정일 전에 인위적으로 진통을 일으켜 분만을 유발하는 방법으로, 태아가 태내 생활을 계속하지 못하는 상태에 한해서 실시한다. 모체의 상태가 양호하면 되도록 건강한 아이를 얻기 위해 임신 34주 이후에 하는 것이 좋다.

자궁 밖 생활에 적응할 만큼 성숙하지 못한 신생아를 미숙아라고 하는데, 조산으로 태어난 경우 미숙아가 많다. 그러나 이처럼 임신 기간이 차지 않아서 체중이 미달하는 미숙아(preterm)도 있지만, 임신 기간을 다 채우고 태어났음에도 체중이 미달하는 미숙아(small for date)도 있다. 전자보다 후자의 문제가 더 심각하며, 출생 후 사망 가능성이 크고 감염이 잘되고 뇌손상을 입었을 가능성도 있다. 원인은 임산부가 잘 먹지 않았거나 태반이 정상적으로 기능하지 않았거나 또는 태아 자체가 성장을 지연시키는 결함을 갖고 있기 때문일 수 있다(Berk, 2000).

일반적으로 미숙아는 폐 기능 부진으로 산소 결핍 상태가 되기 쉽고, 체내에서의 열 생산이 적은 데다 열의 손실은 커서 저체온이 되기 쉽다. 저항력도 약해서 감염되기 쉽고, 감염되면 증세가 심각하게 진행된다. 젖 빠는 힘이 약하여 빨다가도 곧 지쳐 잠이 들고, 극단적으로 작은 미숙아는 젖을 빨지도 못한다. 간의 활동이 불충분하므로 황달이 심해지기 쉽고, 생후 1개월 전후부터 빈혈이 되기 쉬운 특징도 있다. 따라서 미숙아는 인큐베이터에서 25℃의 온도와 60%의 습도를 유지하고 여러 가지 의료기기를 이용하여 지속적으로 관찰하고 즉각적인 조치를 하는 등 집중 관리가 필요하다. 또한 미숙아의 경우에도 모유가 바람직하지만, 모유의 영양만으로는 단백질·칼슘·나트륨이 부족하여 체중 증가의 불량 또는 뼈의 부진이 일어나므로 미숙아용 분유와 혼합 영양을 제공하는 것이 좋다. 의술의 발달로 미숙아의 생존율은 두드러지게 향상되어 출생 시 몸무게가 1.5~2.0Kg인 경우 약 90%, 1.0~1.5Kg은 약 80%, 0.8~1.0Kg은 약 50% 정도가 생존할 수 있게 되었다. 아울러 뇌성마비, 간질, 시력장애 등의 후유증도 줄어들었다.

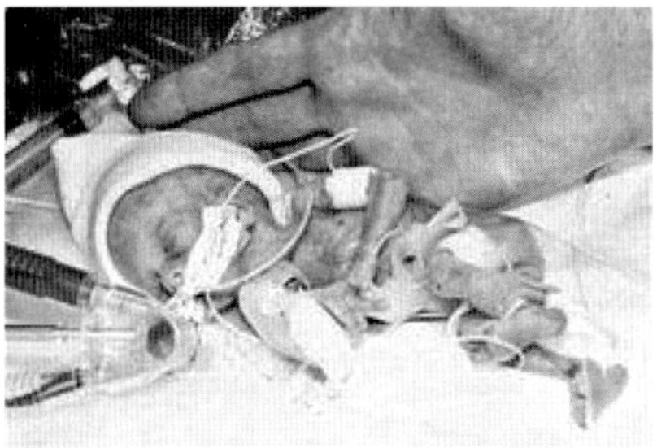

[그림 8-13] 미숙아 출생(255g, 25.4cm)

출처: http://news.media.daum.net/foreign/others/200412/22/nocut/v7985103.html

특별 활동 임신과 출산에 관한 조사

■ 수강생 중에서 1~10번에 해당하는 사람을 찾아서 괄호 안에 이름을 적는다.[13] (해당자가 없을 경우 주변 혹은 드라마 속의 인물도 가능.)

1. (　　　　　　)는 어머니가 1번 혹은 그 이상 유산한 후에 태어났다.
2. (　　　　　　)는 아버지가 분만에 참여하셨다.
3. (　　　　　　)는 인공수정이나 시험관 아기로 태어났다.
4. (　　　　　　)는 제왕절개로 태어났다.
5. (　　　　　　)는 미숙아로 태어났다.
6. (　　　　　　)는 출생 시 몸무게가 3.7kg 이상이었다.
7. (　　　　　　)는 인큐베이터에 (　　　)일 동안 있었다.
8. (　　　　　　)는 가족 중에 쌍둥이가 있다.
9. (　　　　　　)는 아기를 낳지 않을 것이다.
10. (　　　　　　)는 아기를 셋 이상 낳을 것이다.

■ 어머니에게 자신을 임신·출산했을 때의 경험을 질문한 후 11~13번에 답한다.

11. 어머니가 나를 가졌을 때 꾸신 태몽은?

12. 어머니가 나를 임신하셨을 때 가진 입덧 증상은?

13. 어머니가 나를 낳으실 때 걸린 시간과 진통 증상은?

13) 학기 초에 학생들이 서로에 대해 알아가는 데 도움이 되는 활동으로 가장 먼저 조사를 마친 학생에게 상을 주는 게임으로 진행하면 재미있다.

9 영유아기의 신체 발달

성인은 1~2년 사이에 크게 변하지 않으며, 오랜만에 만나도 금방 알아볼 수 있다. 그러나 갓 태어난 아기를 1~2년 뒤에 보면 알아보기 매우 어렵다. 영유아기는 일생 중 긴 시간은 아니지만, 발달의 급등기로 놀라운 신체적 변화가 일어나기 때문이다(Berger, 2003). 영유아의 신체 발달에는 유전과 환경이 모두 영향을 준다. 먼저 유전자는 신체의 호르몬에 대한 민감성과 호르몬 생성에 영향을 줌으로써 성장을 조절한다. 대개 개인의 키는 부모의 키와 상관관계가 있고, 이란성 쌍생아보다 일란성 쌍생아들이 신체 크기가 더 비슷하다는 사실은 유전이 신체 발달에 중요한 요인임을 시사한다. 또 다른 증거는 [그림 9-1]과 같이 민족마다 평균 키가 크게 차이 있다는 것이다. 반대로 환경이 신체 발달에 영향을 미치는 증거는 영양의 중요성으로 설명될 수 있다. 성인에 비해 영아는 단위 체중 당 2배의 에너지를 소모하며, 영양결핍은 신경계 및 감각기능에 손상을 입힌다. 또한 모유 수유를 하는 빈곤 지역의 영아들은 첫 6개월까지는 일반 영아와 별 차이가 없지만, 모유만으로는 영양 충족이 어려운 6~12개월이 되면 운동발달이 쇠퇴한다(Snow, 1998). 본 장에서는 영유아기의 신체적 성장, 생리적 기능과 운동발달에 대해 살펴본다.

[그림 9-1] 1900년도의 8개국 연합군 : 영국, 미국, 호주, 인도, 독일, 프랑스, 오스트리아-헝가리, 이탈리아, 일본

출처: https://en.wikipedia.org/

1. 신체적 성장

1) 체격

인간은 출생 시 평균 약 50cm의 키와 3.3kg의 몸무게로 태어난다. 첫돌이 되면 키는 75cm로 출생 시보다 50% 커지고, 두 돌이 되면 키가 약 88cm로 출생 시보다 75% 증가한다. 만 2세의 키는 성인이 되었을 때 키의 절반에 해당한다. 몸무게의 경우에도 백일에는 6.6kg로 출생 시의 2배가 되고, 첫돌에는 약 10kg로 출생 시의 3배가 되며, 두 번째 돌이 되면 13kg으로 출생 시의 4배로 늘어난다. 몸무게 증가는 골격이나 근육, 각종 기관의 성장에 의한 것이지만, 보다 중요하게는 지방세포의 수와 크기의 증가 때문이다. 피하지방은 임신 30주부터 발달하기 시작해서 생후 6~9개월에 최고조에 달한 후 감소한다(Snow, 1998).

이와 같이 영아기에는 신체적 변화가 급속하지만, 영아기 내에서도 초기일수록 성장 속도가 빠르며, 후기로 갈수록 성장 속도가 다소 느려진다. 키는 생후 첫 1년간 성장분은 25cm인데 비해 생후 두 번째 1년간 성장분은 13cm로 생후 첫 1년간 성장분의 1/2로 감소한다. 몸무게도 생후 6개월까지는 매일 2g씩 증가하지만, 생후 6개월 이후에는 일일 증가량이 0.35g으로 이전보다 줄어든다. 이와 같이 생후 6개월간의 속도로 계속 성장한다면, 10세에 키는 30.48m, 몸무게는 24만 톤이 될 것이라고 한다(김정희·김현주·송은경·송연숙, 2007).

[그림 9-2] 생후 2, 3, 6, 9, 12, 15, 18개월 영아의 신체적 차이

출처: http://uryagi.com/doctor/q_tooth_1.php

유아기가 되면 신체의 성장 속도가 감소하여 매년 키는 평균 7cm, 몸무게는 2kg 정도씩 증가한다. 또한 지방이 지속적으로 감소하여 영아기 때의 통통했던 모습에서 살이 빠진 모습으로 변한다.

〈표 9-1〉 우리나라 영유아의 신체발육 표준치

남자		연령	여자	
표준 신장	표준 체중		표준 신장	표준 체중
50.1	3.4	출생시	49.4	3.3
67.6	8.0	5~6개월	66.3	7.5
76.0	9.9	11~12개월	74.8	9.4
81.2	11.1	15~18개월	79.9	10.5
86.2	12.3	21~24개월	85.0	11.7
93.1	14.0	2.5~3세	91.9	13.4
100.3	15.9	3.5~4세	99.2	15.3
107.2	18.1	4.5~5세	106.1	17.4
113.6	20.4	5.5~6세	112.5	19.6
119.5	22.9	6.5~7세	118.3	22.0

영아기에는 신체 각 부위의 상대적인 비율도 눈에 띄게 달라진다. [그림 9-3]과 같이 머리의 비율은 출생 시에는 키의 1/4이었다가 첫돌에는 1/5이 되는 등 점차 머리의 비율이 낮아지게 되어 가분수의 모습에서 벗어나게 된다. 또한 출생 시에는 머리둘레가 가슴둘레보다 크지만, 생후 1개월에는 서로 비슷해지고, 첫돌이 되면 가슴둘레가 머리둘레보다 커진다. 한편 머리의 크기는 두뇌발달을 나타내는 좋은 지표로 머리둘레가 너무 작거나(3% 이하) 너무 큰 경우(97% 이상) 소두증이나 수두증의 위험이 있으므로 유의해야 한다. 그러나 대체로 체격이 작으면 머리도 작고, 체격이 크면 머리도 크므로 전체적인 신체 크기를 고려할 필요가 있다. 유아기가 되면 키에 대한 머리의 크기 비율이 줄어든다. 유아기 말쯤이면 신체가 균형이 잡혀서 머리가 무거워 보이는 모습에서 벗어난다.

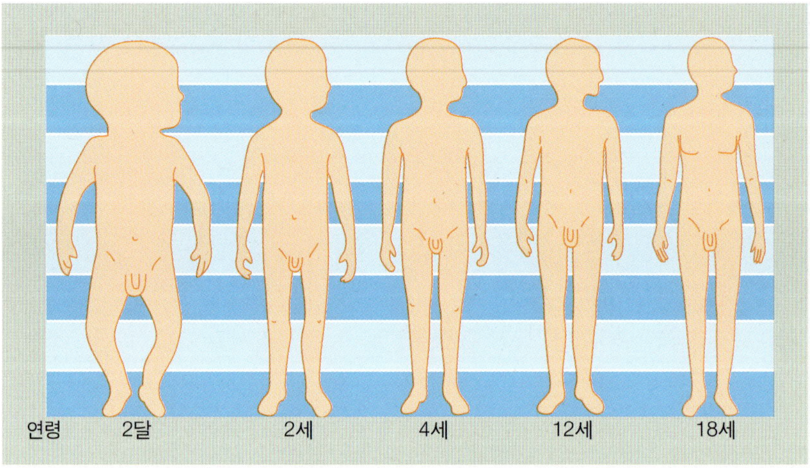

[그림 9-3] 신체 비율의 변화

2) 골격

(1) 뼈

영유아의 뼈는 성인의 뼈보다 크기가 작을 뿐만 아니라 개수도 적다. 예컨대 손목뼈의 경우 성인은 9개이지만 첫 돌 무렵에는 3개에 불과하다. 영유아의 뼈는 유연해서 때문에 좀처럼 깨지거나 부러지지 않으며 회복도 빠르다. 그러나 연골은 압력에 대한 저항이 적기 때문에 모양이 쉽게 변형된다. 예를 들어, 신생아를 한 방향으로 오랫동안 눕혀 놓으면 머리가 납작해진다. 전통육아법에서 백일 전에 앉히지 말고, 돌 전에 걷게 하지 말라고 했던 것도 뼈가 단단해질 때까지 기다리라는 의미이다.

부드러운 뼈가 점차 단단해지는 과정을 '경화'(또는 골화) 라고 한다. 영아의 머리뼈 중에서 6개의 숨구멍이 아직 경화되지 않은 연한 조직인데, 이 중 두 개는 외부에서 관찰 가능한 것으로 대천문과 소천문이라고 한다. 대천문은 머리 앞쪽에, 소천문은 머리 뒤쪽에 있는데, 두 부분 모두 팔딱거리고 말랑거린다. 숨구멍은 두개골의 뼈와 뼈 사이를 연결해주는 연결조직에 의해 형성되며, 두개골을 유연하게 하여 출생 시 산도를 통과하기 쉽게 해주는 역할을 한다. 따라서 출생 후 골격이 급격히 발달하면 닫히게 된다. 소천문은 생후 4~8개월에, 대천문은 생후 1.5~2년경에 닫힌다(유안진, 1987).

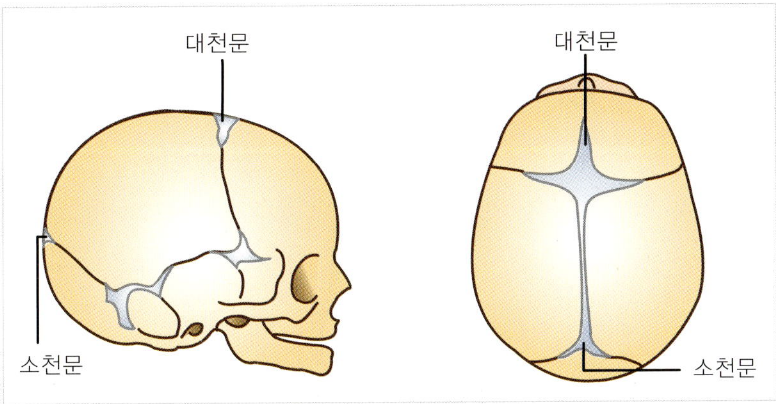

[그림 9-4] 대천문과 소천문

신체적 성숙도를 측정하기 위해 흔히 뼈 나이(skeletal age)가 사용되는데, 실제 나이에 비해 뼈 나이가 어린 것으로 나타나면 앞으로 키가 더 클 가능성이 있다고 본다. 뼈 나이를 비교하면 여아가 남아보다 신체적으로 빨리 성장하는 것으로 나타난다. 출생 시에는 여아가 남아보다 뼈 나이가 한 달가량 빠르지만, 유아기 말에는 1년 정도로 그 차이가 벌어진다. 이는 여아가 남아보다 사춘기에 빨리 도달하는 요인이 된다.

(2) 관절

우리 몸에는 총 230개의 관절이 있어서 몸의 자세를 바꾸게 해준다. 출생 시에는 관절을 사용하는 신체조직(뼈, 근육, 신경계)이 발달하지 않아서 관절을 효과적으로 사용하지 못하지만, 만 2세가 되면 모든 관절을 잘 사용하게 된다. 여러 가지 관절 중에서 공과 공이 들어가는 구멍이라는 의미의 구와관절(ball-and-socket joint)은 다른 관절보다 넓은 범위로 움직임을 가능하게 해준다. 영아는 어깨와 엉덩이에 각기 2개씩 총 4개의 구와관절이 있는데, 엉덩이 쪽에는 대퇴골이 다리이음뼈의 깊숙한 소켓 안에 끼워져 있고, 어깨 쪽에는 상박골이 어깨뼈 안에 끼워져 있다. 어깨뼈의 소켓이 다리이음뼈의 소켓보다 깊이가 덜하여 팔의 움직임의 폭이 다리나 다른 어떤 부위보다 넓은 반면, 어깨의 이음 부분은 엉덩이의 이음부분보다 한결 더 쉽게 탈구가 될 위험이 있다(Morris, 2008). 특히 영유아는 습관적으로 탈구가 될 수 있으므로 한 번이라도 탈구가 된 영유아는 주의해야 한다. 탈구는 응급상황이긴 하지만, 탈구된 관절을 가정이나 어린이집에서 맞추는 것은 바람직하지 않다. 간단히 고정시킨 후 바로 근처 병원에 가서 방사선 검사를 해야 한다.

(3) 치아

태아기부터 유치의 발달이 시작되어 생후 6~8개월경 첫 유치가 나온다. 유치는 〈표 9-2〉와 같이 대개 일정한 순서로 나오지만, 유치가 처음 나오는 시기는 개인마다 차이가 매우 크고, 간혹 출생 시 이미 유치를 갖고 태어나는 경우도 있다. 대개 첫돌쯤 되면 6개의 유치가 나오고, 만 2세 반경에는 유치가 모두 나와서 총 20개의 유치를 갖게 된다. 그러나 만 5~6세가 되면 유치가 하나씩 빠지고, 영구치가 나온다. 유치가 빠지는 순서는 유치가 나오는 순서와 동일하다.

유치는 영구치에 비해 무르기 때문에 잘 썩고 썩는 속도도 빠르다. 그러나 어차피 유치가 빠지고 영구치가 곧 나올 거란 생각으로 유치에 생긴 충치를 방치하면 옆의 치아까지 충치가 되기 쉽다. 유치가 썩어서 일찍 빼버리면 뺀 양옆 치아가 쓰러지면서 영구치가 나올 공간이 없어져서 덧니가 나오게 된다. 영구치가 건강하고 반듯하게 자라기 위해서는 유치가 제 역할을 해 주어야 하므로 치아 관리가 중요한 것이다. 심지어 갓 태어난 신생아나 아직 치아가 나지 않은 경우에도 치아 관리를 해줄 필요가 있다.

〈표 9-2〉 유치 나오는 순서

월령	이가 나오는 순서	설명
4~5개월	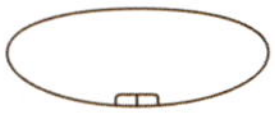	젖니가 나오려고 준비한다.
6~8개월	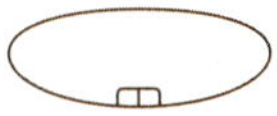	아랫니 2개
8~10개월	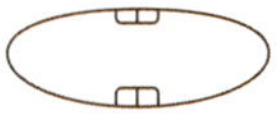	위쪽 앞니 2개=4개
10~12개월	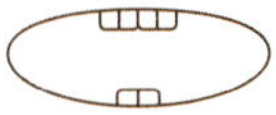	윗니 양옆으로 2개=6개
12~14개월	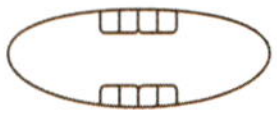	아랫니 양옆으로 2개=8개
14~16개월	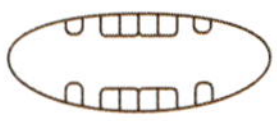	송곳니 자리를 건너뛰고 위, 아래 2개씩=12개
16~20개월	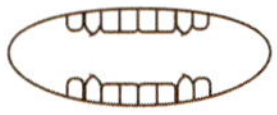	송곳니 위, 아래 2개씩=16개
20~30개월	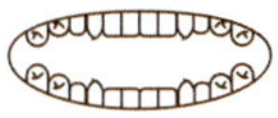	위, 아래 양쪽으로 어금니 2개씩=20개

3) 뇌

다른 어떤 신체 부위보다 두뇌의 발달은 빨리 이루어진다. 출생 시 뇌의 무게는 약 350g으로 성인의 25%였다가 생후 6개월이 되면 거의 50%가 되고, 만 2세에는 무려 성인의 75%가 되는 것을 보아도 영아기에 뇌 성장이 얼마나 빠른 속도로 일어나는지 알 수 있다. 영아기만큼 급속도는 아니지만 유아기에도 뇌는 꾸준히 성장하여 5세가 되면 성인 크기의 90%가 된다.

(1) 뇌의 구조와 기능

뇌 크기의 성장은 뇌의 구조적, 기능적 발달과 관계가 있다. 뇌는 크게 뇌간, 소뇌, 대뇌로 나뉘는데, 뇌간이 가장 먼저, 대뇌가 가장 늦게 만들어진 것으로 알려졌다. 각각의 특성을 간단히 살펴보면 다음과 같다(www.scienceall.com).

뇌간(brain stem)은 뇌와 척추를 연결하는 역할을 하며, 출생 시 이미 완전한 기능을 한다. 의식적인 활동에 관여하는 대뇌나 소뇌와 달리, 뇌간은 호흡과 심장박동, 눈동자의 움직임 등 무의식적 활동을 담당하며, 생명과 직결된 중추이다. 뇌간 중 가장 중요한 기능을 하는 간뇌는 감각 정보를 대뇌피질에 전달하는 시상과 자율신경 중추가 모여 있고 호르몬을 통제하는 역할을 하는 시상하부로 구성된다.

소뇌(cerebellum)는 뇌간의 뒤쪽으로 좌우 한 쌍으로 붙어 있는 뇌로서 뇌 전체 무게의 10% 정도인 200g이며, 주름이 깊게 지어져 있다. 소뇌는 몸의 균형을 잡거나 미세한 운동을 조절하는 일을 담당하며, 조건반사와 감각기관의 활동도 조정한다. 또한 대뇌만큼은 아니지만 간단한 학습이나 기억 기능도 관장한다.

대뇌피질과 대뇌변연계를 합쳐서 대뇌(cerebrum)라고 한다. 대뇌는 가장 나중에 생긴 뇌이지만 전체 뇌에서 차지하는 비중은 80%나 된다. 대뇌피질(cerebral cortex)은 대뇌의 바깥쪽 부위로 좁은 두개골 안에 많은 신경세포를 담기 위해서 주름이 잡혀 있다. 대뇌피질은 전두엽, 두정엽, 후두엽, 측두엽의 네 부분으로 구성되어 있다. 전두엽(frontal lobe)은 앞쪽에 존재하는 가장 넓은 부위로 계획, 의사결정, 논리적인 사고 등의 인지기능을 주관하는 부위이다. 전두엽은 다른 동물에 비해 인간이 가장 발달한 영역으로서 뇌진화의 종결자라고 불린다. 후두엽(occipital lobe)은 뒤쪽에 위치하며 크기도 가장 작다. 시각 정보를 처리하는 것이 주기능이기 때문에 시각 피질이라고도 부른다. 두정엽(parietal lobe)은 정수리 부분에 있고 시·공간기능, 신체 부위의 위치, 읽기, 계산 등을 주관한다. 아인슈타인의 뇌가 일반인의 뇌와 다른 부분이 바로 두정엽이라고 한다(15% 넓음). 측두엽(temporal lobe)은 뇌의 좌우측에 존재하는 부위로서 언어기능, 청각, 장기기억과 정서를 담당한다.

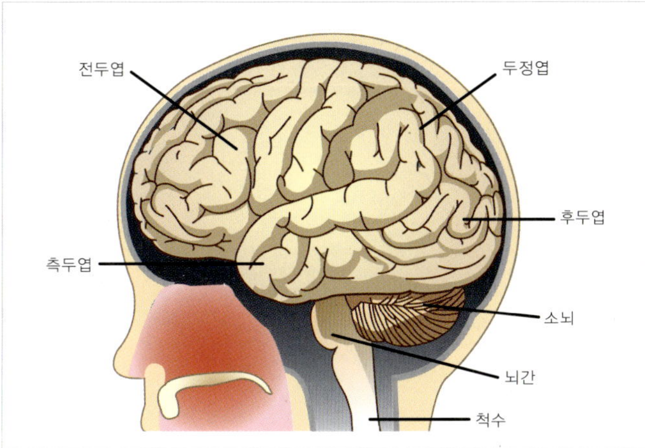

[그림 9-5] 뇌의 구조

대뇌변연계(limbic system)는 대뇌의 가장 바깥쪽 부분인 대뇌피질과 뇌간 사이에 존재하며, 감정이나 본능적 충동 등을 다스리는 기능을 한다. 이 부위에는 장기기억으로의 전환에 결정적 역할을 하는 해마(hippocampus)와 감정을 조절하고, 공포에 대한 학습 및 기억에 중요한 역할을 하는 편도체(amygdala)가 붙어 있다.

한편 폐나 콩팥의 경우 왼쪽과 오른쪽이 모두 같은 기능을 하지만, 양측성 장기인 뇌는 좌우의 기능이 다르다. 대개 좌뇌는 언어나 논리적 사고를 관장하고, 우뇌는 직관이나 공간지각력과 관련 있는 것으로 알려졌다. 이러한 뇌의 편재화(cerebral lateralization) 현상은 영유아기에 시작하여 사춘기에 완성된다. 뇌의 편재화와 관련된 결과 중 하나가 왼손 또는 오른손의 우세(handedness)이다. 유아가 글을 쓰기 시작할 무렵이면 왼손잡이인지 오른손잡이인지 알 수 있다. 오른손잡이는 언어기능을 담당하는 좌뇌가 우세하다. 왼손잡이의 경우에는 좌뇌와 우뇌가 함께 언어를 관장하므로 뇌의 편재화가 덜 하다고 할 수 있다. 이에 왼손잡이를 죄악시했던 과거와 달리, 오늘날에는 뇌의 균형적 발달을 위해 양손을 사용하는 것을 권장하는 추세이다.

[그림 9-6] 좌뇌와 우뇌의 기능
출처: https://www.verywellmind.com/left-brain-vs-right-brain-2795005

(2) 신경계의 발달

신생아는 두뇌를 형성하는 약 1천억 개의 뉴런(neuron)을 모두 갖고 태어난다. 따라서 출생 후 뇌의 급속한 성장은 뉴런 수의 증가가 아니라 다음과 같은 이유로 볼 수 있다(정옥분, 2003; Hayne, 2004). 첫째, 글리아(neuroglia)[14]라고 불리는 두 번째 신경세포의 발달에 의한 것이다. 글리아는 뉴런보다 그 수가 훨씬 많으며, 일생을 통해 계속 형성된다. 둘째, 글리아의 주요 기능인 수초화 또한 뇌의 빠른 성장에 영향을 미치는데, 이는 영아기에 급속도로 진행된다. 셋째, 뉴런과 뉴런을 연결해 주는 시냅스가 뇌의 성장 급등기 동안 급속하게 형성되기 때문이다.

한편 시냅스는 생후 6개월경까지는 매초 수천 개가 새로 형성될 정도로 급격히 증가한다. 이후에도 속도는 완만하더라도 계속 증가하지만, 2세가 지나면서부터 시냅스의 수는 서서히 감소하기 시작하여 7세경이 되면 성인과 비슷한 수준이 된다. 이처럼 초기에 과잉생산 된 시냅스는 연령의 증가와 함께 유지되는 시냅스와

14) 뉴런의 부산물을 청소하고, 뉴런의 화학적 환경을 안정된 상태로 유지하며, 뉴런의 보호막을 형성하고, 뉴런이 하는 일이 효과적으로 이루어지도록 돕는다. 크기는 뉴런보다 10배 정도 작고 수는 10배나 많다.

소멸하는 시냅스로 정리되면서 신경망의 정교화가 이루어진다. 적절한 시기에 정상적인 경험을 하면, 이에 관련된 시냅스가 활성화되면서 그 연결이 유지되고 나머지 불필요한 시냅스는 소멸한다. 반면 적절한 시기에 이러한 경험을 하지 못하면 정상적이지 못한 연결이 생긴다. 이는 정상적인 대뇌의 발달이 이루어지기 위해서는 어떤 경험이 반드시 일어나야만 하는 결정적 시기가 존재함을 시사한다(http://www.sports-i.co.kr).

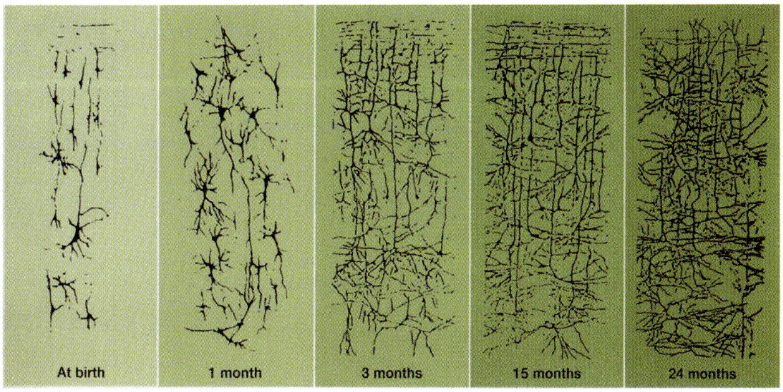

[그림 9-7] 시냅스의 밀도 변화

출처: Santrock(2003)

동영상 : 또 하나의 우주, 뇌-1부 탄생의 비밀(7분42초)
http://www.youtube.com/watch?v=xuGDyro7jto

2. 생리적 기능

1) 수면

수면은 낮 동안의 피로를 풀어줄 뿐만 아니라 성장호르몬 분비를 통해 성장을 촉진하는 중요한 기능을 한다. 특히 영유아기의 수면은 뇌의 발달에 상당한 영향을 끼치므로 충분한 수면을 하게 해야 한다. 신생아는 하루의 대부분 즉, 20시간 정도를 자는데, 아직 밤낮의 구별이 생기지 않아서 배부르면 자고 배고프면 깨어 나는 식으로 잠깐 자고는 다시 깨어나고 또 조금 자고 깨기를 반복한다. 생후 3개월부터는 밤낮을 구분하기 시작하면서 밤에 4~6시간을 내리 자기도 하다가 생후 6개월경이 되면 대개 낮잠이 3회에서 2회로 줄어들며, 밤에 자고 낮에는 깨어 있는 수면 패턴이 생긴다. 생후 9개월경이 되면 70~80%의 영아가 밤에 6시간 정도를 깨지 않고 잔다. 만 2~3세가 되면 깨어 있는 시간과 자는 시간이 비슷해지고, 낮잠도 1번만 자게 된다. 연령별 수면 시간은 〈표 9-3〉과 같으나 수면 시간이나 수면 패턴에는 개인차가 있고 같은 영유아라도 상태에 따라서도 달라질 수 있다. 따라서 표에 제시된 수치와 다소 차이가 있더라도 크게 문제가 되지는 않는다.

〈표 9-3〉 연령별 수면 시간과 특성

연령	낮잠 횟수	낮잠 총시간	밤잠 시간	총수면 시간	낮잠 자는 시기
신생아				18~22시간	
1개월	3회	6~7시간	8~10시간	15~16시간	오전 중간, 이른 오후, 이른 저녁
3개월	3회	5~6시간	10~11시간	15시간	오전 중간, 이른 오후, 이른 저녁
6개월	2회	3~4시간	10~11시간	14~15시간	오전 중간(아침 수유 직후), 이른 오후
9개월	2회	2~4시간	11~12시간	14시간	오전 중간(아침 수유 직후), 이른 오후
12개월	2회	2~3시간	11~12시간	13~14시간	오전 중간(아침 수유 직후), 이른 오후
18개월	1~2회	2시간	11~12시간	13~14시간	오전 중간(아침 수유 직후), 이른 오후
2살	1회	1~2시간	11~12시간	13시간	이른 오후
3살	1회	1~1시간 30분	11시간	11~12시간	이른 오후
4살	0~1회	0~1시간	11시간	11~12시간	
5~7살	0	0	11시간	11시간	

한편 수면은 눈동자의 움직임에 따라 렘수면(REM: Rapid Eye Movement)과 비렘수면(Non-REM: Non-Rapid Eye Movement) 등 두 가지 상태로 나뉜다. 렘수면 상태에서는 안구가 빨리 움직이며, 혈압이나 호흡이 불규칙적으로 변한다. 렘수

면은 또한 깨어 있을 때와 같은 형태의 뇌파가 발생하기 때문에 비교적 생생하게 꿈을 기억할 수 있어서 꿈 수면이라고도 부른다. 영아는 렘수면 상태에서 팔이나 다리를 심하게 움직이고 미소를 짓거나 여러 가지 표정을 나타내기도 한다. 반대로 비렘수면은 조용하고 깊이 빠진 상태이다. 영아는 수면시간의 반은 렘수면이고 나머지 반은 비렘수면이지만, 연령이 증가하면서 렘수면의 비율은 점차 감소해서 두 돌 무렵에는 30%, 성인이 되면 15%가 된다.

동영상 : 하정훈 수면교육방법(10분35초)
http://blog.naver.com/tygrand/90148977050

〈표 9-4〉 여러 가지 수면 상태

상태	내용
규칙적인 수면	눈을 감고 움직이지 않고 아주 조용히 누워 있다. 호흡이 일정하고 피부는 정상이다.
불규칙한 수면	규칙적인 수면에 비해 외부 자극에 반응하는 근육이 경직되어 있다. 자연발생적으로 씰룩거리고 깜짝 놀라고 얼굴을 찡그린다. 눈은 완전히 감았으나 때때로 움직인다. 피부는 발그스레하고 호흡은 불규칙적이다.
주기적인 수면	규칙적인 수면과 불규칙한 수면이 결합한 상태이다. 갑자기 빠르게 호흡을 하고 쌜룩거리고 깜짝 놀라다가 한동안 조용한 시간이 계속된다.
졸음	어느 정도 활동을 한다. 간헐적으로 눈을 떴다 감았다 하며 흐리멍덩하게 바라본다. 호흡은 규칙적이나 규칙적인 수면에서보다는 빠르다.
정신이 맑고 무활동의 상태	눈을 떠서 반짝거리며 흥미를 갖고 주위를 바라본다. 몸은 비교적 가만히 있으며 호흡은 오히려 빠르고 불규칙적이다.
깨어 있으면서 활동하는 상태	깨어 있기는 하지만 눈의 초점을 잘 맞추지 못하고 활발한 활동을 하려고 애쓰기도 한다. 활동을 하려고 할 때에는 다리와 팔을 움직여서 몸통을 비튼다.

출처: Miller(1987)

[그림 9-8] 영아의 자는 모습

2) 섭식

영아의 섭식 행동은 수유기, 이유기, 수정된 성인기 등 세 단계를 거친다. 1단계인 수유기(nursing period)는 대개 생후 6개월까지로 모유나 우유로 모든 영양분을 섭취한다. 2단계 이유를 하는 전이기(transitional period)는 약 4~6개월 경 시작하는데, 완전 액체 성분에서 특별히 준비한 고형식, 즉 반고형의 아기 음식(semisolid baby food)으로 바뀐다. 3단계인 수정된 성인기(modified adult period)는 개인차가 있지만, 대개 돌 무렵 시작되며 잘게 자른 아기 음식이 아닌 가족들이 먹는 것과 같은 음식에서 영양분을 취하게 된다. 영아에게 아기 음식과 성인 음식을 함께 줄 수 있으므로 이 단계는 2단계와 중복될 수 있다. 또한 이 단계까지 엄마 젖을 계속 먹는 영아도 흔히 있다(Snow, 1998).

(1) 수유

출산 후 1~2일이 지나면 초유라고 부르는 약간 끈적끈적하면서 누르스름한 젖이 나온다. 초유는 단백질이나 지방, 비타민 A 등의 영양 성분이 많이 들어 있고 질병에 대한 저항력을 높여준다. 처음 젖을 빨 때는 익숙하지 않아 공기까지 들여 마시는 경우가 있어 가끔 토하기도 한다. 또한 신생아의 위는 작고 수직이어서 한꺼번에 많이 먹지 못하고, 2~3시간 간격으로 하루 7~12회 정도 먹는다. 특히 모유는 소화가 잘되기 때문에 인공유보다 더 자주 먹는다. 신생아가 생리적으로 안정되고 수유 간격도 어느 정도 일정해지는 생후 3~4주 정도가 되면 서너 시간 간격으로 수유한다. 수유 시간을 엄격히 정해 둘 필요는 없다. 개인차가 있어서 조금씩 자주 먹는 영아가 있는가 하면, 한꺼번에 많이 먹어서 수유 간격이 긴 영아도 있다. 어느 정도 시간이 지나면 각 영아에게 맞는 수유 패턴이 생긴다(조복희 외, 1998; 조성연 외, 2004). 생후 6개월 무렵이 되면 하루 3~4회 수유를 하는데, 한 차례에 8~10분 정도 소요된다. 9개월 무렵에는 힘이 세지고 쭉쭉 들이키기 때문에 수유 속도가 3~4분 정도로 빨라진다(김혜경 외, 2005b).

특별 활동 모유 수유

1920년대에는 영아를 환경에 의해 형성되는 존재로 보는 행동주의 이론의 영향을 받아 영아나 어머니의 욕구와 관계없이 시간에 맞춰 수유를 하는(clock feeding) 것이 유행했다. 4시간이 경과하기 전에는 절대 수유를 하지 않는 등 수유 스케줄에 과도한 집착을 보였으며, 수유 시간을 1분도 어기지 않아야 좋은 어머니로 인식되었다. 1940년대에는 프로이드 이론의 영향으로 영아를 본능적이고 동물과 같은 존재로 보았다. 또한 수유는 영양학적 필요성과 심리적 욕구 모두를 충족시킨다는 관점에서 이전 시기와는 정반대로 영아가 배가 고프든 그렇지 않든 보채기만 하면 수유를 제공했다.

1950년대에는 공포의 순간에 새끼 원숭이는 우유가 나오도록 장치가 된 철사로 만든 어머니가 아니라 우유는 없어도 헝겊으로 싸인 어머니에 매달린다는 할로우(Harlow)의 실험이 파장을 일으켰다. 이는 촉각을 통한 피부 접촉의 중요성을 시사하는 것으로서 영아를 쓰다듬거나 꼭 껴안고 수유를 하는 등의 수유 자세에 영향을 미쳤다.

[그림 9-9] 할로우의 원숭이 실험

오늘날에는 모유 수유가 바람직하다는 인식으로 아래와 같이 다양한 용품 개발과 모유 수유 권장 캠페인이 이루어지고 있다.

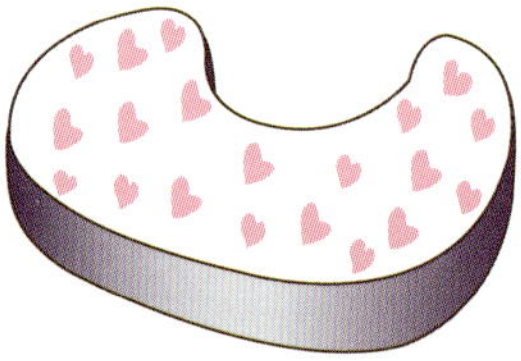

[그림 9-10] 수유 쿠션

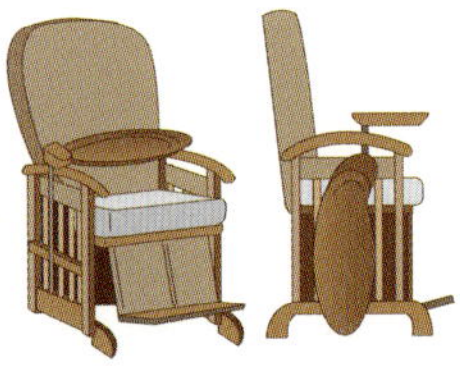

[그림 9-11] 수유 의자

[그림 9-12] 아버지용 수유 장치

〈토론〉

1. 모유와 인공유의 장단점을 비교해 본다.
2. 심리 발달의 측면에서 바람직한 수유 자세를 인형을 가지고 연출해 본다.

(2) 이유

부모들은 대개 이유(weaning)를 어머니의 젖이나 우유병을 없애는 과정으로 해석하지만, 사실 이유를 정확히 정의하기는 어렵다. 이유의 과정은 엄마 젖에서 우유병으로, 우유병에서 컵으로, 액체에서 고체로, 양육자가 먹여주는 것에서 스스로 먹는 것 등의 전이를 포함할 수 있다. 문화마다 이유 방식이 다양해서 미국은 대개 돌 전에 이유하지만, 다음 자녀를 임신하고 5~6개월이 될 때까지 모유를 계속 먹이는 사회도 많다. 또한 이유를 쉽게 하는 영아가 있는가 하면, 좀처럼 어머니의 젖이나 우유병을 포기하지 않으려는 영아도 있다. 이는 이는 영아의 준비도 및 부모의 압력과 관련이 있다. 예컨대 멕시코 어머니들은 일단 이유를 하기로 결심하면 절대로 젖을 주지 않으며, 영아가 저항하면 젖꼭지에 쓴 약초나 먼지 등을 묻히거나 영아를 한동안 친척 집에 보낸다(Broude, 1995). 급작스러운 이유보다는 점진적인 이유가 바람직하다. '영아에 의한 이유(baby-led weaning)' 즉, 영아가 스스로 엄마 젖이나 우유병을 찾지 않을 때까지 수유를 허용해야 한다는 주장도 있다. 영아가 원하는 대로 수유를 제공했을 때 대개 생후 1.5~3.5세 사이에 이유하게 된다. 수유를 일찍 중단할 필요는 없지만 생후 5~6개월 이후에는 반드시 우유 외의 음식을 통해 영양분을 공급해 주어야 한다(Snow, 1998).

(3) 대소변 가리기

신생아는 생후 1~2일 동안에는 끈적끈적하며 검은색에 가까운 초록색의 태변을 본다. 이것은 태중에서 손가락을 빨 때 양수에서 삼켰던 물질들이 축적되었다가 배출된 것이며, 며칠이 지나면 노란색의 정상적인 변을 보게 된다. 모유와 인공유에 따라 대변은 차이가 있다. 모유를 먹은 영아의 대변은 부드럽고 끈적거리며 노란색이다. 인공유를 먹은 영아의 대변은 약간 단단하며 옅은 노란색을 띤다. 또한 수유 횟수도 차이가 있어서 모유를 먹은 경우 하루 3~4회 그리고 우유를 먹은 경우 하루 1~2회 대변을 본다. 대부분의 경우 출생 후 24시간 내에 소변을 보는데, 성인의 소변에 비해 색깔이 옅고 냄새도 진하지 않다. 하루 10회 이상 소변을 자주 보지만, 점차 소변을 보는 횟수는 줄어들고 1회에 보는 소변의 양은 증가한다.

최소한 15개월이 될 때까지는 대변이든 소변이든 거의 자동으로 배출된다. 영아는 대소변이 나올 것이라는 것을 예측하거나 이미 용변을 보았다는 사실을 깨닫지 못한다. 기저귀를 차지 않은 상태에서 영아의 대부분은 흘러나오는 소변에 주의를 기울이지 않는다. 그래서 전적으로 기저귀에 의존하지만 15개월에 가까워지면 대변의 횟수가 줄어들고, 변을 보는 시간도 대체로 일정해진다. 평균적으로 주간에는 24개월에는 25%, 30개월에는 85%, 36개월에는 98%의 영유아가 대소변을 가릴 수 있다. 야간의 대소변 가리기는 훨씬 늦게 이루어져서 만 7세경이 되어서야 90%까지 통제가 가능하다. 대부분 소변보다는 대변을 먼저 가리고, 대체로 남아보다 여아가 빨리 가리는 경향이 있다. 배변 및 배뇨 조절 능력의 발달 과정을 살펴보면 다음 〈표 9-5〉와 같다(김혜경 외, 2005b).

〈표 9-5〉 배변 및 배뇨 조절 능력의 발달

배변조절		배뇨조절	
18개월	• 장의 움직임이 있음을 지각	15~16개월	• 방광 조절 시작
18~24개월	• 움직임이 다가온다는 신호를 보임	18~24개월	• 소변을 보고자 하는 신호를 보임
2세	• 흥분, 피로, 병으로 실수하는 경우를 제외하고는 조절 능력이 성취됨	2~2.5세	• 소변을 보려고 혼자 변기로 감 • 흥분, 피로, 병 또는 활동에 몰두한 탓으로 실수할 때를 제외하고 낮에는 통제함
2~2.5세	• 대변을 보려고 혼자 변기로 감	3~3.5세	• 이따금 실수하지만 밤에도 통제력이 생김

출처: 김혜경 외(2005b)

대소변 가리기는 오랜 시간에 걸쳐 서서히 이루어지는 과정으로 먼저 영유아가 신체적으로 준비가 되어 있을 필요가 있다. 신체적으로 준비가 되었다는 것은 영유아가 소변이나 대변을 보았음을 자연스럽게 혹은 자랑스럽게 알리거나 몇 시간

동안 기저귀를 젖히지 않고 지내는 것 등으로 나타난다. 또 다른 신체적 준비의 표시는 특별히 복잡한 단추나 끈이 아니라면 스스로 옷을 다룰 수 있는 것이다. 신체적 준비 외에 인지적 준비도 필요하다. 영유아는 변기를 사용할 수 있는 동시에 자신이 무엇을 해야 하는지를 이해해야 한다. 더욱더 중요한 것은 정서적 준비이다. 배변훈련에 대한 이해와 배변훈련을 할 능력이 있더라도 배변훈련을 하고 싶어 하지 않는다면, 아직 완전히 준비된 것이 아니다. 영유아는 배변훈련을 너무 일찍 시작하거나 너무 엄격하게 강요를 받으면 정서적 준비가 지체되는 경우가 많다. 또한 대소변을 잘 가리다가도 유아기까지는 간혹 실수를 하는 경우도 있고, 동생이 태어나면 퇴행현상을 나타내기도 한다.

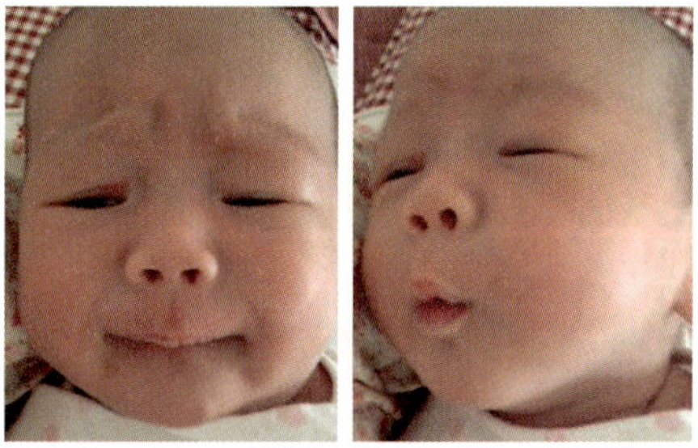

[그림 9-14] 배변 전과 후의 영아의 표정

3. 운동발달

1) 반사 운동

영아가 최초로 나타내는 운동(motor)은 반사(reflex)이다. 반사란 불빛을 보면 눈을 깜빡거리거나 무릎을 치면 발을 앞으로 차는 것과 같이 특정 자극에 대한 무의식적인 반응을 말한다. 신생아의 대표적인 반사는 빨기반사(sucking reflex)이다. 이는 입술에 닿는 것은 무엇이든(손가락, 이불, 장난감) 빨려는 것으로 젖을 통해 영양분을 취하도록 해준다. 또한 신생아는 손에 무엇인가를 쥐어주면 빼기가 힘들 정도로 꼭 움켜쥐는데, 이를 쥐기반사 또는 파악반사(grasping reflex)라고 한다. 이 반사는 인류가 진화되기 이전 원숭이 시절 나무에 매달려 다니던 능력이 남아 있는 것으로서 영아가 어머니에게 매달려 있을 수 있도록 해준다. 정상적인 경우 대부분의 반사 행동은 두뇌가 성숙함에 따라 사라진다. 그러나 출산 시 뇌 손상이 있으면 반사가 전혀 나타나지 않거나 미약할 수 있으며, 정상적으로 반사가 사라져야 할 시기에도 반사를 그대로 보인다면 신경 발달의 이상을 의심할 수 있다. 신생아의 반사는 생존의 기제일 뿐만 아니라 인류 진화의 유산이자 두뇌 성숙의 지표라고 할 수 있다.

신생아의 반사는 〈표 9-6〉과 같이 생존에 필수적이며 평생 지속되는 생존반사와 생존에 필수적이지는 않지만, 뇌의 성숙에 따라 사라지고 의식적인 운동으로 발달해 가는 보호반사(특수반사)가 있다.

〈표 9-6〉 신생아의 반사 행동

반사		내용	소멸 시기	발달적 중요성
생존 반사	빨기 반사	입술에 닿는 것은 무엇이든(손가락, 이불, 장난감) 빨려고 한다.	평생	젖을 빨게 함, 양육 및 인성 발달
	눈 깜빡임 반사	갑작스러운 소리나 빛 또는 훅 부는 바람에 빠르게 눈을 감는다.	평생	눈 보호
보호 반사	찾기 반사	볼을 살짝 치면 머리를 돌리고 입을 벌리면서 빤다.	3주	젖꼭지를 찾게 함, 양육과 유대감
	걷기 반사	겨드랑이를 잡고 바닥에 발을 닿게 하면 걷는 것처럼 발을 교대로 움직인다.	2개월	걷기의 준비
	모로 반사	갑작스러운 강한 자극이나 큰 소리에 대한 놀람 반응으로 껴안기(embracing) 반사라고 한다. 깜짝 놀랄 때 몸을 움츠리는 성인과 달리 신생아는 팔과 다리, 손 등을 벌렸다가 껴안듯이 다시 오므린다.	6개월	유대감
	바빈스키 반사	발가락을 살살 긁어주면 부챗살처럼 발가락을 쭉 폈다가 오므린다.	8~12개월	알려지지 않음
	파악 반사	손에 무엇인가를 쥐어주면 빼기가 힘들 정도로 꼭 움켜쥔다.	3~4개월	자발적 잡기의 준비
	긴장성 목반사	누웠을 때 머리를 한쪽으로 돌려놓으면 펜싱 자세처럼 돌린 쪽 팔과 다리는 쭉 펴고 다른 쪽 팔과 다리는 구부린다.	4개월	자발적 뻗기의 준비
	수영 반사	물에 넣으면 수영하듯이 팔을 젓고 발을 걷어찬다.	4~6개월	물에 빠질 때 생존을 도움

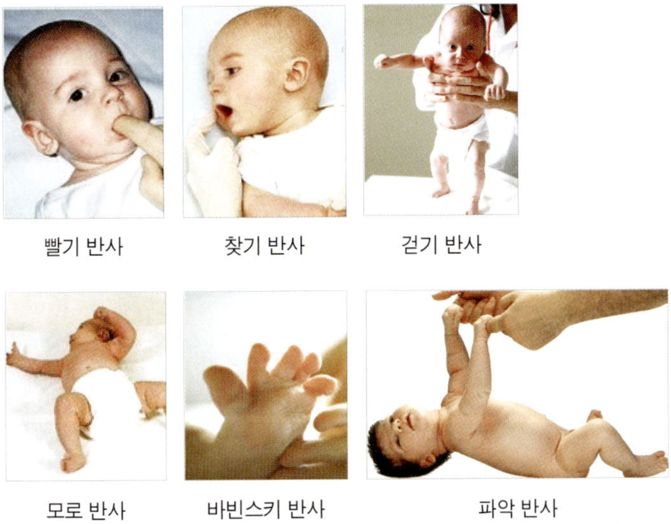

[그림 9-15] 신생아 반사 행동

출처: what-when-how.com

2) 대근육 운동 기술

영아의 근육섬유의 수는 성인의 경우와 같고, 크기는 영아의 키와 몸무게에 비례하여 증가한다. 그러나 완전히 발달하지 않은 상태이기 때문에 신체 활동에 빨리 피곤을 느끼는 반면 회복도 빠르다. 영아의 근육조절 능력은 만 2세경이 되면서 뇌의 발달과 함께 운동기능을 가속화시킨다(정영숙·김영희·박범혁, 2001). 대근육 운동 기술(gross motor skill)이란 자세(posture)와 이동(locomotion)을 위해 대근육을 이용하는 능력을 말한다.

(1) 머리 가누기

머리를 똑바로 유지하고 자신의 의지대로 움직일 수 있는 것은 직립 자세와 독립적인 이동에 필요한 첫 단계이다. 그러나 크고 무거운 머리와 부드럽고 구부러진 몸으로 태어난 신생아는 목 근육이 약해서 머리의 무게를 잠시도 지탱하지 못하며, 신경계가 미성숙하여 머리의 움직임을 자발적으로 통제하기 어렵다. 출생 후 한동안은 엎드려 놓으면 전혀 머리를 가누지 못하고 뺨을 바닥에 대고 있다가 4주가 되면 턱을 조금 들어 올리고 6주가 되면 머리를 잠시 들어 올릴 수 있게 된다. 그러나 눈앞에서 물체가 움직일 때 시선은 물체를 따라갈 수는 있지만, 아직 머리를 자유롭게 돌려서 보지는 못한다. 부모나 교사의 어깨에 머리를 기대고 안겨 있을 때에도 비틀비틀하며 불안정하게 머리를 들 수 있지만, 오래 버티지는 못한다. 생후 2개월 경이 되면 앉혀 놓았을 때 어느 정도 고개가 안정되며, 생후 3개월이 되면 엎드린 자세에서 고개를 수직으로 들어 올리고 움직이는 물체를 고개를 돌려가며 바라볼 수 있게 된다(Snow, 1998). 따라서 머리를 충분히 가눌 수 없는 생후 3개월까지는 영아를 등에 업거나 울퉁불퉁한 길에서 유모차를 태우는 것은 좋지 않으며, 영아를 안거나 들어 올릴 때는 반드시 목 뒤를 받쳐 주어야 한다.

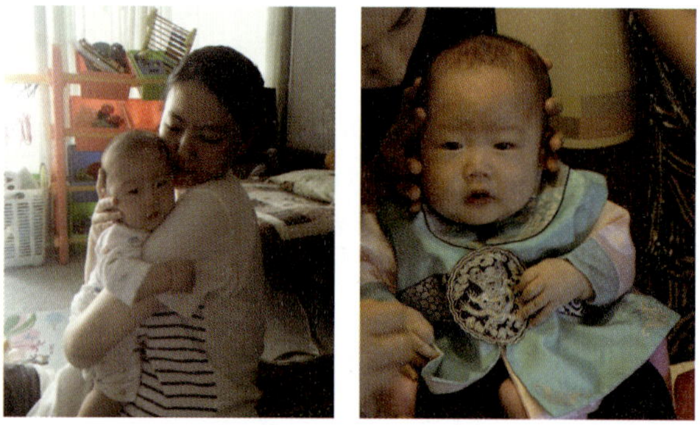

[그림 9-16] 머리 가누기

(2) 뒤집기

영아는 머리를 가눈 후 움직임이 활발해지고 주변에 관심을 보이면서 누워있는 것에 만족하지 않고 뒤집기(roll over)를 하려고 한다. 뒤집기는 영아가 몸을 움직여서 자리를 이동하려는 첫 시도로 몸의 방향(누운→엎드린 또는 엎드린→누운)을 바꾸는 것을 말한다. 영아는 누운 자세보다 엎드린 자세에서 더욱 활발한 자발적인 운동을 나타낸다. 팔을 바닥에 대고 버텨 몸을 일으키고 한쪽 팔로 몸을 지탱하고 다른 손으로 여러 가지 물건을 긁기도 한다(Blankenstein, Welbergen, & Haas, 1975). 뒤집기를 하기 위해 영아는 머리를 돌리고, 팔다리를 비틀고, 다리로 몸을 누른다(Snow, 1998). 먼저 생후 3~4개월 경 누운 상태에서 엎드린 상태로 뒤집은 다음 목 근육과 팔 근육이 강해지면서 생후 5~6개월에는 반대 방향으로 뒤집을 수도 있게 된다. 영아가 뒤집기를 하게 되면 소파나 침대에서 떨어질 수 있을 뿐만 아니라 영아돌연사증후군(SIDS: Sudden Infant Death Symptom)의 위험이 증가하므로 주의해야 한다. 뒤집기를 건너뛰고 앉기와 기기 단계로 바로 넘어가는 영아도 있다. 따라서 영아가 뒤집기를 하지 않더라도 새로운 운동기술들을 습득하면서 주변 환경의 탐색에 관심을 나타낸다면 크게 걱정하지 않아도 된다.

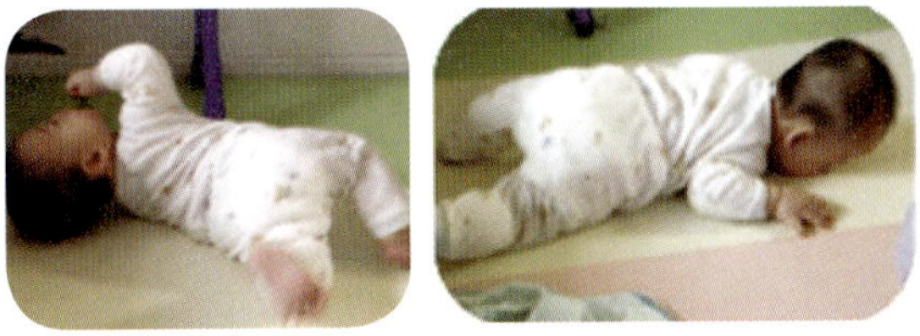

[그림 9-17] 뒤집기

(3) 앉기

점차 팔다리 근육을 통제하게 됨에 따라 영아는 혼자 앉을 수 있게 된다. 대부분의 영아는 생후 4~6개월에 받쳐주면 앉고, 5~6개월에는 받쳐주지 않아도 잠깐 앉을 수 있으며, 7개월이면 혼자 앉을 수 있다. 혼자 앉기를 처음 시도할 때 영아는 몸을 지지하고 균형을 맞추려고 자세가 앞쪽으로 기울게 되고 양손으로 바닥을 짚어서 몸을 지탱한다. 이후 영아는 바닥에서 손을 떼고 머리와 몸을 이용하여 균형을 잡아 앉는 것이 가능하게 된다(곽금주 외, 2005). 혼자 앉기가 능숙해지면 영아는 앉은 자세에서 앞뒤로 움직일 수 있게 되며, 8~9개월 무렵에는 앉는 자세에서 눕기, 서기 또는 기타 자세로 전진한다. 앉기는 영아의 시야를 넓혀줄 뿐만 아니라 사물을 조작하는 기회를 증가시켜 주므로 지각 및 인지발달에 결정적 영향을 미친다(Field, 1990).

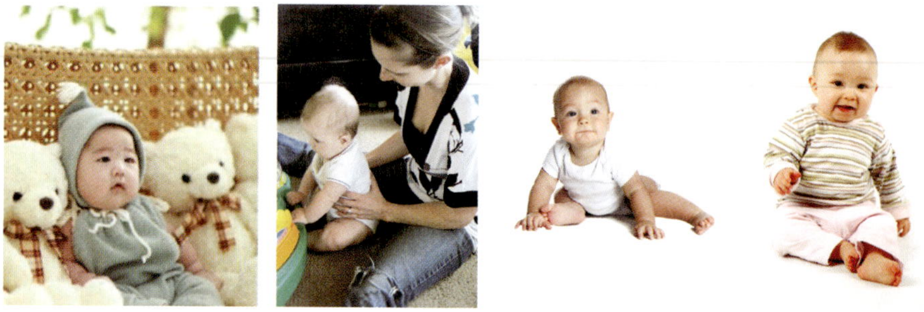

벽에 기대고 앉기 　 받쳐주면 앉기 　 양손으로 지탱하여 앉기 　 바닥에서 손 떼고 앉기

[그림 9-18] 앉기 자세

출처: www.secretsofbabybehavior.com

동영상 : 아기 발달-앉기(3분2초)
http://www.johnsonsbaby.co.kr/babycenter/childcare/movie_list.asp

(4) 배밀이

영아가 혼자 앉고 배 쪽 방향으로 뒤집는 것이 능숙해지면 배밀이(creep)가 나타난다. 배밀이는 배가 바닥에 닿은 상태에서 팔을 이용하여 몸을 밀고 다니는 것을 말한다. 처음에는 움직임이 자연스럽지는 않지만 팔과 다리를 버둥거리고 배를 튕기면서 조금씩 앞으로 나아가게 된다. 배밀이를 할 때 영아는 팔목과 손에 의지하여 머리와 가슴을 들며, 몸을 앞뒤로 민다. 다리는 때때로 앞으로 밀거나 뒤로 당기기도 하지만 질질 끄는 경우가 대부분이다(Snow, 1998). 일반적으로 영아는 7개월 경 배밀이를 시작하지만, 간혹 배밀이를 잘못하여 뒤로 가는 경우도 있다. 배밀이는 방향 감각과 대근육 및 두뇌 발달에 영향을 주므로 부모나 교사는 영아의 배밀이를 도와주는 것이 바람직하다.

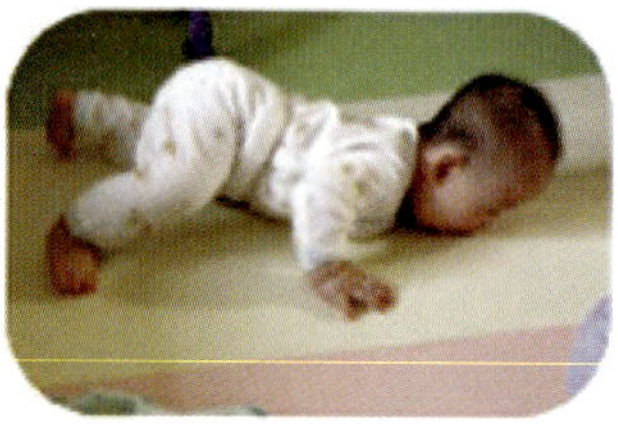

[그림 9-19] 배밀이

(5) 기기

영아가 능숙하게 배밀이를 하고 다리 근육의 힘이 증가하면 기기(crawl) 단계로 넘어간다. 배밀이가 팔의 힘으로 몸을 움직이는 것이라면, 기기는 손과 무릎으로 혹은 손과 발로 이동하는 것이다. 처음 기려고 할 때 영아는 한쪽 팔다리를 한 번에 1~2인치씩 천천히 조심스럽게 움직이다가 점차 연습을 통해 움직임이 원활해지고 빨라진다. 대부분의 영아는 다리를 움직인 다음 반대쪽 팔을 움직이는 패턴을 보인다. 그러나 약 20%의 영아는 같은 쪽 무릎을 움직인 다음 팔을 움직인다. 영아마다 기기 스타일은 각기 다양하여, 양손과 무릎으로 기거나(네 발로 기기), 양손과 양발로 기는 경우도 있으며(높이 기기), 심지어 앉은 채로 엉덩이로 밀어서 돌아다니기(hitching/scooting)도 한다(Blankenstein et, al., 1975; Snow, 1998). 또한 보행기에 앉아서 다리를 펴는 연습을 많이 한 영아 중에는 기지 않고 바로 서기 단계로 옮겨가는 경우가 있다.

[그림 9-20] 양손과 무릎으로 기기(좌)와 앉은 채로 엉덩이를 밀어서 돌아다니기(우)

동영상 : 아기 발달-기기(2분30)
http://www.johnsonsbaby.co.kr/babycenter/childcare/movie_list.asp

그러나 기기는 걷기의 준비 단계로서 한 단계 높은 두뇌발달이 요구되는 동작이며, 양쪽 뇌에 자극을 주기 때문에 기기 단계를 건너뛰는 것은 바람직하지 않다. 부모나 교사는 넓은 공간을 기어 다닐 수 있도록 바닥을 안전하게 치우고, 벽

이나 가구의 모서리 등에 부딪히지 않도록 보호대를 부착하는 것이 좋다. 또한 배 쪽에 장식이 없고 가벼운 옷과 무릎을 보호하기 위해 긴 바지를 입히는 것이 영아가 기기에 편리하다.

(6) 서기

서려는(stand) 동기 중 하나는 눈높이에 있는 매력적인 물체를 향해 손을 뻗거나 잡는 범위를 확대하고자 하는 것이다. 9개월경 영아는 위로 몸을 일으켜서 가구 등을 붙잡고 일어서며, 발바닥을 바닥에 붙이고(체중을 싣고) 서 있는 자세를 취할 수 있다. 영아가 붙잡고 일어설 수 있게 되면 아기 침대에서 떨어질 수 있으므로 침대 다리를 낮게 조절하는 것이 안전하다. 10개월이 되면 대부분의 영아들이 잠깐 동안(2초) 혼자 서 있을 수 있고, 절반 정도의 영아는 10초 이상 혼자 서 있을 수 있다. 11개월에는 잡지 않고 서 있을 수 있고, 12개월에는 앉은 자세에서 혼자 일어설 수 있다. 이것은 다리 근육의 발달뿐만 아니라 균형 잡는 능력이 생기기 시작했기 때문이다(곽금주 외, 2005; Blankenstein et, al., 1975). 24개월경에는 평균대 위에 서 있을 수 있으며, 24~36개월에는 평지에서 한쪽 발로만 서 있을 수 있게 된다(장영희, 2000).

동영상 : Noah Pulls To Stand(1분13초)
http://noahsdad.com/pulling-to-stand/

[그림 9-21] 어머니가 붙잡아줘서 서는 영아

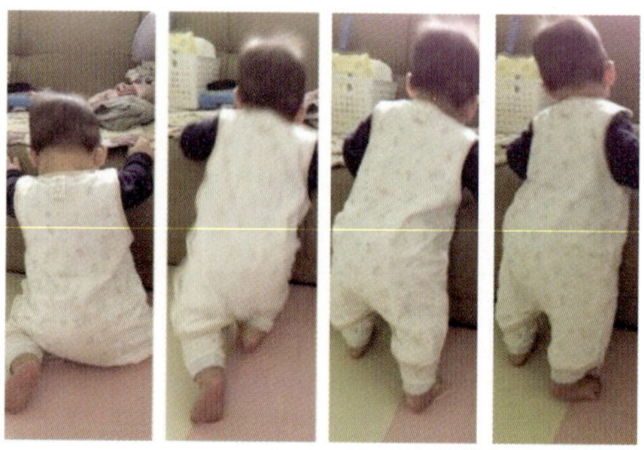

[그림 9-22] 가구를 붙잡고 혼자 일어서는 영아

(7) 걷기

다른 동물에 비해 인간은 상대적으로 늦게 걷는데(walk), 이는 인간의 영아가 머리가 무겁고 다리는 짧아서 선 자세로 균형을 유지하기 어렵기 때문이다. 연습함에 따라 걷는 패턴은 원활해지고 균형을 잡아가지만, 성인과 같은 걷기 패턴은 4~7세가 되어야 나타난다. 영아가 혼자 첫 걸음을 하는 것은 영아에게 새로운 세계를 열어줄 뿐만 아니라 영아기 부모에게도 가장 감격적인 순간이 된다(Snow, 1998). 생후 10개월경 영아는 다리와 등, 허리의 근육이 강해지고 위치 및 방향 감각이 발달하면서 가구를 붙잡고 옆으로 걸을 수 있게 된다. 11개월 무렵에는 양손을 잡아주면 앞으로도 걷다가 점차 한 손만 잡아줘도 걷게 된다. 12개월 경 혼자 첫 발자국을 내디딘 후 영아는 흔들흔들하다가 주저앉기도 하고 무엇에 걸려서 넘어지기도 한다. 만 2세 정도까지를 '아장아장 걷는 사람'(toddler)으로 부르는 것도 이와 같이 불확실하고 불균형적인 걸음 특성 때문이다. 점차 걷기 경험이 축적됨에 따라 점차 양발의 간격이 점차 좁아지고, 걸음은 길어지고 좁아지고 일정해지며, 몸을 긴장시키지 않고 적절한 보행 자세로 걸을 수 있게 된다(Blankenstein et, al., 1975). 3세경이 되면 한쪽 발을 다른 발 앞에 갖다 놓으면서 직선 위를 일자로 걸을 수 있다. 4세에는 직선뿐만 아니라 곡선 위도 걸을 수 있는데, 이때에는 한쪽 발을 다른 발 앞에 갖다 놓는 동시에 방향을 바꾸어야 한다. 평균대 위를 걷는 것은 두 다리에 몸무게를 적절히 실으면서 한쪽 발을 다른 발 앞에 갖다 놓아야 하기 때문에 훨씬 더 어렵다. 그래서 한꺼번에 걷지 못하고 바닥에 내려와서 균형을 취한 다음 다시 평균대로 올라가서 걷는 경우가 많다(정옥분, 2002).

한편 걷기는 발끝과 뒤꿈치에 무게를 옮김으로써 신체를 이동시키는 것인데, 간혹 까치발로 걷는 영유아가 있다. 늘 까치발로 걷는 것은 잘못된 걸음걸이나 발의 변형을 일으킬 수 있을 뿐만 아니라 뇌성마비의 징표일 수도 있기 때문에 주의 깊게 살펴보아야 한다. 물론 정상적인 영유아도 보행기가 높아 발이 바닥에 안 닿거나 혹은 발바닥으로 잘 버티면서도 단순한 습관이나 재미에서 까치발을 하는 경우가 있다. 특히 막 걷기 시작하는 경우에는 까치발로 걷는 것이 엄지발가락으로 체중을 지탱하는 힘을 기르는 과정이기도 하다. 그러나 성숙해감에 따라 점차 뒤꿈치를 바닥에 닿게 하면서 걷고, 앞발의 무릎을 약간 굽히며 팔도 약간 굽혀서 다리와 반대로 자연스럽게 흔들며 걷는 것이 정상이다.

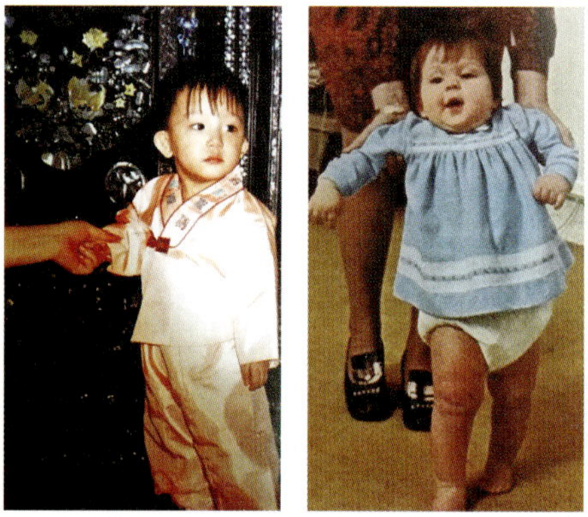

[그림 9-23] 걷기 연습

동영상 : Baby on move: walking
http://www.babycenter.com/0_toddler-milestone-self-control_11779.bc

(8) 달리기

영유아는 걸을 수 있게 되면 달리기를 시작한다. 달리기(running)는 몸을 순간적으로 공중에 뜨게 하며 몸의 무게를 한 발에서 다른 발로 옮기는 동작을 말한다. 달리기를 할 때 신체는 약간 앞으로 경사진 자세로 팔을 약간 굽혀서 반대편 무릎 가까이 흔들게 된다(이춘희, 1998). 달리기가 처음 나타나는 18개월경에는 다리의 스윙이 짧고 제한적이며 보폭도 고르지 않다. 발이 바닥에 닿지 않은 시간을 관찰하기 어렵다. 2세경에도 무릎을 구부리기보다는 뻣뻣하게 다리를 움직이며 빨리 걷는 것에 가까우며 공중에 붕 뜨는 것이 없다. 보통 2~3세가 되어야 두 발이 동시에 공중에 뜬 상태인 진정한 의미에서 달리기의 최소 기준을 충족하게 된다(Kail, 2007; Snow, 1998). 그러나 아직 3세 유아는 달리면서 방향을 바꾸지는 못하고, 일단 달리기를 멈춘 후 방향을 바꿔서 다시 달리기 시작한다. 5세가 되어야 달리면서 방향을 바꿀 수 있고, 갑자기 멈추어도 넘어지지 않을 수 있다.

(9) 기어/계단 오르내리기

영아는 혼자 서거나 걷는 능력이 발달하기 전에 계단을 오르려는 시도를 할 수 있다. 기어오르기(climbing)는 걷기와 거의 같은 속도로 발달하며, 일어서기 위해서 사물이나 사람을 붙잡기 시작하는 것과 동시에 기어오르기 시작한다(곽금주 외, 2005). 또한 손이나 발만 이용하거나 혹은 손과 발을 이용하여 계단을 기어오르는 등 초기의 기어오르려는 노력은 기기와 비슷한 동작을 보여서 기기의 연장으로 간주되기도 한다. 걷기 시작한 후 영아는 성인의 손이나 난간을 붙잡고 선 자세로 계단을 올라가려고 할 것이다. 그러나 양발을 교대로 사용하지 못하고 한쪽 발을 먼저 계단에 올려놓고 다른 쪽 발을 그 옆에 붙임으로써 한 계단에 두 발을 모았다가 다시 다음 계단으로 올라간다. 30개월쯤이 되어야 성인의 손이나 난간 없이 두 발을 교대로 사용하여 계단을 올라갈 수 있다(Snow, 1998). 계단을 내려오는 것은 올라가는 것보다 균형을 잡기가 더 어려워서 만 4세쯤 되어야 두 발을 교대로 계단을 내려올 수 있다.

[그림 9-24] 계단 오르기

(10) 뛰기

뛰기(jumping)에는 높은 곳으로 뛰어오르기, 높은 곳에서 뛰어내리기, 장애물을 넘기 위해 멀리 뛰기 등 세 가지 형태가 있다. 뛰기를 하기 위해서는 두 발 또는 한 발을 이용해서 날아오르듯 몸을 위로 올려야 하는데, 땅 위에서 뛰어오를 때 바닥과 마지막으로 닿는 부분이 발끝이다. 그리고 다시 바닥에 내려올 때도 발끝이 먼저 닿고 그 다음 발바닥, 발뒤꿈치가 닿게 된다. 충격을 흡수하기 위해서 무릎은 굽혀야 한다(이춘희, 1998). 뛰기가 처음 나타나는 것은 영아가 도움을 받아 계단을 내려올 때 마지막 계단을 뛰어내리려고 하는 생후 18개월 무렵이다. 이는 선 자세에서 뛰어오르고 뛰어내리는 능력을 획득하기 전의 준비 단계이다. 만 2~3세 영아는 평균 10cm 정도 높이로 뛰어오르고, 5cm 정도의 높이에서 뛰어내리고, 45cm 정도 앞으로 멀리뛰기를 할 수 있다. 만 5세가 되면 줄넘기도 가능해진다.

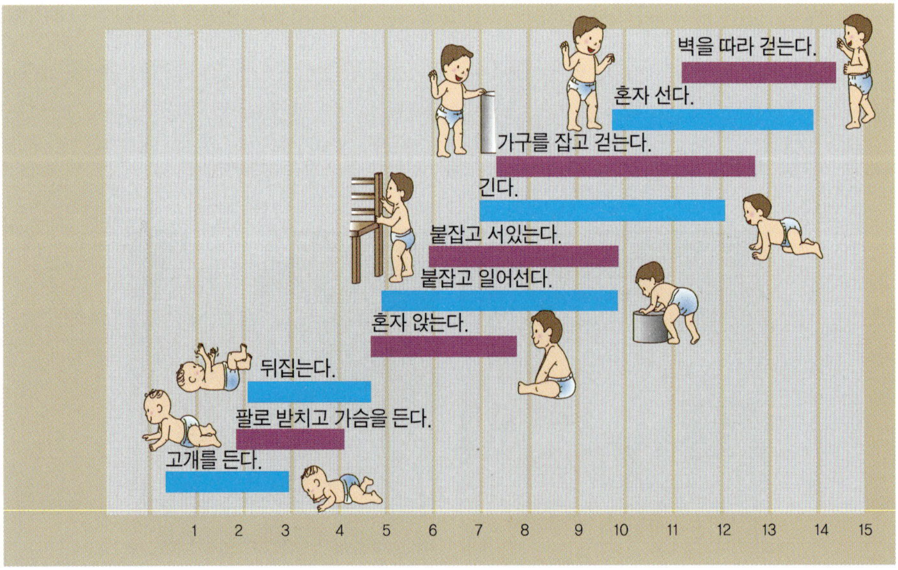

[그림 9-25] 대근육 운동발달 단계

(11) 던지기와 받기

던지기(throw)는 팔과 손의 동작을 사용해서 공간 속으로 물체를 밀어내는 것을 말한다. 던지기의 형태는 다양하지만, 운동경기처럼 한쪽 팔을 사용해서 어깨 너머로 던지는 것이 가장 일반적이다. 큰 공을 던질 때는 두 손을 사용하고, 작은 공을 던질 때는 어깨 위로 손을 들어 던진다(이춘희, 1998). 영아기에는 던지기가 많이 숙달하지 못한다. 물체를 던지는 능력은 영아가 자신이 흔드는 물체를 우연히 손에서 놓는 생후 6개월경 나타나기 시작한다. 자발적으로 물체를 손에서 놓게 됨에 따라 영아는 곧 떨어지는 물체가 흥미 있는 영향을 미친다는 것을 학습한다. 영아는 숟가락을 던지거나 떨어뜨리고 소리를 듣기 위해서 높은 의자에서 물체를 떨어뜨리기도 한다(Snow, 1998). 그러나 만 2세경에는 목표점을 향해 공을 던지기보다는 공의 움직임을 쫓아가거나 다시 잡아서 굴려보는 행동을 자주 보이며, 만 3세경이 되면 몸을 앞뒤로 흔들며 한쪽 팔로 공을 던질 수 있게 된다(장영희, 2000). 만 4~5세 가 되면 팔꿈치를 이용해서 공을 던지고, 만 5~6세에는 발을 앞으로 내딛고 팔을 뒤로 뺐다가 앞으로 뻗어 공을 던질 수 있다.

초보적인 받기　　능숙한 받기

[그림 9-26] 받기

출처: Haywood & Getchell(2009)

물체를 던지는 것보다 물체를 받는(catch) 능력이 눈과 손의 협응과 지각 능력을 더 많이 필요로 한다. 따라서 영아는 받는 능력이 많이 진전되지는 못한다. 영아의 첫 잡기 노력은 대개 구르는 공을 멈추려고 하는 것이다. 공중에 던진 물체를 받는 첫 번째 성공적인 시도는 3세경 일어나며, 그 이전에는 팔꿈치를 구부리지 않고 팔 전체로 공을 받으려는 모습을 보인다. 또한 날아오는 공을 받을 때 흔히 눈을 감고 고개를 돌리며, 큰 공보다 작은 공을 받는 것을 더 어려워한다(Haywood & Getchell, 2009). 5~6세경이 되면 몸 전체를 사용해서 공을 받을 준비를 하고 손과 손가락으로 공을 받는다.

3) 소근육 운동의 발달

소근육 운동 기술(fine motor skill)은 팔이나 손, 손가락 등의 좀 더 작고 특수한 움직임과 관계된 것으로 글씨를 쓰거나 물체를 조작하는 데 결정적인 역할을 한다. 영유아는 대근육 운동 기술보다 소근육 운동 기술을 습득하는 것이 더 어렵다. 부모나 교사는 이 두 운동 기술을 구별할 필요가 있지만, 영유아의 입장에서 이 두 운동 기술은 서로 영향을 주고받으면서 발달한다. 예를 들어, 영아가 지속적으로 앉아있을 수 있게 되면 물체에 손을 뻗고 조작하기가 훨씬 쉬워지며, 잡기 능력이 발달하면 가구를 붙잡고 서거나 걸을 수 있게 된다. 또한 이러한 시점이 되면 영아는 과거에는 손이 닿지 않았던 수백 가지 물체를 찔러보고 들어보고 꼬집어보고 당겨보고 눌러서 짜 보고 던져보는 행동을 나타낸다(Berger, 2003).

(1) 뻗기

신생아는 한 손 뻗기가 일반적이지만 점차 두 손 뻗기가 가능해지는데, 두 손 뻗기는 한 손이 다른 손의 실수를 교정해 줄 수 있어서 더욱 기능적이다. 맹아는 뻗기가 늦게 나타나는데, 이는 뻗기에 시각 능력이 중요함을 시사한다. 영아의 뻗기 발달은 다음과 같이 두 단계로 나누어진다(Field, 1990; Snow, 1998).

① 뻗기 전 단계

생후 3~4개월 영아는 물건을 향해 팔을 뻗기는 하지만 물체를 갖겠다거나 조작하겠다는 의도는 없다. 물체(특히 움직이는)에 의해 유발되기는 하나 물건을 잡는 것은 고사하고 만지지도 못하는 경우가 많기 때문에 이를 뻗기 전 활동(pre-reaching)이라고 부른다. 또한 영아는 뻗는 손과 목표로 하는 물체를 동시에 보거나 물체의 특성에 맞게 손 모양을 만들어내지 못한다. 생후 7주 경 뻗기 전 활동의 양은 감소하는 반면 응시의 강도는 증가하는 등 주요한 변화가 일어난다. 영아는 머릿속으로 물체를 떨어뜨리고 다시 집어 올리면서 눈으로 물체를 붙잡는 것처럼 보인다. 이즈음 영아는 자신의 손을 보는 시간이 많아지며, 영아가 자신의 손을 시각적으로 발견하는 것은 영아발달의 주요 이정표가 된다.

② 시각에 의한 뻗기

생후 3~5개월경이 되면 영아는 시각에 의한 뻗기(visually directed reaching) 능력을 습득한다. 시각이 목표물의 위치와 손의 위치 모두를 결정하는 데 관여하게 됨에 따라 영아는 처음에는 눈으로 물체를 위치 짓고 그것을 들어 올리려고 한다. 영아는 여전히 물체의 시야를 놓치고 실패하곤 하지만, 목표물을 획득할 때까지 물체와 손을 시야 안에 유지하면서 뻗기 움직임을 조절하기 시작한다. 7개월경 영아는 물체의 크기나 무게, 모양에 따라 한 손 또는 두 손을 동시에 물체를 향해 뻗을 수 있게 된다. 8개월경이 되면 물체에 손을 뻗거나 잡을 때 두 팔의 독립적인 움직임을 협응하고 두 손을 협동적으로 사용하기 시작한다. 1세 말경에는 상당히 정확한 뻗기가 가능해져서 손의 궤적을 별로 수정하지 않고서도 목표물을 얻을 수 있다.

(2) 잡기

잡기(grasp)는 쓰기, 그리기, 스스로 먹기, 기타 도구의 사용 등에 필요한 기초적인 기술이다. 생후 2개월까지 영아는 누워있는 자세에서 물체를 손에 쥐어주면 반사적으로 잡는 반사를 보인다. 잡기반사가 사라지는 3~4개월경에는 주먹을 쥐고 있는 시간이 줄어들고, 누운 상태에서 양손으로 물체를 잡을 수 있게 된다. 손안에 물체를 넣으면 반사적으로 잡는데, 가운데 세 손가락만 이용할 뿐 아직 엄지손가락과 둘째손가락을 동원하지는 못한다(곽금주 외, 2005; Blankenstein et. al., 1975). 또한 물체를 잡기 전에 너무 일찍 혹은 너무 늦게 손을 오므리기 때문에 잡기가 지속되는 시간이 길지 않다. 5개월 정도가 되면 의도적인 잡기가 시작되는데, 직접 손을 뻗어서 손바닥 잡기 형태로 물체를 잡는다. 6개월 정도가 되면 대부분의 영아는 적절한 크기의 물체라면 손을 뻗치고 잡을 수 있다. 예를 들면, 우유병을 쥐거나 딸랑이를 흔들 수 있고, 언니의 땋아 묶은 머리를 낚아챌 수 있고, 한 손에서 다른 손으로 물체를 옮길 수 있다. 12개월 즈음에는 성인처럼 엄지와 검지로 작은 물체를 들어 올릴 수 있으며, 한 손으로 들기에 너무 큰 물체는 양손을 협응하여 들 수 있다. 또한 잡았던 물체를 의도적으로 내려놓을(release) 수 있다(Berger, 2003). 만 3세가 되면 미숙하나마 엄지와 검지를 사용하여 작은 물체를 잡을 수 있다.

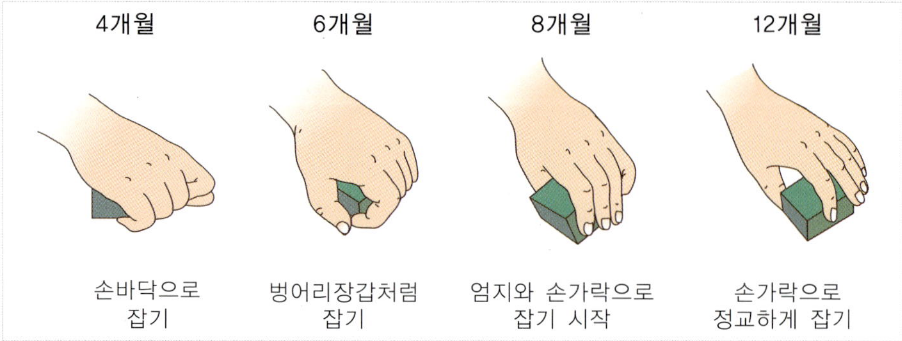

[그림 9-27] 잡기의 발달

(3) 물체의 조작

물체를 잡고 들어 올리는 능력이 발달하면 영유아는 상당한 시간을 조작 활동에 보낸다. 영유아가 물체와 상호작용하는 방법은 연령에 따라 달라진다. 물체와의 최초의 상호작용은 쥐기, 입에 가져가기, 눈으로 검사하기(visual inspection) 등이다. 생후 4~10개월경이 되면 영아는 던지기, 흔들기, 검사하기(뒤집기, 돌리기)를 통해 물체를 조작하는 능력을 습득한다. 1~2세에는 우세한 손이 나타나기 시작하지만, 아직 결정되지는 않았기 때문에 양손을 교대로 사용하는 경우가 많다. 2세 이후에는 어깨의 움직임은 줄어들고, 팔꿈치의 움직임이 증가하게 된다. 우세한 손이 나타나는 중이기는 하지만 아직 확정되지는 않는다. 병뚜껑을 여는 등의 활동에서 한 손이 분명히 주도적 역할을 하고(뚜껑을 돌린다), 다른 손은 보조적 역할을 한다(병을 잡고 있다). 오른손과 왼손이 주도적 역할과 보조적 역할을 번갈아 한다(Snow, 1998).

① 그리기 도구

만 1~2세에는 크레용으로 색칠할 때 팔 전체를 사용하고 엄지손가락을 위쪽으로 해서 주먹을 쥐고 크레용을 쥔다. 수직 또는 수평 모양으로 끄적거릴 수 있다. 2세 이후에는 크레용이나 연필을 쥘 때 종이쪽으로 손가락이 향한다. 수평선과 수직선 등의 모양을 흉내 내어 그리고, 3세경에는 수직선과 수평선뿐만 아니라 원도 그릴 수 있다. 4세가 되면 크레용이나 연필을 자유롭게 사용하며, 사각형과 삼각형뿐만 아니라 다른 모양, 그리고 글자와 숫자를 보고 베낄 수 있다. 5세에는 실제 사물을 그리기 시작한다.

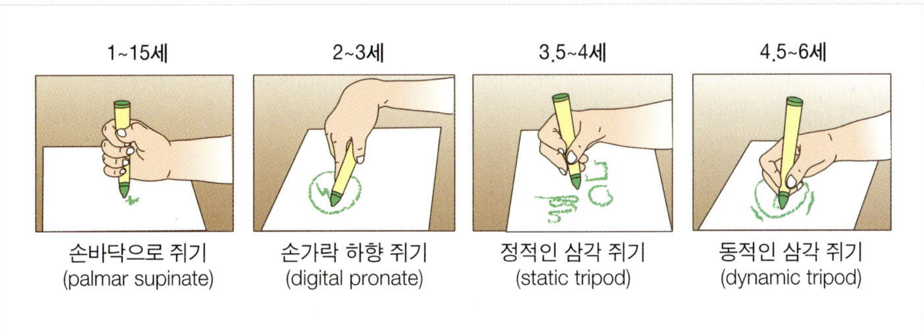

[그림 9-28] 크레용 쥐기의 발달

② 블록

영유아는 어릴수록 작은 블록보다는 종이벽돌과 스펀지 블록과 같이 조작이 쉽고 운반이 쉬운 큰 블록을 선호한다. 대개 생후 14개월경에는 작은 블록 2개를 탑처럼 쌓을 수 있고, 17개월이 되면 4개까지 탑을 쌓을 수 있다(곽금주 외, 2005). 만 2세 이전에는 무엇을 만들기보다는 블록을 입으로 빨거나 손에 쥐고 돌아다니거나 불안정한 형태로 옮기거나 쌓기를 하고, 자신이나 다른 영아가 만든 블록을 휘저으며 쾌감을 느끼고, 블록을 위로 던져보거나 블록끼리 서로 부딪쳐 나오는 소리를 탐색하는 행동을 하기도 한다. 구조물을 만드는 것보다는 블록 자체를 탐색하는 것에 관심을 둔다. 만 2세경에는 5~7개 정도의 블록을 수직으로 쌓아서 탑을 만들거나 수평으로 늘어놓아서 줄을 만들고, 혹은 이 두 형태가 혼합돼 나오기도 한다. 만 3세경에는 블록을 10개 정도 쌓을 수는 있지만, 똑바로 세우지는 못하고 삐뚤삐뚤하다. 만 4세에는 블록을 높이 쌓았다가 손을 뗄 때 조심을 하며, 5세가 되면 원하는 모양을 만들면서 블록 쌓기를 즐긴다.

③ 식기류

생후 6~9개월 정도가 되면 손가락으로 집어 먹을 수 있는 음식은 입에 넣고 빨거나 깨문다. 9~12개월 경에는 우유병을 잡고 먹을 수 있고, 손가락으로 집을 수 있는 음식을 좋아한다. 12~15개월 무렵 숟가락을 사용하기 시작하지만 입에 잘 넣지 못한다. 15~18개월에는 숟가락으로 음식을 입에까지 가져갈 수 있고, 흘리면서 숟가락으로 먹는다. 18~24개월에는 숟가락을 정확히 입에 넣을 수 있고, 30개월이면 엄지와 집게로 숟가락을 쥘 수 있다(장영희, 2000). 만 3세경에는 숟가락과 젓가락을 효율적으로 사용할 수 있는데, 젓가락질은 여아에 비해 남아가 서투른 경향이 있다.

10 영유아기의 인지발달

인간은 상당히 발달된 감각을 갖고 태어나지만, 실제 지각이 이루어지기까지는 시간이 걸린다. 감각과 지각은 다른 과정이기 때문이다. 감각(sensation)이 오감을 통해 들어온 외부 자극이 중추신경계로 전달되어 감지되는 수동적인 과정이라면, 지각(perception)은 전달된 정보를 통해 사물을 인식하는 능동적인 과정이다. 또한 감각은 감각기관을 통해 외부의 자극이 감지된 순간에 작용하는 반면, 지각은 감각작용에 의해 뇌가 활성화되고 이를 처리하려고 할 때 일어난다. 한편 지각은 상당 부분 경험에 의존하기 때문에 경험이 부족한 영유아는 감각작용이 일어났어도 지각은 못하는 경우가 많다(예 책을 보지만 글자가 의미 있음은 모른다). 이와 반대로 성인의 경우에는 감각작용이 무시되거나(예 "미안해, 못 들었어.") 일어나지 않았던 감각작용을 지각하기도 한다(예 "그를 봤던 걸로 착각했네."). 인지(cognition)는 지각보다 한 단계 더 진보한 것이다. 지각이 외부 자극에 대한 즉각적인 인식 과정이라면, 인지는 지각된 정보가 변형, 정교화, 저장, 인출되는 모든 과정을 포함하는 포괄적인 개념이다(Bower, 1977). 무엇인가를 상상할 때처럼 때로는 감각이나 지각없이 인지가 작용하기도 한다. 그러나 감각이나 지각의 경험이 별로 없는 영유아는 상상을 하는 것이 어려우므로 먼저 감각이 일어나고, 다음으로 지각, 마지막으로 인지가 작용하게 된다(Berger, 2003). 본 장에서는 영유아기의 다양한 감각 및 지각발달과 대상영속성, 주의, 기억, 유목과 개념 등의 인지발달에 관해 살펴보기로 한다.

[그림 10-1] 감각, 지각, 인지

1. 감각 및 지각 발달

1) 시각

(1) 시력

시각은 환경 탐색을 할 때 가장 많이 이용하는 감각이지만, 출생 시 가장 미성숙한 상태로 태어나는 감각이다. 이유는 자궁 안에서는 볼 기회가 거의 없고, 출생 후 빛이나 색, 그림자를 접하기 전에는 눈과 시각피질(visual cortex)의 연결이 이루어질 수 없기 때문이다. 그래서 신생아의 눈은 초점이 잘 맞지 않으며(Berger, 2003), 시야도 90도 정도로 제한되어 있다. 이들은 30cm 정도 거리에 있는 물체를 가장 잘 보며, 심한 근시현상을 보인다. 생후 1~2개월이 되면 영아는 대상의 거리에 따라 초점을 맞출 수 있으며, 2~4개월이 되면 대상을 응시하는 거리조절 능력이 성인과 비슷해지고 움직이는 물체에 따라 초점을 맞출 수 있다(김정희 외, 2007).

신생아의 시력이 나쁘다고 해서 전혀 볼 수 없는 것은 아니다. 마치 서리가 낀 유리창을 통해서 볼 때처럼 세밀한 내용을 보지 못할 뿐 전반적인 특성은 구분할 수 있다. [그림 10-2]와 같이 생후 1개월 된 영아는 미키마우스가 어떻게 생겼는지 파악하기 힘들지만, 대비가 매우 큰 부위는 지각할 수 있다. 3개월쯤 되면 대비 지각이 좋아져서 이미지가 미키마우스와 유사하게 보인다. 3~4개월에는 행복한 얼굴과 놀라거나 화난, 또는 무표정한 얼굴을 구별할 수 있고, 고양이와 개를 구별할 수 있다(Goldstein, 2003). 이상과 같이 제한된 시각적 능력은 생후 6개월간 극적으로 향상되어, 첫돌 무렵에는 성인과 유사한 시력(visual acuity)이 된다.

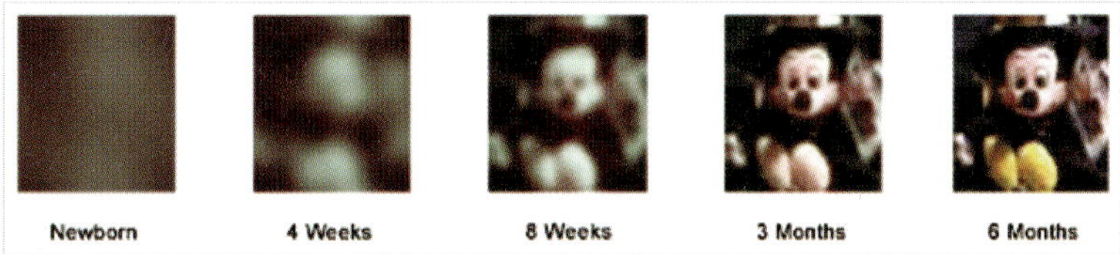

[그림 10-2] 시력의 발달

출처: www.drmonettaoptometry.com – 522

시력은 물체와 배경 간의 대비(contrast)나 패턴의 공간적 빈도(예, 체크무늬) 등의 영향을 받는다. 예를 들어, 영아는 체크무늬의 크기가 크고 개수는 적을 때 가장 잘 본다. 성숙함에 따라 작은 체크무늬가 많이 있는 경우처럼 대비가 많이 안 되더라도 잘 보게 되는데, 이는 보다 세부적인 것을 볼 수 있는 능력이 발달했기 때문이다(Snow, 1998).

(2) 색 지각

출생 직후에는 색깔에 대한 지각을 통제하는 뇌와 망막의 신경세포가 충분히 발달하지 않았기 때문에 검정색과 하얀색 그리고 회색의 음영만을 보게 된다. 신생아와 생후 1개월 된 영아는 자극의 색깔에 대한 선호가 나타나지 않으나 3개월 된 영아는 성인과 반대로 파장이 짧은 색(파란색, 초록색)보다 파장이 긴 색(빨간색, 노란색)을 좋아하는 것으로 발견되었다. 그러나 이들은 성인과 마찬가지로 무채색 자극보다는 유채색 자극을 선호하며(Adams, 1987), 파스텔 색은 잘 구별하지 못하므로 장난감 등을 제공할 때는 원색으로 하는 것이 좋다. 생후 4개월에는 색에 대한 지각이 성인과 유사할 정도로 발달하여 녹색과 옥색처럼 연관된 색깔도 구별하게 된다.

(3) 형체의 지각

① 물체의 단일성 지각

신생아는 물체를 지각하는 능력은 제한적이지만, 주변의 물체들을 보면서 많은 시간을 보낸다. 생후 4개월경 물체 지각 능력이 무르익어서 영아는 많은 단서를 사용하여 물체의 형성 요소들을 결정한다. [그림 10-3]과 같이 색깔이나 소재가 같거나 물체의 양쪽 끝이 일직선 상에 있을 때 영아는 이것을 하나의 동일한 물체로 지각한다(Kail, 2007).

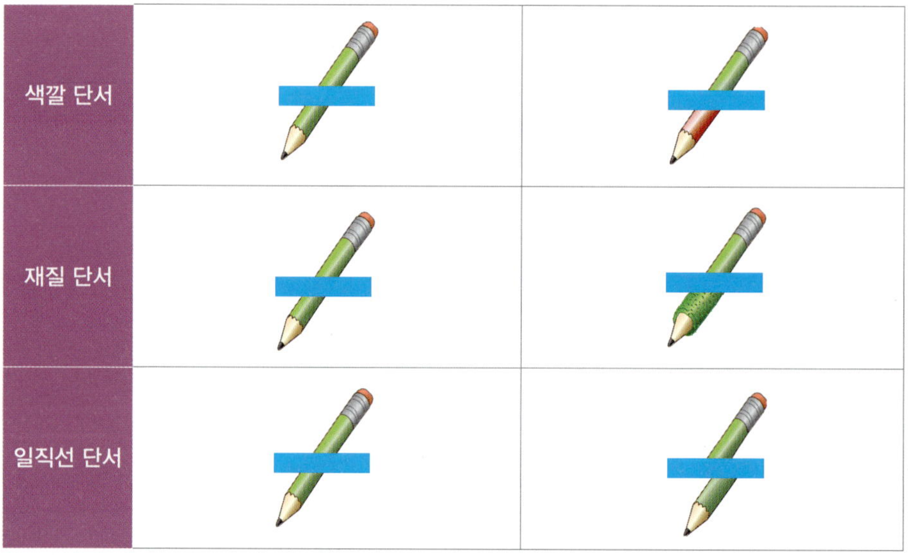

[그림 10-3] 단일한 물체인지를 판단하는 단서

② 지각적 항상성

지각적 항상성(perceptual constancy)이란 매순간 물체들로부터 받는 감각정보들이 변함에도 불구하고 물체가 항상 안정된 특성을 지니고 있는 것으로 지각하는 현상을 말한다. 지각적 항상성에는 물체를 바라보는 거리나 각도, 조명 등이 달라져도 그 물체의 크기나 모양, 색깔 등은 변하지 않음을 인식하는 모양 항상성과 크기 항상성, 색깔 항상성 등의 유형이 있다. 모양 항상성은 생후 6시간~6

일, 색깔 항상성은 생후 4개월경, 크기 항상성은 생후 6개월 경 발달한다(김상섭, 2005). 영아에게 이와 같은 지각적 항상성이 있다는 것은 이들이 자극을 수동적으로 받아들이는 존재(passive reciever)가 아님을 시사한다.

■ 모양 항상성

[그림 10-4]와 같이 닫혔을 때 직사각형으로 보이던 문이 열려있을 때는 사다리꼴로 보이지만, 문이 열렸을 때 문의 모양이 변했다고 인식하지는 않는다. 이와 같이 모양 항상성(shape constancy)은 망막 속에 비친 모양과 관계없이 물체의 모양은 변하지 않는다고 지각하는 것이다. 모양 항상성은 생득적인 지각 능력으로 신생아들에게서도 발견되는 것으로 보고되지만, 4세경이 되어야 성인과 같은 정확한 항상성을 갖게 된다(김정희 외, 2007).

[그림 10-4] 모양 항상성

■ 크기 항상성

어머니가 영아에게 멀어질 때 영아의 망막에 맺힌 어머니의 상은 점점 작아지지만, 영아는 어머니의 크기가 작아진다고 지각하지 않고 어머니가 자신에게서 멀어진다고 지각한다. [그림 10-5]와 같이 크기의 항상성(size constancy)은 망막 상의 크기가 달라지더라도 실제 물체의 크기는 동일하다고 지각하는 것이다. 크기 항상성은 모양 항상성보다 훨씬 늦게 발달한다. 정확한

[그림 10-5] 크기 항상성

출현 시기에 대해서는 학자마다 차이는 있지만, 대개 생후 6개월 전에는 발달하지 않는 것으로 알려져 있다.

■ 색깔 항상성

색에 대한 지각은 반사하는 빛의 파장과 연관이 있기 때문에 조명에 따라 색깔에 대한 지각도 달라진다. 색깔 항상성(color constancy)은 물체 위에 떨어지는 빛이나 그림자 양의 변화에도 불구하고 그 물체의 색깔을 같은 것으로 지각하는 것을 말한다. 예를 들어, [그림 10-6]과 같이 음영이 진 부분과 빛을 받는 부분이 다른 색으로 보이지만 같은 색으로 지각한다.

[그림 10-6] 색깔 항상성

③ 깊이 지각

영아는 물체가 무엇인지뿐만 아니라 그것이 어디에 있는지도 알아야 한다. 특히 영아가 기어 다니기 시작하면 계단에서 떨어지거나 가구에 부딪히지 않기 위해 깊이 지각 능력이 필요하게 된다. 깊이 지각(depth perception)이란 평면적 구조를 가진 망막이 입체적 구조를 가진 물체의 거리나 깊이를 지각하는 능력을 말한다. 상하 또는 좌우를 지각하는 것은 비교적 쉽지만, 깊이를 지각하는 것은 좀 더 복잡하며 다양한 단서를 필요로 한다(Berger, 2003).

깁슨과 워크(Gibson & Walk, 1960)는 [그림 10-7]과 같이 한쪽에는 넓고 평평한 탁자의 상판 위에 격자무늬 천을 깔고, 그 위에 유리판을 올려놓았다. 다른 쪽에는 상판 대신 탁자와 같은 높이에 유리판을 올려놓고, 마룻바닥에 격자무늬의 천을 깔아 절벽처럼 깊어 보이게 만들었다. 그러나 얕아 보이는 쪽이나 깊어 보이는 쪽 모두 강화 유리를 올려놓았기 때문에 영아가 기어가도 떨어지지는 않는다. 이러한 시각절벽(visual cliff) 장치 위에서 생후 6개월 된 영아는 얕아 보이는 쪽을 기어 다니다가 깊어 보이는 쪽에 다다르면, 유리가 깔려있는 것을 만져보면서도 기기를 멈추고 두려워하는 반응을 보였다. 이와 같은 실험 결과로 보아 기기 시작할 무렵의 6개월 된 영아도 깊이를 지각할 수 있음을 알 수 있다.

이후 캄포스, 랑거와 크로윗츠(Campos, Langer와 Krowitz, 1970)는 생후 2개월의 기기 이전의 영아를 시각절벽 위에 엎어놓고 심장박동수의 변화로 깊이지각을 연구하였다. 이들은 시각절벽 앞에서 두려움을 보이며 우는 대신에 오히려 심장박동이 느려지고 조용해졌다. 이는 생후 2개월 영아는 시각절벽을 두려워하지는 않지만, 주의를 기울이고 있음을 시사한다. 반면 기어 다니는 시기의 영아는 시각절벽 앞에서 심장박동이 빨라지고 공포반응을 나타낸다. 이상과 같은 연구들을 종합해 보면, 현재까지 밝혀진 바로는 영아가 시각절벽을 지각하는 능력은 비교적 일찍 발달하지만, 시각절벽에 대한 공포는 기기 시작할 무렵에야 비로소 나타나는 것으로 보인다.

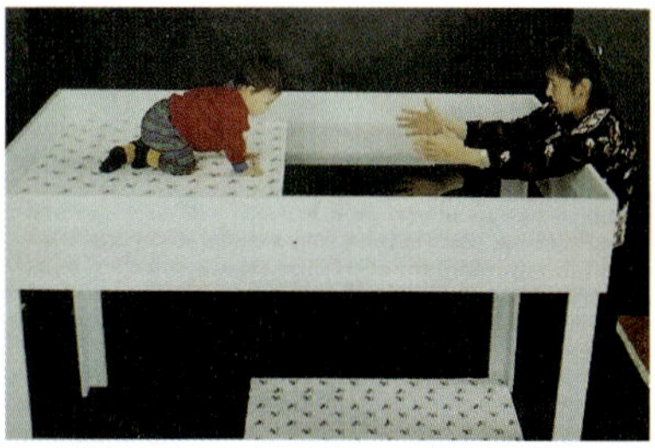

[그림 10-7] 시각절벽 장치와 영아

출처: Berger(2003)

동영상 : Visual Cliff Experiment(2분12초)
http://blog.daum.net/ksm333/2

(4) 얼굴 지각

영아는 색깔보다 형태에 더 집중하며, 단순한 형태보다는 대비가 뚜렷한 복잡한 형태를 선호하고, 직선보다는 곡선을 좋아하며, 움직이는 물체에 관심을 갖는 경향이 있다. 이러한 조건을 충족하는 것이 사람의 얼굴이며, 그중에서도 눈은 흑백의 대조를 이루기 때문에 영아의 주의를 끈다. 진화론적 관점에서는 신생아가 다른 유사한 자극보다 사람의 움직이는 얼굴을 보는 것을 선호하는 것을 양육자와의 유대 촉진을 위한 생존전략으로 해석한다.

사람 얼굴에 대한 선호는 생후 4~6주경 사라지는데, 이는 뇌의 성숙에 따라 반사적인 행동이 억제되기 때문으로 여겨진다. 생후 2~3개월이 되면 다시 영아는 뒤죽박죽 조합한 얼굴보다 정상적인 얼굴 모양을 선호하게 된다. 또한 얼굴 내부의 탐색이 시작되고 눈, 코, 입을 구별하며, 특히 입의 움직임에 주의를 기울인다. 5~7개월이 되면 어린이와 노인, 남자와 여자의 얼굴을 구별하고, 친숙한 사람과 낯선 사람의 얼굴을 변별하는 것이 가능해진다. 6~8개월에는 얼굴을 비교적 정교하게 구별하며, 성인과 마찬가지로 매력적인 얼굴을 선호하는 것으로 나타난다(Snow, 1998).

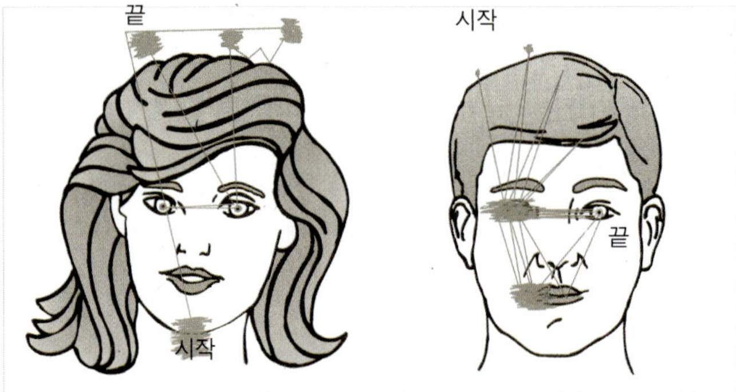

[그림 10-8] 생후 1개월 된 영아는 얼굴 윤곽에, 생후 2개월 된 영아는 눈, 코, 입에 시선을 집중한다.

출처: Maurer & Salapatek(1979)

2) 청각

신생아는 출생 직후 며칠간은 귀에 양수가 남아 있어 작은 소리를 듣기 어렵지만, 청각은 어느 정도 발달한 상태로 태어나는 것으로 보인다. 신생아도 특정한 소리에 놀라고 울음을 터뜨리며, 자장가나 심장박동과 같은 리듬 있는 소리에는 안정감을 느끼거나 잠이 든다. 이는 이미 태아 시절 어머니의 자궁에서 소리를 들었던 것에 기인하는 듯하다(Berger, 2003). 영아기를 거쳐 소리에 대한 민감성은 꾸준히 변화하는데, 이는 외이(external ear)와 이도(ear canal), 중이강(middle ear cavity) 등의 크기와 모양이 변하기 때문이다. 또한 신경계의 성숙으로 소리를 선택하며 집중하고 주의를 기울이는 능력이 향상됨에 따라, 3개월까지의 영아는 낮은 음을 더 잘 들으며, 6개월이 되면 반대로 높은 음을 더 잘 듣는 현상을 보인다. 2세가 되면 성인처럼 높은 음을 감지하는 능력이 생긴다. 영아의 소리의 방향에 대한 지각과 소리의 변별은 다음과 같이 발달하게 된다(Snow, 1998).

(1) 소리의 방향

이유는 밝혀지지 않았지만 갓 태어난 영아도 소리가 나오는 방향을 안다고 한다. 어머니와 영아 사이에 투명한 스크린을 설치하고 어머니 얼굴과 멀리 떨어져 있는 스피커에서 어머니의 목소리를 들려주는 실험에서 생후 3주 된 영아는 혼란스러운 듯한 반응을 보였다(Aronson & Rosenbloom, 1971). 6~7개월 영아는 시각적 단서가 없는 상태에서 소리를 이용하여 물체의 위치를 인식할 수 있다. 예를 들어, 어두운 곳에서 다양한 위치에서 소리 나는 물체를 향해 정확히 손을 뻗을 수 있다(Snow, 1998). 만 1세경이 되면 성인만큼 소리의 방향을 파악한다.

(2) 소리의 변별

① 목소리에 대한 반응

갓 태어난 아기들조차 소리를 듣는 것보다 사람들의 말소리나 보컬 뮤직을 듣는 것을 좋아하는 것으로 보고된다(한유미·김혜선·권희경·양연숙·백은정, 2013). 이들은 음조가 높은 여성의 목소리에 주의를 기울이며, 불과 몇 주 이내에 어머니의 목소리와 타인의 목소리를 구별하게 되는 것으로 보인다. 다른 여성의 녹음된 목소리보다 어머니의 녹음된 목소리를 들을 때 젖을 더 빨리 빠는 것으로 나타났기 때문이다. 더욱 흥미로운 것은 어머니들에게 출산 직전 6주간 특정 이야기의 한 소절을 여러 번 낭독하도록 지시했을 때 신생아들은 어머니가 읽어주는 다른 이야기보다 그 이야기를 들었을 때 젖을 더 빠르고 세게 빨았다. 어머니의 목소리에 대한 이러한 반응은 어머니로 하여금 영아에게 관심과 애정을 제공하도록 함으로써 영아의 생존에 도움을 주는 것으로 해석된다(Shaffer, 2001).

② 언어에 대한 반응

영아는 목소리에만 주의를 기울이는 것이 아니라 가장 기본적인 말소리 단위인 음소를 구별하는 것으로 보인다. 생후 4일 된 프랑스 영아들은 러시아어를 들을 때보다 프랑스어를 들을 때 더 세게 젖을 빨고, 러시아 영아들은 그 반대 현상을 보였기 때문이다(한유미 외, 2013). 생후 4주가 되면 p와 b 그리고 a와 e의 발음을 구별한다. 또한 영아는 비슷한 소리를 구별할 뿐만 아니라 억양의 차이도 인식한다. 생후 3~6개월 된 영아는 모국어에 존재하지 않아서 성인들은 구별하지 못하는 음소들도 범주적으로 지각하는 놀라운 능력을 갖고 있다. 생후 4개월 반 정도가 되면 영아는 자기의 이름을 부르는 소리에 확실히 고개를 돌리며, 자기 이름과 동일한 억양을 가졌더라도 다른 이름을 부르는 소리에는 고개를 돌리지 않는다(Shaffer, 2001).

3) 미각

미각은 특수한 피부 감각으로서, 거의 완전하게 발달한 상태로 출생한다. 임신 7~8주부터 태아는 미각세포가 발달해 14주 정도면 거의 완성되며, 양수에 밴 음식 맛과 향에 익숙한 상태로 태어난다. 신생아는 입 안 전체에 성인보다 2~3배 많은 미각세포가 있으며, 이는 생후 몇 개월 동안 혀로 집중된다. 태어난 지 몇 시간 지나지 않은 신생아도 단맛이 나는 물질에 대해 미소를 짓고 빨거나 입술을 핥는 반응을 한다. 이와 같이 발달한 미각 때문에 영아는 모유와 분유를 용케 구별하고 분유를 먹지 않으려고 해서 어머니를 애태우기도 한다. 이들은 또한 모유 맛의 변화에도 민감하다. 어머니가 바닐라와 같은 단맛의 음식을 먹은 후 영아는 젖을 더 많이 먹는다(Kail, 2007). 단맛에 대해 긍정적인 표정을 짓는 것은 일종의 반사와도 같은 것으로 모유의 약간 단 성분을 받아들이게 하기 위한 진화론적인 생존 기제에 의한 것으로 볼 수 있다.

신생아들은 단맛(입을 다시고 빨음)과 신맛(침을 흘리고 오므림), 쓴맛(입을 벌리고 혀를 내밈)을 변별할 수 있지만, 짠맛에 대해서는 거의 반응을 보이지 않는다(Goldstein, 2003). 그러나 생후 4개월이 되면 신생아 때에는 싫어하던 짠맛을 좋아하기 시작하는데, 이는 이유식에 대한 준비를 하는 것일 수도 있다. 생후 2~3개월이면 특정한 맛에 대한 기호가 생기기 시작하여 음식을 뱉어냄으로써 특정한 맛에 대해 거부감을 표현한다. 만 2세경 음식에 대한 선호가 뚜렷해져서 새로운 음식을 잘 먹으려고 하지 않는다. 편식을 예방하기 위해서 여러 가지 맛의 이유식을 제공하는 것이 좋다(정옥분, 2002).

4) 후각

미각과 더불어 후각은 여러 가지 감각 중에서 가장 발달한 상태로 태어나는 감각이다. 후각은 임신 6개월 무렵부터 시작하여 인생 초기에 발달하고 서서히 퇴화해가는 감각으로(유안진, 1987) 영아는 후각에 성인보다 더 많이 의존한다. 갓 태어난 신생아는 자연스럽게 어머니의 젖꼭지를 향해 얼굴을 돌리고 한 시간 이내에 젖을 빨기 시작한다. 젖 냄새를 없애기 위해 한쪽 가슴을 닦으면 이들은 대부분 닦지 않은 가슴을 찾는다. 또한 생후 4일간 모유를 먹은 영아의 경우 다른 여성의 젖 냄새보다 어머니의 젖 냄새를 좋아하는 것으로 발견되었다. 이와 유사하게 신생아에게 자신의 양수를 묻힌 패드와 그렇지 않은 패드를 코에 대었을 때 양수가 묻은 패드 쪽으로 고개를 돌리는 것으로 나타났다. 이것들은 모두 갓 태어난 신생아도 익숙한 냄새를 구별할 수 있을 만큼 예민한 후각을 갖고 있다는 증거이다(Kail, 2007). 특히 생후 3개월 무렵까지 영아는 시각이 잘 발달하지 않기 때문에 시각 대신 후각을 통해 어머니를 인식하고 사람을 구분한다.

영아는 특정 냄새는 무척 싫어하며, 그 냄새가 어디서 나는지 알 수 있어서 불쾌한 냄새가 나면 고개를 돌린다(Bower, 1977). 예를 들어, 여러 가지 냄새를 묻힌 면봉을 신생아의 코에 갖다 대면, 바나나와 바닐라 즙에 대해서는 미소 등 기분 좋은 표정을 보이지만, 농축된 새우 냄새나 계란 썩은 것 같은 냄새에는 거부나 혐오반응을 보인다(Goldstein, 2003). 특정 냄새에 대한 신생아의 반응이 성인과 유사하다는 사실은 냄새에 대한 선호가 본능적이라는 것을 시사한다(권민균 외, 2005). 이와 같이 생후 6개월 전에 이미 모든 냄새를 지각하고, 좋아하는 냄새와 싫어하는 냄새가 생기며, 냄새의 강약과 냄새가 나는 장소까지 정확하게 알아낸다. 이러한 후각의 민감성은 성장함에 따라 증가하는 것이 아니라 오히려 흡연이나 다양한 오염물질, 독소 및 감염 등에 노출되면서 점차 둔화된다.

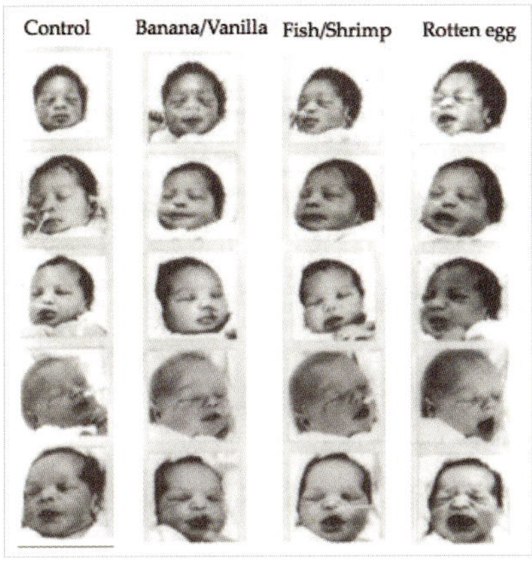

[그림 10-9] 여러 가지 냄새에 대한 생후 3일 된 신생아의 반응
출처: Steiner (1977)

5) 촉각

갓 태어난 신생아도 접촉에 민감하다. 입 주위나 손바닥, 발바닥 등의 신체 부위를 만지면 반사적인 움직임을 보인다. 심지어 잠잘 때조차 신생아는 귀를 쓰다듬어 주는 것에 습관화되었다가도 새로운 부위(예 턱)를 쓰다듬어 주면 다시 반응을 한다. 이후 영아는 물체를 탐구하기 위해 촉각을 이용하는데, 처음에는 입과 입술을, 나중에는 손을 사용한다. 생후 10주경이 되면 손으로 물체를 구별하기 시작하여 3개월경에는 다양한 물체를 손으로 쥐고 만지고 쥐어짜고 누르고 당기고 두드려 보는 등의 행동을 한다. 이와 같은 소근육 운동을 통해 촉각의 발달은 더욱 강화되며, 〈표 10-1〉과 같이 촉각은 주변 환경에 대한 지식을 획득하는 주요 수단으로 인지발달에 결정적 역할을 한다(Shaffer, 2001; Snow, 1998).

〈표 10-1〉 영아가 촉각을 통해 지식을 획득하는 방법

지식	영아의 행동
크기와 부피	외부 윤곽을 감싸본다.
딱딱한 정도	눌러 본다.
온도	가만히 손바닥이나 손가락을 대어본다.
재질	손바닥이나 손가락을 옆으로 움직여본다.
무게	감싸지 않고 손바닥에 올려놓고 아래로 위로 움직여본다.

출처: 곽금주 외(2005)

신생아의 피부에 있는 수용기는 온도에도 민감하다. 이들은 더위나 추위 등 온도의 변화에 상당히 예민한 반응을 보인다. 예를 들어, 젖병에 든 우유가 너무 뜨거우면 빨지 않으려고 하며, 목욕물이 너무 차거나 뜨거우면 운다. 특히 체온보다 낮은 온도에 더 민감하다. 방안의 온도가 갑자기 떨어지거나 옷을 갈아입히기 위해 벗겨 놓으면 영아는 울면서 불편함을 호소하거나 체온을 유지하기 위해 더욱 활동적이 된다(정옥분, 2007; Shaffer, 2001).

한편 과거 유태인들은 신생아가 고통을 느끼지 못한다고 생각하여 생후 8일 만에 남아의 성기에 할례를 하였고, 현대 사회에서도 한동안 갓난아기에게 마취제 없이 포경수술을 시켰다(유안진, 1987). 그러나 영아의 피부에 있는 고통에 대한 수용체의 수는 성인의 경우와 비슷하며, 영아의 신경계는 고통을 전달할 수 있는 능력이 있다. 예방접종을 할 때 영아가 고통으로 인한 독특한 패턴의 울음소리를 나타내고, 심장박동이 빨라지고, 손과 팔다리를 격렬하게 움직인다는 것이 그 증거이다(Kail, 2007). 또한 출생 직후 국소마취 없이 포경수술을 한 영아와 국소마취를 하고 포경수술을 한 영아 그리고 포경수술을 하지 않은 영아 등 세 집단의 영아가 4~6개월에 정기 예방접종을 받을 때의 반응을 비교한 연구(Taddio, Katz, Ilersich, & Koren, 1997)에서 마취 없이 수술한 집단이 수술을 안 한 집단보다 주사 바늘에 대해 격렬한 반응을 보이고 오랫동안 큰 소리로 울었다. 또한 마취를 하고 수술한 집단의 반응은 두 집단 사이에 위치하고 있었다. 이러한 연구결과는

영아기의 고통스러운 사건이 어떤 식으로든 신경계에 저장됨을 시사한다. 따라서 의학적으로 필요가 있는 경우가 아니면 영아에게 고통을 주는 절차는 피하고, 부득이한 경우 최소화하는 등 영아의 고통을 예방하도록 해야 할 것이다.

6) 감각 간 지각

통합감각 또는 감각 간 지각(intermodal perception)은 다양한 감각을 통해 얻은 정보를 통합하는 능력을 말하는 것으로서(Snow, 1998) 어떤 감각을 통해 익힌 물체를 다른 감각에 의해 알아볼 수 있게 해준다. 피아제의 통합이론(enrichment theory) 관점에 따르면, 출생 시 여러 가지 감각이 분리되어 있기 때문에 감각기관은 독립적으로 성숙해야만 여러 감각기관으로부터 정보를 비교해서 통합할 수 있다. 따라서 어떤 물체가 어떤 모습을 보이고 어떤 소리가 나며 만졌을 때 느낌이 어떤지에 대한 경험이 쌓인 후에야 감각 간의 지각이 가능하게 된다(정옥분, 2002). 이러한 관점에서는 다양한 감각으로부터 얻는 정보들을 통합하는 것이 영유아에게 어려운 과제일 수밖에 없다. 예를 들어, 영유아가 좋아하는 곰 인형의 모습이나 촉감, 냄새는 지각할 수 있더라도 이러한 지각들을 통합하는 것은 한참 후에야 가능하기 때문이다(Kail, 2007).

그러나 깁슨의 분화 이론(differentiation theory)에서는 감각은 출생 시 통합되어 있기 때문에 감각 간 지각은 출생 시부터 가능하고 본다. 예를 들어, 멜조프와 보튼(Melzoff & Borton, 1979)은 생후 1개월 된 영아를 대상으로 [그림 10-10]과 같이 둥근 공 모양의 공갈 젖꼭지와 요철 모양의 공으로 된 젖꼭지 중 하나를 어둠 속에서 빨게 하였다. 그 다음 불을 켜고 두 젖꼭지를 함께 보여주었더니 영아는 자신이 빨았던 젖꼭지를 훨씬 더 오래 쳐다보았다. 이러한 결과는 불과 생후 1개월의 어린 영아도 입을 통한 촉각 경험을 시각적 체계로 전이하는 감각 간 지각 능력이 있음을 말해 준다.

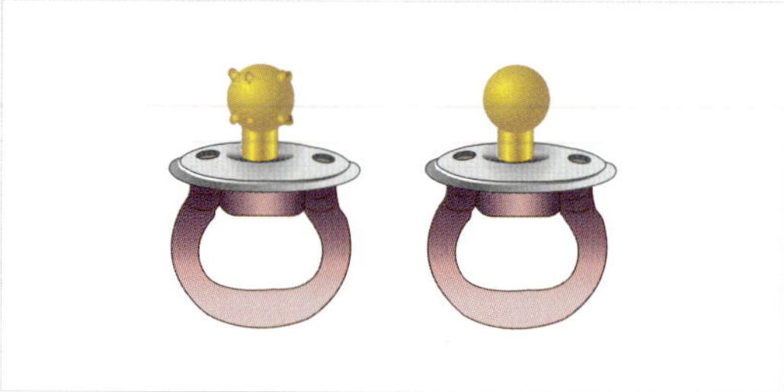

[그림 10-10] Melzoff & Borton(1979)의 감각 간 지각의 실험에 사용된 공갈 젖꼭지

이상과 같은 상반된 두 이론 중에서 분화이론을 지지하는 연구결과들이 지배적이다. 나아가 영아의 지각 체계는 여러 감각의 형태로 제시되는 정보에 더 주목한다는 것이 최근의 견해이다. 예를 들어, 신생아는 브래즐턴 신생아 검사(Brazelton Neonatal Behavioral Assessment Scale)에서 얼굴이나 목소리 중 한 가지만 제시해 줄 때보다 말하고 있는 얼굴을 제시해 줄 때 시각적으로 더 잘 추적할 수 있다(Field, 1990). 또한 영아는 어머니의 노래 소리를 듣는 것과 같이 한 가지 감각(청각)으로만 받아들이는 정보에는 덜 집중하며, 어머니의 박수치는 모습을 보면서 박수 소리를 들을 때와 같이 두 가지 감각(시각과 청각)으로 전달되는 정보에 더 집중한다. 이는 마치 영아가 여러 감각으로 제시되는 정보는 분명히 중요한 것이므로 그것에 집중해야 한다는 규칙을 따르는 것처럼 보인다(Field, 1990; Kail, 2007).

2. 인지발달

영유아기의 인지발달을 이해하기 위한 접근법은 크게 피아제의 인지발달 이론과 정보처리 이론(information processing theory)이 있다. 피아제의 인지발달 접근은 지능의 질적 발달에 관심을 두고, 영유아기를 각기 감각운동기와 전조작기로 분류하였다. 이에 비해 정보처리적 접근에서는 영유아기의 인지발달은 정보를 조직하는 능력에서의 양적인 변화로 규정하고, 특히 기억에 관심을 두고 있다. 피아제의 감각운동적 지능은 7장에서 상세히 다루었으므로 본 절에서는 대상영속성 개념의 발달과 주의, 기억, 유목 및 개념 등을 중심으로 살펴보고자 한다.

1) 대상영속성

(1) 대상영속성의 의미

영아기의 인지발달의 주요 특징은 대상영속성의 획득이다. 대상영속성(object permanence) 개념은 물체가 눈에 보이지 않거나 감각을 통해 더 이상 탐지될 수 없을 때에도 존재한다는 것을 아는 것이다. 이는 표상 능력이 있음을 보여주는 것으로 감각이나 운동을 통한 조작이 아니라 사고를 통한 조작이 가능해졌음을 의미한다. 피아제에 의하면 대상영속성 개념은 출생 시에는 전혀 존재하지 않고, 감각운동기의 마지막 하위 단계인 정신적 표상기가 되어야 완전히 획득된다. 대상영속성 개념을 획득할 때 영아는 인지적으로 엄청난 진전을 이룬다. 영아는 독립된 사물들을 포함하는 세계와 그리고 자신은 그 세계 안의 많은 것들 중에서 단지 하나의 대상임을 깨닫게 된다. 따라서 대상영속성 개념과 더불어 영아는 자신이 독립된 개체라는 것을 명확히 인식하게 된다(Crain, 2005).

또한 영아는 물체에 대한 대상영속성 개념과 함께 사람에 대한 대인영속성 개념도 함께 형성해 가는데, 특히 양육자에 대해 갖게 되는 대인영속성 개념은 영아의 심리사회적 안정감과 깊은 관련이 있다. 즉, 영아가 대인영속성 개념을 갖게 될 경우 어머니나 교사가 눈에 보이지 않더라도 영아는 그들이 가까이에 있을 것임을 믿고 불안해하지 않으며, 적극적으로 놀이나 활동에 참여할 수 있게 된다(김혜경·김홍은·문혁준·박은혜·유애열·임혜영·장영희·조혜진, 2005a). 대상영속성 개념은 감각운동적 지능의 발달과 밀접한 관련을 맺고 발달하며, 다음과 같이 뚜렷한 단계를 거친다.

(2) 대상영속성의 발달 단계

① 1단계(~1개월)

감각운동기의 반사기에 해당하는 시기로 대상영속성 개념이 전혀 없다. 신생아는 움직이는 물체를 눈으로 쫓아가지만, 그 물체가 시야에서 사라지면 더 이상 관심을 보이지 않는다.

② 2단계(1~4개월)

감각운동기의 일차순환반응기에 해당하는 시기로 대상영속성 개념이 어렴풋하게 나타난다. 이 시기 영아는 눈으로 쫓아가던 물체가 시야에서 사라지면, 그 물체가 사라진 곳을 잠시 응시하다가 고개를 돌린다. 이 시기 영아는 '보이지 않으면 잊어버리기'(out of sight, out of mind) 때문에 다른 대상으로 시선을 옮기고 더 이상 찾으려 하지 않는다.

③ 3단계(4~8개월)

비로소 영아가 외부세계에 관심을 갖기 시작하는 감각운동기의 이차순환반응기에 해당하는 시기로 부분적인 대상영속성 개념이 나타난다. 이 시기 영아는 물체가 사라지면 사라진 곳을 쳐다보고, 물체의 일부분을 가리더라도 그것을 찾을 수 있다. 눈과 손의 협응이 이루어져 물체가 부분적으로 보이는 경우에는 잡으려고 하지만 물체를 감추는 과정을 목격했음에도 불구하고 물체가 완전히 가려지거나 사라진 경우에는 찾으려고 하지 않는다.

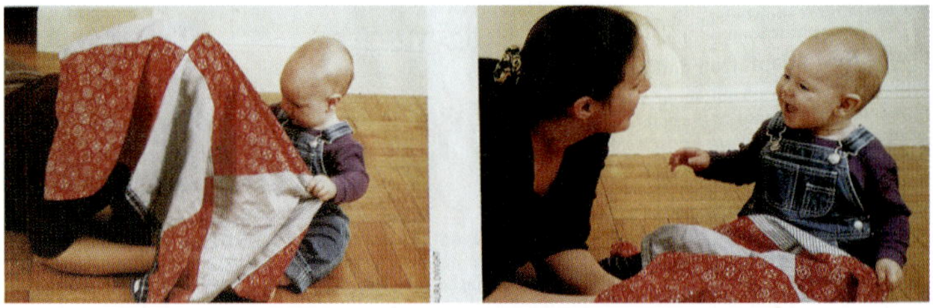

[그림 10-11] 담요 밑의 어머니를 찾아내는 생후 7개월 영아.
이후 생후 12개월까지는 까꿍놀이를 좋아하지만,
만 2세경 대상영속성이 확립되면 어머니를 찾아도 놀라거나 기뻐하지 않는다.

출처: Berger(2003)

④ 4단계(8~12개월)

감각운동기의 이차도식의 협응기에 해당하는 시기로 진정한 의미의 대상영속성 개념이 발달하기 시작한다. 이 시기 영아는 완전히 가려지거나 사라진 물체도 적극적으로 찾으려 한다. 예컨대 인형을 담요로 완전히 가렸다면 담요를 들추고 인형을 찾아낼 것이다. 이는 영아가 물체가 시야에서 사라져도 계속 존재한다는 사실을 인식하며, 물체가 사라지기 전에 마지막으로 본 곳을 기억하고 있음을 나타낸다.

⑤ 5단계(12~18개월)

감각운동기의 삼차순환반응기에 해당하는 시기로 대상영속성 개념이 크게 진전한다. 이 시기 영아는 물체를 이리저리 숨겨 놓아도 그 물체의 이동 과정을 눈으로 본다면 그 물체를 마지막으로 본 장소에서 찾아낼 수 있다. 그러나 물체의 이동 과정을 보지 못한 경우에는 정신적 표상과 상상력의 부족으로 위치 이동을 이해하지 못한다.

⑥ 6단계(18~24개월)

감각운동기의 마지막 단계인 정신적 표상기에 해당하는 시기로 대상영속성 개념이 완전히 발달한다. 보이지 않는 대상의 이미지에 대한 표상 능력이 생겨났기 때문에 영아는 물체를 숨기는 것을 보지 않아도 이동 과정을 추론하고 물체를 찾아낼 수 있다.

2) 주의

(1) 주의 과정

주의(attention)는 환경의 여러 가지 정보 중 특정 정보에 의식을 집중하는 것으로서 학습의 첫 과정이라고 할 수 있다. 무엇이든 일단은 주의를 기울여야 알 수 있고 배울 수 있기 때문이다. 또한 주의를 기울이는 것보다 주의를 유지하는 게 더 중요하다. 이러한 점에서 주의는 실험심리학 분야에서 가장 오래된 연구주제가 되어왔다.

[그림 10-12]와 같이 먼저, 주의는 각성(alertness) 수준을 증가시키는 것에서 시작한다. 두 번째로는 일정 시간 동안 주의를 유지(sustained attention)해야 하고, 세 번째로는 여러 자극 중 중요한 자극 하나에 집중하고 중요하지 않은 자극은 무시할 수 있는 선택적 주의집중(selective attention)이 필요하다. 넷째, 한 자극에서 다른 자극으로 주의를 전환(alternating attention)할 수 있어야 하고, 마지막으로 한 가지 이상의 자극에 대해 동시에 주의를 집중하기 위해 주의를 분할(divided attention)할 수 있어야 한다. 이 단계가 되면 어머니의 이야기를 들으면서 동시에 블록을 맞추는 것이 가능해진다. 그러나 주의를 통제하는 능력이 부족하면 문제행동이 일어나게 되는데, 이를 ADHD(Attention-Deficit Hyperactivity Disorder)라고 부른다. ADHD 유아는 잠시도 가만히 있지 못하고 충동적인 행동을 보이며, 학습이나 대인관계, 학교생활에서 어려움을 겪게 된다.

[그림 10-12] 주의 과정

(2) 주의집중의 발달

신생아는 큰 소리나 밝은 빛, 갑작스러운 접촉 등의 자극에 대해 무조건 그 자극이 나타나는 쪽으로 향하는 지향반사(orienting reflex) 반응을 보인다. 이와 같이 자극에 대한 주의는 본능에 가까워 보일 만큼 일찍 발달하지만, 신생아의 주의력은 의식적인 노력이 아니라 주변 환경의 변화나 자극의 강도 등 외적 요인에 의해 결정된다(김재은, 1990). 또한 스스로 이동할 수 없는 영아에게 있어 시각적 주의는 환경을 탐색하고 환경에 대한 지식을 얻는 중요한 수단이지만, 생후 첫 1개월간 영아의 주의는 느리고 고정되어 있어서 한 자극에서 다른 자극으로 주의를 전환하기 어렵다. 생후 3~6개월에는 지향반응이 원활해짐에 따라 한 자극에서 다른 자극으로 주의를 전환할 수 있게 된다. 이 시기 영아는 응시를 많이 하고 새롭고 흥미로운 사물과 사건에 매력을 느끼며 재빨리 응시할 수 있고, 흥미가 떨어지면 응시를 멈추고 다른 자극으로 주의를 돌린다. 그러나 대개 자극의 신기성(novelty)에 의해 주의를 전환하는 것이며, 생후 6개월 이후에야 외부 자극이 아닌 영아 자신의 힘으로 주의를 조절하기 시작한다. 첫 돌을 지나 두 돌에 이르는 동안 주의에 대한 통제력(control of attention)이 급격히 향상되어서(Forssman, 2012) 자극에 대해 선택적으로 주의를 기울일 수 있게 된다. 그러나 아직 주의집중 시간(attention span)이 짧고 다른 간섭 자극에 의해 방해를 받는 등 불안정한 특성을 보인다. 만 2세가 되면 1분 이상 주의집중을 할 수 있기 때문에 짧은 동화책을 읽어주는 동안에는 관심을 유지할 수 있고, 만 4세에는 주의집중 시간이 10분 내외로 증가한다. 만 5세 유아는 TV 프로그램을 볼 때 무조건적, 반사적으로 주의집중하기보다는 자신의 흥미와 이해 용이도에 따라 집중 수준을 변화시킨다. 즉, 주의집중에는 유아의 흥미와 관심, 관련 경험, 내용의 친숙성, 인지발달단계 등 여러 요인이 주의집중에 영향을 미칠 수 있다(김태연, 2013).

[그림 10-13] 선택적 주의집중

3) 기억

영유아는 지각하고 학습할 때 기억을 하는가? 기억이 시작되는 연령은 언제인가? 영유아는 얼마나 오래 기억을 하는가? 기억은 지능의 가장 중요한 구성요인이며, 학습과 분리하기 어렵기 때문에 정보처리이론에서는 이러한 질문에 초점을 둔다. 기억은 여러 단계가 요구되는 복잡한 과정으로 영유아는 다음과 같이 정보를 부호화, 저장하며, 필요시 선택적으로 인출한다.

부호화 저장 인출

[그림 10-14] 기억의 과정

(1) 부호화

기억의 첫 과정은 부호화(encoding)로 이는 나중에 필요할 때 잘 기억해낼 수 있는 형태로 정보를 기록하는 과정을 말한다. 우리는 수많은 정보에 노출되어 있기 때문에 모든 정보를 다 받아들일 수는 없고, 결국 필요한 정보에 주의를 기울이고, 선택된 정보를 시각, 청각, 미각, 후각, 의미 등의 부호로 바꾸어 뇌에 입력하게 된다. 부호화되지 않은 정보는 파지가 불가능할 뿐만 아니라 부호화가 체계적으로 이루어지지 않은 경우 나중에 필요할 때 기억해내기 어렵다. 부호화에 영향을 미치는 요인으로는 각성 수준이나 주의집중, 동기 등이 있다.

(2) 저장

다음은 정보를 기억 속에 쌓아두는 저장(storage) 과정으로 여기에는 감각기억, 단기기억, 장기기억 등이 있다(Snow, 1998).

① 감각기억

오감을 통해 들어온 모든 정보는 감각기억(sensory memory)이라고 불리는 일종의 대기실을 아주 잠깐 거치게 된다. 즉, 감각기억은 어떤 자극이 지각된 최초의 순간에 기억되는 즉각적인 감각적 인상으로서 지속 시간은 1초 이내이다. 예를 들어, 연수에 참여할 때 참석자들의 얼굴은 지각됨과 거의 동시에 사라져버린다. 이러한 자극은 뇌에 저장할 가치가 없기 때문에 걸러지며, 이로 인해 우리는 불필요한 정보의 범람으로부터 보호받게 된다. 감각기억은 출생 시부터 존재하며, 연령에 따라 별로 변하지 않는 기억 유형이다.

② 단기기억

단기기억(short term memory)은 감각기억에 들어온 정보 중에서 의미 있는 것만을 선택하여 약 몇 초에서 몇 십 초 정도 기억하는 것이다. 예를 들어, 연락처를 주고받는 상황에서 상대방 전화번호를 듣고 자신의 핸드폰에 입력할 때까지 그 번호를 기억하는 경우이다. 입력이 끝나는 즉시 그 번호는 잊어버리게 될 뿐만 아니라 국제전화의 경우처럼 번호가 길면 기억 자체도 어렵다. 이와 같이 단기기억은 용량이 매우 작고 짧은 시간 동안에만 지속된다. 단기기억으로 정보를 저장하는 능력은 생후 8~12개월에 급속히 증가한다. 감각기억이나 장기기억의 용량은 연령에 따라 거의 변화가 없으므로 기억 용량의 변화는 대개 단기기억 용량의 증가를 말한다. 단기기억 용량은 몇 개의 숫자를 불러준 후 순서대로 정확히 말하게 하는 기억폭 검사로 측정한다. 대개 성인은 평균 7개, 2세 유아는 2개, 6세 유아는 4~5개를 기억하므로 기억폭은 유아기에 급속히 증가하는 것으로 보인다. 한편 단기기억에 들어간 정보의 일부는 장기기억으로 이동하게 되는데, 영유아는 기억책략이 부족하여 장기기억으로 저장하기 위해서는 반복 경험이나 연습을 해야 한다.

③ 장기기억

통상적으로 우리가 기억이라고 말할 때에는 대개 장기기억(long term memory)을 의미한다. 장기기억은 현재 사용되고 있지는 않으나 기억 속에 저장된 인출 가능한 모든 기억이다. 단기기억과 달리 장기기억은 저장 용량이 크며, 정보가 쉽게 사라지지 않고, 때로는 평생 보존되기도 한다. 단기기억과 장기기억 모두 영유아의 월령이 증가함에 따라 향상된다. 장기기억은 크게 서술기억과 절차기억으로 나뉜다.

■ 서술기억

서술기억(declarative memory)에는 일화기억과 의미기억이 있다. 일화기억(episodic memory)은 자신이 경험한 사건에 관한 기억이다. '지난주에 도서관에서 프로이드가 쓴 책을 빌려왔다'와 같이 시간과 장소 등에 관한 구체적이고 특수한 정보가 포함된 기억이다. 왜곡의 가능성은 있어도 일반적으로 회상률이 높다. 의미기억(semantic memory)은 '프로이드는 정신분석 이론의 창시자이다'와 같이 개인의 경험이 개입되지 않은 일반적인 지식이나 정보에 관한 기억을 말한다.

■ 절차기억

절차기억(procedural memory)은 자전거 타는 법이나 젓가락 사용법 등과 같이 신체를 통한 운동적 기억이다. 어릴 때 배운 자전거 타는 법은 나이가 들어서도 유지된다. 이와 같이 몸으로 익힌 기능이나 지식, 절차는 말로 표현하기는 어렵지만, 실제 수행은 무의식적으로 쉽게 이루어진다. 절차기억은 영아기 초부터 일찍 나타난다.

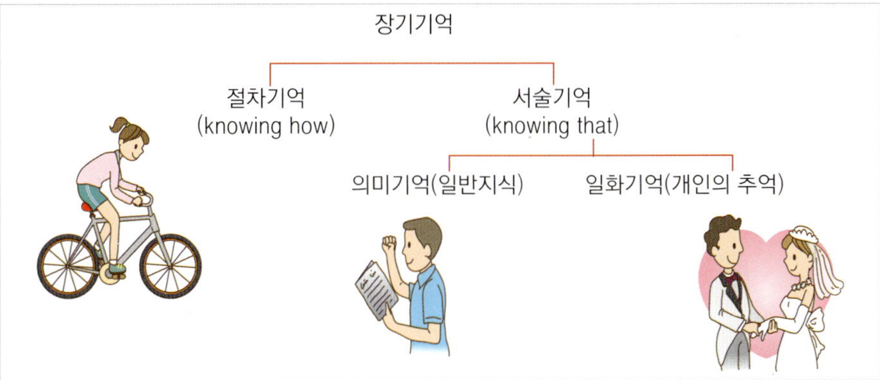

[그림 10-15] 장기기억의 종류

(3) 인출

마지막 과정은 저장된 정보를 필요할 때 꺼내는 인출(retrieval) 과정이다. 인출을 얼마나 쉽게 하느냐 하는 것은 기억이 얼마나 체계적으로 저장되어 있는가에 따라 달려 있다. 인출 상황에는 다음과 같이 회상과 재인 등 두 가지가 있다.

① 재인

재인(recognition)이란 이전에 경험한 내용의 일부가 단서로 제시된 상황에서 기억하는 능력이다. 예를 들어, "어제 동물원에서 무슨 동물을 보았니?"라는 질문에 영유아가 동물 카드 중에서 소를 가리키는 것을 말한다. 피아제에 의하면 재인은 일종의 원초적인 지각 과정으로서, 단순히 현재 지각한 것과 과거에 지각한 것을 결부시키는 것이다. 피아제는 신생아가 젖을 빨다가 놓쳐도 젖꼭지를 재인할 수 있고, 눈으로 물체를 쫓다가 순간적으로 놓쳐도 재인할 수 있다고 하면서, 재인은 신생아의 감각운동적 도식에서 출발한다고 하였다. 또한 자극을 반복 제시하면 반응 강도가 감소하는 습관화 현상이나 새로운 자극이 제시되면 다시 관심을 보이는 탈습관화 현상도 영아가 재인을 한다는 증거로 볼 수 있다. 이와 같이 볼 때 재인은 출생 초기부터 나타나는 초보적인 기억 유형이라 할 수 있다. 연령이 증가함에 따라 영유아의 재인 능력도 향상된다. 친숙한 물건을 보고 재인하게 하면, 2세 유아는 80% 이상을 재인하고, 4세 유아는 90% 이상을 재인할 수 있다. 이처럼 영유아는 단순하고 친숙한 자극은 정확하게 재인하지만, 복잡하고 추상적인 자극은 정확하게 재인하지 못한다(채영란, 2007).

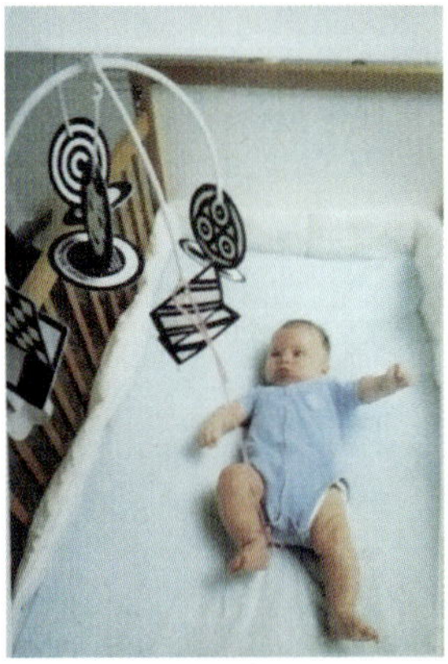

[그림 10-16] 몇 주 전에 학습한 것을 기억하여 친숙한 모빌을 발로 차는 영아

출처: Berger(2003)

② 회상

회상(recall)이란 과거 경험한 내용을 단서가 전혀 없는 상황에서 기억하는 것을 말한다. 예를 들어, "어제 목장에서 무슨 동물을 보았니?"라는 질문에 "소"라고 대답하는 것이 회상이다. 재인은 지금 눈앞에 있는 사물을 단순히 재확인하는 과정이므로 쉽고 단순하지만, 회상은 가능한 대안들(소, 돼지, 개, 말)을 기억에서 인출한 후 그중에서 정답을 선택해야 해야 하는 두 가지 과정(dual process)을 거치기 때문에 재인보다 어렵다. 피아제는 회상을 지연모방과 관련지으면서 생후 18~24개월이 되어야 회상이 출현한다고 했다. 그러나 최근 많은 연구자들은 피아제가 생각했던 것보다 훨씬 일찍 지연모방이 나타난다고 주장한다. 예를 들어, 생후 7개월 정도 된 영아도 항상 같은 곳에 있던 장난감이 없으면 놀라는 표정을 짓는데, 이는 그 장소에 있던 물건에 대해 기억하고 있기 때문이다. 첫돌 무렵의 영아가 대상영속성을 보이기 시작하는 것 역시 회상이 가능하다는 증거이다(김말숙, 2008).

[그림 10-17] 재인(좌)과 회상(우)

단기기억에 의해 정보를 회상할 수 있는 영유아라 할지라도 정보의 시간적 순서를 회상하는 것은 어려워한다. 또 지연 기간이 길어질수록 회상은 어려워진다. 친숙한 사물이나 사건, 반복적인 경험, 말이 아니라 몸으로 행동의 순서를 실행, 기억을 상기시키는 힌트 등이 있으면 장기간의 회상이 가능해진다(Fogel, 2001). 어떤 대상을 인지하고 그것이 과거에 경험한 것인지 아닌지를 판단하면 되는 재인에 비해, 머릿속에 저장된 정보를 그대로 인출해 내야 하는 회상 능력은 늦게 발달한다. 만 3~4세까지도 유아는 스스로 회상 목표를 세우지 못한다. 이 시기 유아의 회상은 놀이 과정과 같은 자연적인 상황에서 의도적 시도 없이 이루어진다. 동시나 동화 속에 반복되는 리듬을 기억하는 것이 그 예이다. 5세가 되면 제시된 자료를 요소별로 체계화하고 계속 반복하는 것과 같은 책략을 사용하는 의도적인 회상이 나타난다.

4) 분류

(1) 분류의 의미

윌리엄 제임스(William James)[15]는 신생아가 세계를 연관성이 없고 무질서한 것으로 지각한다고 보았다. 이후의 많은 연구자들은 이와 상반된 연구결과를 발표

15) 윌리엄 제임스(William James, 1842년~1910년)는 미국의 철학자·심리학자이다. 프래그머티즘 철학의 확립자로 철학·종교학·심리학 등에 뛰어난 연구를 많이 남겼다(http://ko.wikipedia.org/wiki).

해 왔다. 즉, 생후 1개월부터 영아는 성인과 비슷한 방식으로 지각하고 개념화하는 능력이 발달한다는 것이다. 이는 사물이나 사건을 어떤 규칙이나 원칙에 따라 집단으로 나누는 분류(categorization) 능력을 말한다. 분류는 두 개 이상의 사물이나 사건이 포함된다는 점에서 변별(differentiation)과 차이가 있다. 예를 들어, 변별은 단지 특정 개가 특정 고양이(또는 다른 개)와 다름을 인식하는 것이고, 분류는 개와 고양이, 여우, 토끼들끼리는 서로 비슷하지만, 자동차와는 다르다고 생각하는 것이다.

같은 유목(category)에 포함되는 대상들 사이에 존재하는 공통점을 정신적으로 표상하는 것을 개념(concept)이라고 한다. 따라서 분류는 세계에 있는 사물들을 모으는 것이고, 개념은 이를 정신적으로 서술하는 것이라 할 수 있다. 분류와 개념은 인지발달에 매우 중요한 역할을 한다. 개념이 형성되면 용량에 제한이 있는 기억이나 지각의 처리 과정에 부담을 덜 주기 때문이다. 반면 개념이 형성되지 않은 경우에는 같은 유목에 속한 각각의 물체들의 같거나 비슷한 정보를 제각기 다 기억해야 한다. 물체를 분류하는 것은 또한 그 물체에 대한 귀납적 추론을 가능하게 해준다. 예를 들어, 개라는 특정 대상을 분류하고 나면 그것이 살아있는지, 다람쥐와 비슷한지 등을 추론할 수 있다(Rakison & Oakes, 2003).

[그림 10-18] 변별, 유목화, 개념의 차이

(2) 분류의 발달

사물이나 사람을 그때그때 하나씩 이해하는 것보다 일반적인 개념을 형성하거나 분류하는 것이 훨씬 더 어려운 과제이지만, 분류 능력은 생애 첫해부터 나타나는 것으로 보인다. 생후 3개월이면 여러 종류의 유목을 형성하고(곽금주 외, 2005), 6개월 이전에 모양이나 색, 상대적 크기 등에 따라 물체를 3개까지 분류할 수 있다(Haith & Benson, 1998). 이들은 단순히 모양(동그라미 vs 네모)이나 상대적 크기의 차이(더 큰 vs 더 작은)를 지각하는 것뿐만 아니라, 마치 각 유목에 무엇이 적당하고 무엇이 적당하지 않은지에 관한 원리를 적용하는 것처럼 보인다. 또한 성인의 기준에 비하면 조잡하지만, 생후 14~20개월 영아도 부엌에 속하는 물건들과 목욕탕에 속하는 물건들을 구분하는 등 의미론적으로 타당한 구별을 하는 것으로 밝혀졌다(Mandler, Fivush & Reznick, 1987).

영아의 분류 능력에 대한 연구는 주로 동물이나 일상용품, 가구, 교통기관 등 구체물에 대해 이루어졌지만, 분류는 다른 영역이나 감각양식에 적용될 수 있는 일반적인 인지 능력이다. 예를 들어, 분류의 원리를 공간관계에 적용한 퀸과 그 동료들(Quinn, Cummins, Kase, Martin, & Weissman, 1996)의 연구에서 '위-아래'와 같은 공간관계의 유목을 형성하는 능력은 사물에 대한 유목을 형성하는 능력과 유사한 것으로 나타났다. 퀸과 그 동료들은 영아에게 [그림 10-19]와 같이 수평선 위/아래의 다이아몬드 4개로 된 자극에 익숙해지게 한 후 다이아몬드 1개를 원래의 위치 그대로 혹은 위치를 바꾸어 제시하였다. 그 결과 생후 3~4개월 영아는 다이아몬드의 위치가 바뀌었을 때 더 오래 응시했는데, 이는 영아가 위-아래라는 유목을 표상할 수 있음을 뜻한다. 그러나 물체의 모양을 다이아몬드가 아니라 화살표, 십자가, 삼각형, 알파벳 등으로 무작위로 바꿔 제시하면, '위-아래' 유목을 표상하지 못했고, 생후 6~7개월이 되어야 물체의 모양을 바꾸어도 혼란을 느끼지 않는 추상적인 '위-아래' 유목 표상이 가능해졌다.

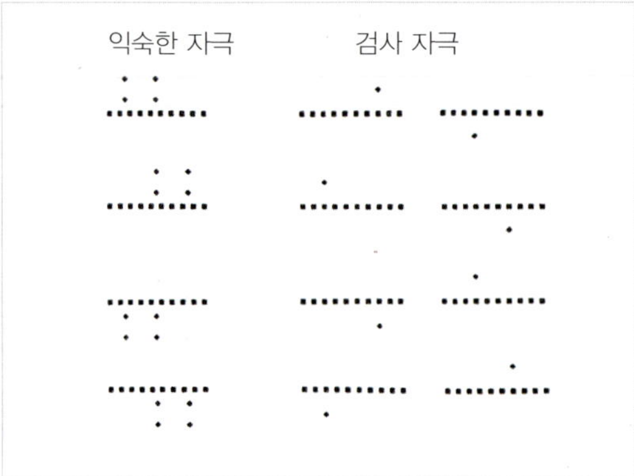

[그림 10-19] 퀸과 그 동료들(Quinn et al., 1996)의 위-아래 유목 실험과제

영아는 특히 움직이는 물체를 분류하기 좋아하므로 생물에 대한 유목이 일찍 발달한다. 첫돌 무렵에는 실물이 아니라 사진을 통해서도 다음과 같은 구별을 할 수 있게 된다.

- 새와 새가 아닌 동물(앵무새는 매와 같은 유목이 지만, 말과는 다른 유목이다)
- 남자와 여자, 어린이와 어른, 잘생긴 사람과 그렇지 않은 사람
- 개와 고양이

어린이와 어른이 같은 크기의 사진으로 제시된 경우 머리의 모양이나 코나 턱의 비율 등으로 구별해야 하는데, 만 1세 영아가 이를 구별한다는 것은 상당히 특수한 지각적 이해를 갖고 있음을 의미한다. 이상과 같이 볼 때 영아는 피아제가 주장한 것보다 일찍 개념을 형성한다고 할 수 있다. 또한 유목에 대한 인지가 유목에 대한 어휘보다 먼저 발달하는데, 이는 영아가 아직 언어가 미숙해서 유아처럼 유목에 이름을 붙이지는 못하는 것일 가능성도 있다. 그러나 일단 물체를 유목으로 분류하고 나면 영아는 그 물체의 특성에 대한 지식이 증가하며 추후 어휘의 습득도 촉진될 수 있다(Berger, 2003).

2~3세 유아에게 분류란 물체의 유사성에 따라 나누는 활동을 의미한다. 예를 들어, "이것들은 비슷해 보이니까 함께 놓아야 해."라는 유아의 자연적인 성향이

바로 분류행동인 것이다. 2세 반~4세 반 경에는 물체를 모양 등 속성에 따라 분류하기보다 어떤 형태를 만들려고 물체를 배열한다. 4세 반~7세 유아는 분류 기준을 중간에 바꾸는 등 일관성 없이 분류하는 경향이 있다. 예를 들어, 처음에는 모양에 따라 분류하다가 어느새 색깔을 기준으로 분류해서, 결국은 빨간색 원과 삼각형으로 이루어진 집합과 빨강, 노랑, 파랑의 사각형으로 이루어진 집합을 만들기도 한다(한유미, 2020). 이러한 준분류(quasi-classfication) 행동은 유아기 말에 사라지고, 구체적 조작기에 해당하는 7~8세가 되어야 분류 기준에 따른 정확한 분류가 시작된다. 또한 두 가지 이상의 기준에 따라 분류하는 복합분류(multiple classfication)와 부분과 전체의 관계를 이해하는 유목포함(class-inclusion)도 가능해진다. 복합분류의 예는 모양과 색깔 등 빨간 원, 파란 원, 빨간 삼각형, 파란 삼각형 등으로 분류하는 것이다. 유목포함은 1개의 원과 3개의 삼각형을 보여주고 "삼각형이 많니? 도형이 많니?"라고 물을 때 "도형"이라고 대답할 수 있는 것을 말한다. 전조작기 유아는 삼각형이 도형이라는 전체의 부분집합이라는 것을 깨닫지 못하고, 자기 눈에 비치는 대로 "삼각형이 많아요."라고 답한다.

분류는 특수하고 다양한 경험을 통해 발달하기보다는 의도적인 자극 없이 기본적이고 통상적인 경험만으로도 정상적으로 발달하는 것으로 보인다. 백인, 출생 전 마약에 노출된 저소득층, 그리고 극빈층 페루 인디언 등 세 집단의 영아를 대상으로 한 랑거(Langer, 2001)의 분류하기 실험에서 모든 집단의 영아들은 거의 같은 나이에 모양을 정확하게 분류하는 것으로 나타났다. 이는 교육의 경험과 관계없이 인지발달은 보편적으로 일어남을 시사한다.[16] 이와 같이 볼 때 분류에 대한 초보적인 이해는 생물학적으로 타고난다고 할 수 있다. 즉, 뇌에는 분류에 대한 초보적인 이해가 내장되어 있어서 시각적 자극이 나타나면 바로 유목을 적용하는 듯하다(Berger, 2003).

16) 반면 정서적 성숙은 세 집단이 차이가 있었다. 따라서 기초적인 유목과 개념의 발달에는 뇌의 성숙이 결정적이지만, 정서적 상호작용에는 경험 요인이 중요하다고 할 수 있다.

특별 활동 동영상 보면서 요약하기

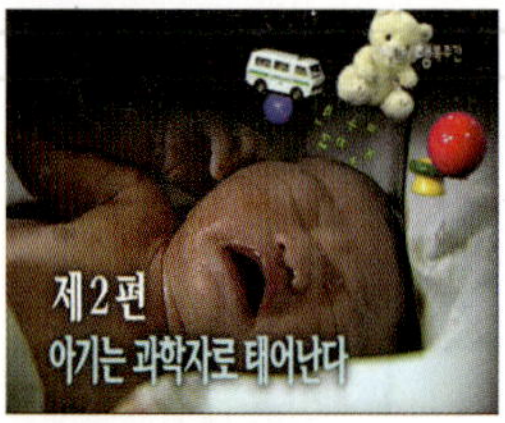

EBS 특별기획 〈아기성장보고서〉
제 2부: 아기는 과학자로 태어난다.
http://home.ebs.co.kr

1. 걷거나 길 수 있기 전의 누워 있는 아기도 인과관계에 대한 지식이 있음을 보여주는 사례를 찾아보시오.

2. '이론 이론(theory theory)'을 주장한 버클리대 고프닉(Gopnik) 교수의 주장을 요약하시오.

3. 인형 개수가 틀릴 때(예, 2개인데 1개가 나타남) 아기들이 더 오래 쳐다보는 이유를 쓰시오.

4. 아기가 범주화 능력을 갖고 있다는 증거를 쓰시오.

5. 엄마와 낯선 사람의 목소리에 대한 아기의 반응은 어떻게 다른지 비교하시오.

6. 대상영속성 개념의 발달 과정을 나타내는 아이들의 예를 쓰시오.

7. 고프닉(Gopnik) 교수가 아기에게 왜 비디오나 특별 수업을 하지 말아야 하며, 아이들에게 필요한 학습은 무엇이라고 했는지 쓰시오.

8. 소아과 의사이자 아동학자인 브래즐턴(Brazelton)이 제시한 잘못된 부모 역할과 좋은 부모 역할을 쓰시오.

9. 브래즐턴(Brazelton)은 스스로 달성했다고 생각하는 내부적 피드백을 중요시했는데 비디오에서 아기들이 이를 통해 성취감이나 자신감을 경험한 예를 찾아보시오.

10. 이 비디오는 인간 발달에 대해 백지설을 지지하는가 또는 반대하는가? 비디오의 입장과 관계없이, 본인의 입장은 어떠한지 근거를 들어 설명하시오.

11 영유아기의 언어발달[17)]

아리스토텔레스가 인간을 '말하는 동물'이라고 정의한 이후 많은 학자가 과연 인간만이 언어를 사용할 수 있는가에 관해 관심을 가져왔다. 그리하여 침팬지 등 영장류에게 말을 가르치려는 실험이 이루어졌지만, 이러한 시도들이 번번이 실패하는 것으로 보아 언어는 인간만이 가지는 종 특유의 현상이라 할 수 있다.

언어는 발음 규칙에 관한 음운론(phonology), 형태소나 단어의 형태에 관한 형태론(morphology), 단어의 정의나 문장의 의미에 관한 의미론(semantics), 단어가 문장으로 조직되는 방식에 관한 통사론(syntax) 그리고 의사소통을 위한 언어의 사용 규칙에 관한 화용론(pragmatics) 등 여러 요인으로 구성된 복잡한 의사소통 체계이다. 또한 언어는 지적 활동의 중요한 매개체일 뿐만 아니라 타인과 관계를 맺는 사회생활의 기초가 되고, 인격이나 개성을 나타내주므로 양육자는 영유아기부터 올바른 언어습관을 형성하도록 도와야 한다. 본 장에서는 언어 습득에 관한 여러 학자의 이론적 관점들을 비교해 본 후 말이 출현하기 이전의 울음이나 다양한 발성들과 몸짓을 포함한 영아기의 의사소통 발달 과정을 살펴보기로 한다.

17) 한유미·김혜선·권희경(2021)의 '영유아 언어교육의 이해' 중 저자가 집필한 제 3장 및 제 4장의 내용과 상당부분 중복됨

1. 언어습득에 대한 관점

언어는 다른 발달 영역보다 발달 현상을 설명하기 어려우며, 언어습득의 기제를 설명하는 관점도 학자에 따라 매우 다양하다. 대표적인 언어습득 이론으로는 인간이 언어에 대한 지식이 전혀 없는 백지 상태로 태어난다는 행동주의와 이와 반대로 언어에 관한 프로그램이 짜인 청사진을 이미 갖고 태어난다는 생득주의 입장이 있다.

1) 행동주의

1960년대를 주도하던 행동주의학자들은 행동주의에서 주장된 학습 이론을 언어습득에도 적용하였다. 이들에 의하면 언어습득은 두뇌의 사고 과정이 아니라, 백지 상태로 태어난 영아가 주위 사람들이 쓰는 언어를 모방하고, 강화 받은 것이 반복되어 이루어지는 기계적인 습관 형성 과정이다. 마치 종이 울릴 때 개가 음식을 연상하며 침을 흘리는 고전적 조건화에서처럼 영아는 어머니가 "뜨거워!"라고 말할 때 손을 데지 않으려고 피하게 되며, 쥐가 막대를 누르면 음식물을 얻을 수 있음을 알게 되는 조작적 조건화와 같이 영아는 '엄마'라고 말하면 포옹해 준다는 것을 배우게 된다는 것이다(박경자·강복남·장복명, 1994).

[그림 11-1] 행동주의 언어습득 모델

(1) 스키너

[그림 11-2]
B. F. Skinner,(1904-1990)
"언어는 학습된 행동이다."

대표적인 행동주의 학자인 스키너(Skinner)는 행동은 어떤 행동 뒤에 잇달아 일어나는 사건에 의해 수정·변화된다고 보고, 이전에 일어난 행동이 일어날 확률을 증가시킬 사건을 강화(reinforcement), 행동이 일어날 확률을 감소시킬 사건을 벌(punisher)이라고 불렀다. 그리고 그는 이러한 행동의 변화가 곧 학습이자 조작적 조건화라고 하였다. 스키너에 의하면, 언어 역시 다른 행동과 마찬가지로 조작적 조건형성에 의해 학습된다. 따라서 언어학습 과정에서 영아는 부차적 역할을 하며, 부모는 모델링과 강화를 제공하는 존재로서 중요한 역할을 담당하게 된다. 영아가 처음에는 많은 소리를 낼 수 있지만 9개월경이 되면 모국어에 있는 소리를 주로 발성하게 되는 것도 영아가 모국어에 있는 소리를 낼 때만 부모가 영아를 안아주거나 관심을 보이고 먹여주는 등의 강화를 제공하기 때문이다. 일단 습득된 언어가 유지되고 증진되기 위해서는 간헐적인 강화만 있으면 된다. 또한 영아는 부모로부터 무시된 소리는 점점 덜 내다가 결국 내지 않게 되는데, 이와 같이 벌 없이 행동이 사라지는 과정을 소거라고 부른다.

(2) 반두라

스키너에 의하면 영아가 [dah] 또는 [ee]라고 말하면 그것은 daddy(아빠) 또는 eating(먹는다)과 같이 유사한 발음의 단어로 강화되고, 이러한 일이 몇 번 반복되어 단어를 학습하게 된다. 이러한 스키너의 이론에 대해 반두라(Bandura)는 단순한 단어 학습은 어느 정도 설명할 수 있지만, 백지상태로 태어난 영아가 취학 전에 수천 개의 단어나 복잡한 구문과 문법을 습득하는 것을 설명하기에는 무리가 있다고 주장했다. 즉, 자연발생적으로 또는 무작위순으로 발생한 부정확한 말이

[그림 11-3]
A. Bandura(1921~)
"영유아의 행동은 직접적인 경험을 통해서 학습될 뿐만 아니라 다른 사람들의 경험을 관찰함으로써 습득되고 또 촉진될 수 있다."

정확한 언어로 강화되는 것이 아니라 영아는 다른 사람들이 내는 소리를 듣고 관찰하고 모방함으로써 언어를 습득한다는 것이다. 외국에 입양된 우리나라 영아가 우리말을 습득하지 못하고 양부모가 사용하는 언어를 습득하는 것도 이러한 이유로 볼 수 있다. 이와 같이 반두라는 모방이 영아의 언어습득에 주된 역할을 한다고 주장하면서 직접적인 강화가 아닌 대리강화의 경우에도 학습이 일어날 수 있다고 하였다. 예를 들어, 선생님으로부터 무엇인가를 받기 위해 친구가 "~주세요."라고 공손하게 말하고 칭찬받는 것을 관찰한 영아는 비슷한 상황에서 자신도 그렇게 행동한다는 것이다(백운학, 1987).

반두라에 의하면 영아의 언어발달에 있어서 가장 중요한 모델은 부모이다. 부모는 영아와 상호작용하는 빈도와 강도가 높을 뿐만 아니라 영아는 부모에 대한 존경과 부모와 같이 되고자 하는 바람을 갖고 있기 때문이다. 따라서 영아는 주로 부모에게서 들은 단어나 문장 구조를 모방함으로써 언어를 학습하게 된다(정옥분 역, 1991; Bandura, 1977).

2) 생득주의

생득주의에서는 아무리 인간에 가까운 영리한 동물이라고 해도 인간처럼 똑같이 언어를 배울 수 있는 능력은 없으므로 언어를 인간의 종 특유의 현상으로 본다. 당시 많은 과학자들이 영장류에게 인간의 언어를 가르치는 실험을 하였으나 침팬지는 인간의 말소리처럼 다양한 소리를 낼 수 없었으며, 수화를 가르칠 경우에도 매우 단순한 어순밖에는 학습할 수 없었기 때문이다. 또한 생득주의자들은 언어적 보편성과 영유아들 간의 발달적 유사성에 주목하였다. 영어를 쓰는 아이이든 불어를 쓰는 아이이든 중국어를 쓰는 아이이든 옹알이를 거쳐 1세경 첫 단어를 말하고, 18개월경 두 단어를 사용하기 시작한다는 것이다. 이러한 인간 언어의 보편성과 발달적 유사성은 생득적인 언어습득기제의 존재를 가정하게 하였다 (Owens, 2001).

(1) 촘스키

[그림 11-4]
N. Chomsky(1928~)
"침팬지가 사람과 같은 언어 사용 능력이 있다는 것을 증명하는 것은, 날개 없는 새를 사람이 가르쳐서 날 수 있게 하는 것만큼이나 가능성이 희박한 것이다."

생득주의의 대표적 학자인 촘스키는 문법이나 의미는 너무나 다양하고 복잡해서 강화나 모방만으로는 학습될 수 없다고 보았다. 즉, 컴퓨터에 내장된 하드웨어처럼 인간은 유전적으로 언어습득 능력을 가지고 태어나며, 출생 후 습득해야 하는 것은 언어의 세세한 면에 불과하다는 것이다. 따라서 촘스키의 입장에서 언어습득은 영아가 어떤 환경에 노출되었을 때 생득적인 내재적 능력이 발동되어 주위의 언어자료를 스스로 분석하고 그 언어의 기본적 원리를 구성해 가는 능동적 과정이다. 이와 같이 문법의 이해를 가능하게 하는 생득적인 언어생성 기제를 촘스키는 언어습득장치(Language Acquisition Device, LAD)라고 명명하고, LAD의 존재를 다음과 같이 설명하였다(노명완·이차숙, 1994; Steinberg, 1982). 모든 언어는 문장의 의미와 관계있는 심층구조(deep structure)와 문법을 말하는 표면구조(surface structure)로 구성된다.[18] 영아는 심층구조를 먼저 습득하고 이것을 다시 표면구조로 바꾸는데, 이 과정에서 문법의 변형이 필요하다. 예를 들어, [그림 11-5]와 같이 '사과 좋아'라는 심층구조를 부정문을 만드는 규칙을 적용하여 다양한 표면구조로 바꾸는 것은 변형문법을 적용할 수 있는 것은 LAD가 있기 때문이다.

18) 표면구조는 언어마다 각기 다르지만 심층구조는 보편적 특성이 있다. 예컨대, 모든 언어는 주어와 술어로 문장이 구성 되며, 부정문이나 의문문이 있다.

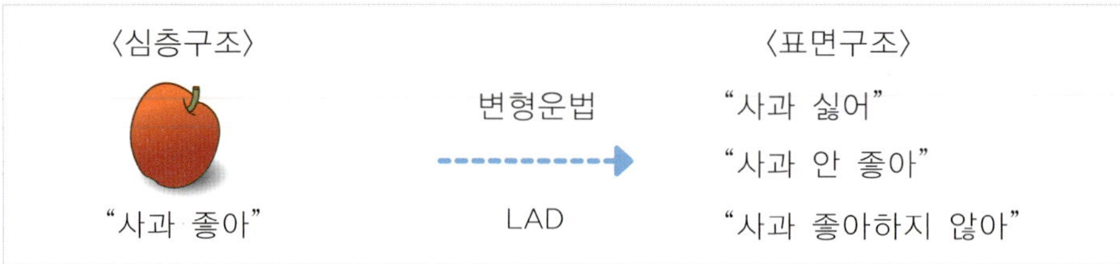

[그림 11-5] 심층구조와 표면구조

(2) 레너버그

레너버그(Lenneberg)는 촘스키보다 더욱 생물학적 입장을 취하여 언어습득의 생물학적 기반에 대한 연구를 발전시켰다. 그에 의하면 언어는 인간만이 갖고 있는 행동이며, 지각, 범주화, 그리고 그 밖의 언어습득과 관련된 심리적 과정은 생물학적으로 결정된다. 즉, 인간의 두뇌, 신경, 구강, 코, 인두, 후두, 폐, 복부, 성대, 힘살 및 근육 등 모든 인체조직은 언어습득에 적합하게 형성되어 태어났고, 이로 인해 인간만이 언어를 습득할 수 있다는 것이다. 언어가 출현하는 시기와 일어서기, 걸어가기 등 운동발달의 시점이 일치한다는 점 역시 언어습득이 생물학적 성숙과 밀접한 관계가 있다는 증거로 볼 수 있다(Lenneberg, 1967). 나아가 레너버그는 인간의 언어습득에는 결정적 시기가 있다고 주장했다. 다른 나라에 이민 간 아이들은 그 나라 말을 쉽게 습득하는 데 비해 어른들은 어려움을 겪는 것도 바로 이러한 이유에서이다. 또한 그는 [그림 11-7]과 같이 인간의 두뇌는 좌반구와 우반구로 구성되어 있고, 언어와 관련된 기능은 좌반구가 담당한다고 하였다.

[그림 11-6]
E. Lenneberg
(1921–1975)
“언어를 배우는 데에는 결정적 시기가 있다.”

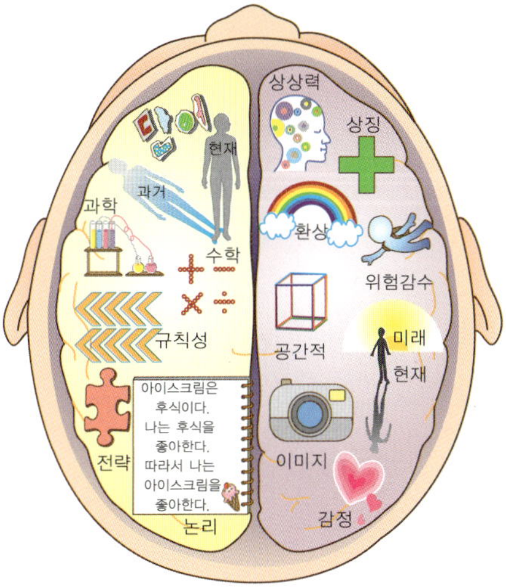

[그림 11-7] 좌뇌와 우뇌의 기능

특별 활동 님 프로젝트

컬럼비아 대학 심리학과 교수 허버트 테라스(Herbert Terrace)는 행동주의 심리학자이다. 그는 '언어는 인간에게만 내재된 능력'이라는 촘스키(Noam Chomsky)의 주장을 반박하기 위해서 새끼 침팬지를 일반 가정에서 인간의 아이처럼 기르면서 언어를 가르치는 프로젝트를 수행했다. 침팬지의 이름을 님 침스키(Nim Chimsky)로 붙인 것부터가 촘스키에 대한 조롱이 엿보이는데, 과연 이 프로젝트의 결과는 어떻게 되었을까? 이 프로젝트에 관한 영화 혹은 책에 대해 감상문을 쓰거나 토론을 해보자.

다큐멘터리 제목 : 프로젝트 님 영국(99분)
인터넷 쇼핑몰에서 DVD 판매
포털사이트(다음, 네이버)에서
다운로드 가능

책명 : 인간이 될 뻔했던 침팬지 님 침스키.
저자 : 엘리자베스 헤스
옮긴이 : 장호연
발행년도 : 2012
출판사 : 서울: 백년후

2. 언어발달

1) 언어이전의 의사소통

(1) 소리의 이해

① 말소리에 대한 인식

영유아 언어발달에 관한 연구들은 대개 듣기 능력보다 말하기 능력에 초점을 두고 있다. 그러나 듣기 능력은 말하기 능력보다 훨씬 먼저 일어나며, 심지어 태아 때부터 이미 존재하는 것으로 보고된다. 예를 들어, 한 연구에서 임신 33~36주에 특정 운율을 크게 들려주고 37주에 다른 운율을 들려주었을 때 태아의 심장박동수가 크게 증가했다. 이는 태아가 말소리의 패턴에 주목하고 차이를 변별할 수 있음을 나타낸다. 신생아의 경우 악기 소리보다는 사람들의 말소리나 보컬 음악을 듣는 것을 좋아하고, 생후 2일이면 엄마의 목소리를 구별할 수 있다. 또한 생후 4일된 영아는 외국어를 들을 때보다 모국어를 들을 때 젖을 세게 빤다. 이러한 연구 결과들은 영유아가 소리가 나는 방향이나 소리의 속도 및 강도, 지속시간 등을 토대로 소리 간의 차이를 변별할 수 있고, 특정한 말소리에 집중할 수 있음을 시사한다. 생후 5개월 경부터 영아는 특정 단어에 선택적으로 반응을 할 수 있다. 이들이 처음 반응하는 단어는 대개 자기 이름이다. 생후 8개월 정도 되면 영아는 몇 가지 구(句)를 이해하게 되고, 생후 8~10개월이 되면 각 단어의 의미를 이해하기 시작한다(박정민, 2002)

② 아기 말

아주 어린 영아도 아기 말(baby talk)을 듣는 것을 좋아한다. 아기 말이란 영아가 말하는 방식을 일컫는 용어가 아니라, 성인이 영아에게 하는 말을 지칭하는 용어로 모성어(motherese)라고도 한다. 아기 말은 정상적인 성인의 말과는 뚜렷한 차이가 있으며 구체적으로 다음과 같은 특징이 있다(Berger, 2003).

• 문장이 짧고 단순하다.
• 반복과 부연설명이 많다.
• 모음을 연장하고 어조를 높여 말한다.
• 과장하며 목소리의 크기를 변화시킨다.
• 영아의 단편적 표현을 완전한 문장으로 확장해서 말해 준다.
• 대명사 대신 3인칭을 사용한다(예 "선생님이 주실 거예요.").

아기 말은 영아가 성인의 말에 주의를 집중하고 의미를 이해하는 데 효과적이다. 이처럼 아기 말은 영아의 언어 습득을 도울 뿐만 아니라 정서적인 유대를 강화하는 역할도 한다.

[그림 11-8] 아기 말을 하는 어머니
출처: http://dialexicon.org

〈표 11-1〉 아기 말의 예

아기 말	일상적인 말
kitty(야옹이)	kitten(아기 고양이)
bow-bow(멍멍이)	dog(개)
wee-wee(쉬)	urinate(소변)
poo-poo(응가)	defecate(대변)
night-night(코 잔다)	sleep(자다)
mommy(엄마)	mother(어머니)

출처: 주영희(1998)

(2) 소리의 산출

① 울음

울음(crying)은 영아가 자신의 욕구를 양육자에게 알리는 최초의 의사소통 방법이다. 영아가 우는 이유는 너무 많다. 아플 때는 물론 배고파도 울고 졸려도 울

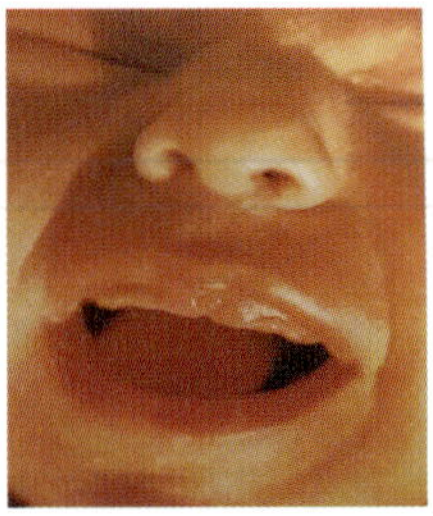

[그림 11-9] 신생아의 울음 : 자신의 욕구를 표현하는 첫 번째 수단

고 낯선 자극을 받아도 울고 목표 달성이 방해를 받았을 때도 운다(이영환, 2013). 출생 직후의 울음은 숨을 내쉼으로써 일어나는 반사적인 반응이며, 신생아기 동안에는 울음이 분화되지 않아서 우는 이유를 알기 어렵다. 이러한 미분화된 울음(undifferentiated crying)은 생후 1개월 이후 점차 분화된 울음(differentiated crying)으로 바뀐다. 〈표 11-2〉와 같이 배가 고플 때, 기저귀가 젖었을 때, 졸릴 때, 아플 때 영아의 울음은 강도나 고저, 음조, 패턴 등이 다르기 때문에 양육자는 울음을 통해 영아의 욕구를 파악할 수 있게 된다. 따라서 울음은 보다 정확한 의사소통 수단이 된다.

〈표 11-2〉 원인별 울음 특성

원인	울음 특성
배가 고플 때	• 불규칙적이고 낮은 강도로 시작해서 점차 소리가 커지고 리드미컬해진다. • 짧게 울다가도 멈추고 다시 울다가 멈추는 것을 반복한다. • 손가락을 빨거나 입을 벌리는 행동을 하기도 한다.
기저귀가 젖었을 때	• 처음에는 깜짝 놀란 듯 날카로운 소리로 찢어질 듯 울다가 나중에는 낮고 작은 소리로 훌쩍훌쩍 짧게 울며 칭얼댄다.
졸릴 때	• 짜증 섞인 울음이며 울고 있지만 눈물은 나지 않는다.
아플 때	• 갑자기 큰 소리로 시작되며, 처음부터 큰 소리로 길게 울다가 한참 잠잠하고, 다시 잠시 헐떡거리며 숨을 들여 마신다.

출처: 주영희(1998).

울음은 자신의 요구를 알리는 의미 외에도 발음기관 전체를 움직여 발달을 촉진시키는 의미도 있다. 또한 쳐다보기나 몸짓 등과 같은 다른 의사소통 행동이 없을 때 나타나는 단순한 울음(simple crying)은 감소하고, 첫 돌 무렵이 되면 영아는 양육자를 통제하거나 반응을 이끌어내는 수단으로서 울음을 사용한다. 이와 같이 영아가 발달함에 따라 울음 패턴은 변화하고 영아의 의사소통 체계의 일부가 되다가 언어 능력이 발달함에 따라 울음은 감소하게 된다.

② 쿠잉

생후 2개월 정도 되면 영아는 이전보다 확실히 덜 울고, 점차 울음이 아닌 발성을 나타낸다. 영아가 처음 내는 소리는 주로 '아~아' 나 '우~우'와 같이 모음 위주이며, 쿠잉(cooing; 목구멍 소리)이라고 한다. 쿠잉은 단순하고 의미가 없는 소리이긴 하지만, 영아가 처음으로 자신이 직접 소리를 내고, 그 소리에 다른 사람이 반응을 보인다는 것을 알게 된다는 점에서 가치가 있다. 또한 성대를 움직이게 하고 힘을 길러주는 효과도 있다. 쿠잉은 주로 영아가 흥분했거나 기분이 좋을 때 나타난다고 하여 해피사운드(happy sounds)라고도 하며, 곧 옹알이로 발달하게 된다.

③ 옹알이

대개 5~6개월이 되면 청각이 민감해지면서 자기 소리를 듣고 자기가 만족을 느끼게 되어 반복적인 소리를 자주하게 된다. 거의 알아들을 수 없던 부정확한 소리가 갑자기 '바하'와 같이 모음과 자음이 합친 소리로 바뀌며, 점차 '바바바바'와 같은 식으로 길어진다. 이와 같이 '자음-모음' 음절로 구성된 리듬 연쇄체는 청각 발달과 모음 발성을 위한 근육운동을 연결시키는 데 도움이 된다. 자음 중에서 엄마의 젖을 빠는 본능적 동작과 가장 가까운 순음이 가장 먼저 시작되는데, 일반적으로 /ㅁ/이 나타난다(박배식, 1992). 이는 〈표 11-3〉과 같이 여러 언어에서 엄마를 나타내는 단어에 공통적으로 ㅁ이 들어간다는 사실에서도 알 수 있다. 이러한 옹알이(babbling)는 일종의 입놀림이며, 발음의 기초적인 연습이라고 할 수 있다.

〈표 11-3〉 엄마와 아빠라는 말에 대한 세계 언어의 유사성

한국어	영어	스페인어	프랑스어	이탈리아어	중국어
엄마	마마/마미	마마	마마	맘마	마마
아빠	다다/대디	파파	바보	파파	빠빠

출처 : 조복희(1999).

옹알이는 처음에는 제한된 소리만을 내지만, 점차 인간의 거의 모든 소리를 낼 수 있게 되는 '음소의 확장'(phonetic expansion)이 나타난다. 그러나 다시 모국어에 없는 음소는 소멸하고 모국어에 있는 음소만 남게 되는 '음소의 축소'(phonetic contraction) 현상이 나타난다. 바로 이러한 이유로 우리나라와 일본의 영아들은 /ra/와 /la/를 변별하지만(음소의 확장) 두 나라 성인들은 이 두 음소를 구별하지 못한다(음소의 축소). 음소의 축소 현상은 옹알이가 환경의 영향을 받음을 시사한다. 또한 미국 영아의 옹알이에 비해 중국 영아의 옹알이에서 피치의 다양성이 더 많이 나타나는 것 역시 자신들이 들은 모국어의 특성, 즉 환경 때문으로 볼 수 있다.

[그림 11-10] 옹알이

그러나 옹알이를 유전에 의한 것으로 보는 입장에서는 옹알이를 발음을 관장하는 뇌 영역과 성대구조의 성숙 결과로 본다(Sachs, 1985). 영아 자신이 귀머거리이거나 부모가 귀머거리여서 영아의 소리에 반응하지 못하는 경우에도 처음에는 옹알이를 한다는 점이나 어느 언어권에서나 옹알이 소리는 유사하다는 점을 보아도 옹알이는 유전적 현상이라는 것이다. 그러나 이후 말소리와 비슷한, 좀 더 발전된 옹알이를 하는 것은 듣기 능력에 의해서도 영향을 받는다. 정상아는 생후 7개월이면 발전된 옹알이를 하지만, 청각장애아는 12개월 이후에야 가능하고, 완전한 귀머거리 아동은 전혀 불가능하기 때문이다. 이와 같이 볼 때 옹알이의 시작은 유전에 의해서 이루어지지만, 이후에는 환경의 영향을 받아서 발전함을 알 수 있다(Owens, 2001).

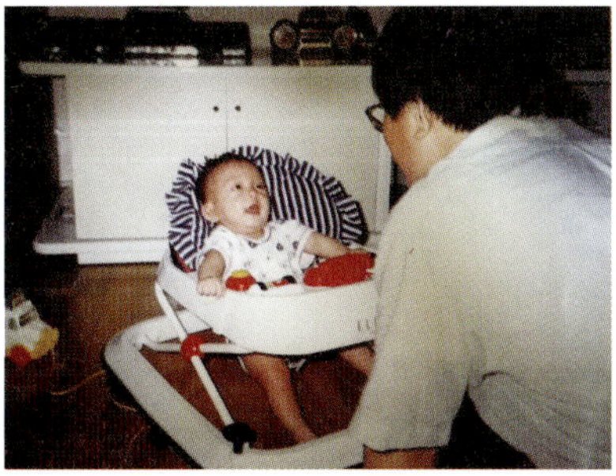

[그림 11-11] 영아의 음성화를 촉진하는 부모

(3) 몸짓

영아는 말을 하기 몇 달 전부터 몸짓을 사용하고, 일어문을 산출하기 시작한 후에도 몸짓을 계속 사용하며, 언어와 함께 몸짓을 조합해서 사용한다. 영유아는 언어로 완벽하게 자신의 의사를 표현하기 어려우므로 약 3세까지는 언어를 사용하더라도 상황이나 몸짓과 같은 비언어적 요소에 의존한다(김주아, 2008). 몸짓은 아직 말을 할 수 없는 영아가 말하고 싶은 것을 동작으로 상징화해서 의사소통하는 것으로서 신체언어(body language) 또는 숨겨진 언어(secret language)라고도 한다. 몸짓은 거의 모든 문화권에서 나타나며 심지어는 한 번도 몸짓을 본 적이 없는 맹인조차도 사용하는 보편적인 현상이다. 영아의 경우 입이나 입술, 혀, 이빨 등 조음기관의 성숙이 천천히 이루어지는 반면, 손동작은 비교적 빨리 발달하기 때문에 말을 할 수 있기 전에 몸짓을 사용하는 것으로 보인다.

① 몸짓의 종류

몸짓은 주로 몸의 상체 앞 공간에서 상징적인 표현을 위해 손과 팔을 움직이는 것으로(McNeill, 1998) 크게 지시적 몸짓과 표상적 몸짓으로 나뉜다.

■ 지시적 몸짓

지시적 몸짓(deictic gesture)은 몸짓의 형태가 아니라 맥락에 의해서 의미가 정해진다는 특징이 있다. 주로 9~13개월에 나타나는 것으로서 건네주기, 다가가기, 가리키기의 순서로 출현한다. 가리키기는 9~24개월에 가장 많이 사용되는 지시적 몸짓이다. 다가가기는 가리키기와 연관되어 나타나지만, 가리키기보다 먼저 발달하고, 가리키기가 증가하면 다가가기는 감소한다.

〈표 11-4〉 지시적 몸짓의 종류와 예

종류	행동
보내주기	성인의 관심을 끌려고 성인의 시선 안에 있는 사물을 들고 있다.
건네주기	성인의 관심을 끌려고 성인에게 사물을 준다.
다가가기	요구하기 위해 손가락을 펼쳤다 오므렸다 하면서 원하는 사물을 향해 다가가고, 성인의 눈과 사물을 번갈아가면서 본다.
가리키기	성인이나 지시하고자 하는 것을 번갈아 보면서 환경 안에 있는 어떤 사물, 위치, 사건을 향해서 집게손가락을 편다.

■ 표상적 몸짓

표상적 몸짓(representational gesture)은 25개의 어휘를 습득하기 전에 출현하는 것으로 상징적(symbolic), 아이코닉(iconic), 빈손으로 건네는 행위(empty-handed), 베이비 사인(baby sign) 등 여러 가지 명칭으로 불린다(김주아, 2008). 이러한 몸짓은 의미가 맥락에 덜 의존하는 특성이 있으며, 관습적인 손이나 몸의 움직임 또는 안면 표정 등을 포함한다. 지시적 몸짓이 단순히 어떤 지시물을 '지적하는' 것에 그치는 반면, 표상적 몸짓은 지시물이나 지시물 집단 또는 지시물 간의 관계를 '나타낸다'는 특징이 있다. 예를 들어, 전화기를 의미하기 위해서 귀에 주먹을 가져가는 것이나 새를 표현하기 위해서 손을 펄럭이는 것 등이 있다. 표상적 몸짓은 사물과 생각을 상징적으로 표현할 수 있음을 영아가 이해하기 시작했음을 나타낸다.

[그림 11-12] 지시적 몸짓

[그림 11-13] 표상적 몸짓

② 몸짓의 효과

몸짓은 영아로 하여금 보다 빨리 능동적인 의사소통자가 될 수 있게 해준다. 즉, 몸짓을 통해 영유아는 수동적인 관찰자로 남아 있지 않고, 능동적으로 의사소통을 주도하게 되는 것이다. 몸짓은 언어습득을 늦출지 모른다는 우려와 달리 오히려 음성언어의 발달을 지지한다는 것이 많은 연구에서 밝혀졌다. 예를 들어, 2세 영아의 경우 평균 발화 길이(MLU: Mean Length of Utterances)와 몸짓은 높은 상관관계가 있다. 또한 말과 몸짓을 함께 배운 영아는 같은 연령의 영아보다 몸짓의 발달뿐만 아니라 언어발달도 빠른 것으로 나타났다(박세진, 20009). 영아기에 몸짓을 훈련받은 집단과 그렇지 않은 집단이 2학년이 되었을 때 지능지수를 비교한 연구에서는 집단 간에 무려 12점의 차이가 발견되었다. 이로 미루어보아 몸짓은 언어발달뿐만 아니라 지능지수의 향상과도 관계있다고 할 수 있다.

2) 언어적 의사소통

(1) 이해언어

영유아는 자신의 의도를 말로 표현하기 전에 언어에 대한 이해를 먼저 시작한다. 예를 들어, 영아의 어휘 목록에는 이해어휘 목록과 표현언어 목록 등 두 가지 유형이 있다. 일반적으로 영아는 표현어휘 목록보다 이해어휘 목록을 더 많이 갖고 있다. 예를 들어, 영어권의 18개월 무렵 영아는 일상적인 대화에서 50개 정도의 단어를 표현할 수 있지만, 이것의 4배 즉 200개 정도의 단어를 이해할 수 있다. 같은 단어의 경우 음성적으로 표현하는 것보다 듣고 이해하는 것이 훨씬 더 쉽고 먼저 나타나기 때문이다. 그러나 영아는 아직 언어의 지시적인 속성은 이해하지 못하고 주로 맥락에 의존하여 단어의 의미를 파악하는 경향이 있으며, 다음과 같은 과정을 거쳐 어휘를 습득하게 된다(곽금주 외, 2005: Griggs, 2006).

■ 의미의 수평적 발달

영유아가 자신이 알고 있는 단어의 의미에 새로운 속성을 추가해 가는 것을 말한다. 예를 들어, 호랑이라는 단어에는 동물의 한 종류를 뜻하는 의미 외에 '무서운 사람'을 뜻하는 의미가 있다는 사실을 깨닫고, 이를 자신이 알고 있던 호랑이의 의미에 덧붙이는 과정이다. 이는 한 단어가 여러 의미로 쓰일 수 있는 다의어(多意語)나 그 사회에서의 관습적 표현을 이해하는 데 도움이 된다.

■ 의미의 수직적 발달

어떤 단어 개념의 속성을 알고 그에 관련된 단어들을 계속 습득함으로써 단어들이 군집화되는 것을 뜻한다. 예컨대, 영아는 호랑이라는 단어를 알게 된 후에 이와 유사한 속성을 가진 동물, 즉 털이 있고 다리가 4개인 사자나 표범의 이름도 쉽게 익히며, 나아가 동물의 범주를 구성하게 된다. 일단 하나의 범주가 인지구조에 형성되고 나면, 이 범주에 새로운 단어를 분류해서 포함시키는 일이 쉬워진다.

동물이라는 범주를 이해하고 호랑이, 사자, 표범 등의 단어와 속성을 습득한 영아는 새로 접하는 단어인 '늑대'를 쉽게 추가시킬 수 있다.

아직 말을 하지 못하는 9~10개월 영아도 자신의 이름 등 자주 들었던 단어를 들으면 이해하고 반응하며, "○○ 어디 있니?"라는 질문에 ○○를 찾으려고 두리번거리는 행동을 보이기 시작한다. 16~18개월에는 점차 여러 단어로 이루어진 문장을 이해할 수 있고, 이에 따라 간단한 지시를 듣고 수행할 수도 있다. 그러나 대부분 자신이 들은 문장을 구문구조보다는 문장에 포함된 일부 단어나 세상에 대한 지식을 통해 이해한다. 예를 들면, "기저귀 갈아야지?"라는 말뿐만 아니라 "자, 이제 기저귀 갈았다."라는 말에도 새 기저귀를 들고 온다. 19~24개월경에는 '그만', '하지 마'와 같은 단어를 이해하며, 일상적인 사물, 신체 부위, 동물 이름, 동작어 등을 이해한다. 20개월 정도에는 대부분 금지를 나타내는 부정적 서술문과 소유자와 소유물의 관계를 이해한다. 24개월에는 수량을 나타내는 단어 3개 이상과 10개 이상의 동사, 그리고 일상적인 형용사 3~4개를 안다. 또한 두 가지 지시를 순서대로 실행할 수 있고, 의문사에 따른 대답을 할 수 있다. 절반 정도의 영아가 5문장 이상의 긴 문장을 이해하기 시작한다(곽금주 외, 2005). 이해언어는 유아기에 놀라운 속도로 증가하여 6세에 이르면 약 8,000개의 기본 단어와 그 단어와 관련된 변형단어(복수, 과거시제 등)를 이해하게 된다. 매년 약 1,700개의 단어 혹은 매일 약 5개의 단어를 획득하는 셈이다(장휘숙, 2002).

(2) 표현언어

① 일어문

생후 12개월경이 되면 영아는 남들이 분명히 알아들을 수 있는 첫 단어를 말하기 시작한다. 첫 단어를 말하는 시기는 영아마다 개인차가 매우 다양하다. 문화나 사회적 환경, 영아의 성격, 출생 순위 등이 초기 단어들이 나타나는 시기에 영향을 미친다. 대부분의 경우 첫 단어는 생후 11~14개월 사이에 나타나는데, 초기의 어휘 목록의 증가는 속도가 매우 느리다. 영아가 50개 정도의 어휘목록에 도달하기까지는 평균 5~6개월이 소요된다. 뿐만 아니라 영아는 예전에 사용했던 단어 중에서 어떤 것들은 더 이상 사용하지 않는 경우도 있다(de Boysson-Bardies, 1999).

한편 영아가 처음 사용하는 단어는 자신이 경험한 것의 이름(예 가족, 신체 부위, 애완동물, 음식, 장난감)이나 사회적 상호작용을 위한 단어(예 빠이빠이)가 대부분이다. 우리나라 영유아의 경우 대부분 12개월이 되면 첫 단어를 말하는데, 이 중에서 '엄마'가 70% 이상으로 압도적이며, 그 다음은 '아빠'와 '맘마'인 것으로 나타난다. 16개월 경이 되면 영아의 절반 정도는 새로운 단어를 모방할 수 있고, 발달이 빠른 영아는 3~4음절의 단어를 모방할 수 있다. 그러나 TV나 성인들 간의 대화에서 들은 단어를 따라 하는 것은 아직 어렵다.

첫 단어를 말하는 12개월 무렵부터 두 단어를 연결해서 사용하기 시작하는 18개월까지를 일어문(holophrase) 단계라고 한다. 이 시기 영아는 기억력이 부족하기 때문에 어른이 문장으로 이야기하는 내용도 한 단어로 밖에는 표현하지 못한다. 그러나 이때 영아가 사용하는 이 한 단어는 한 문장을 대표하며, 엄연히 문장으로서의 기능을 하므로 일어문이라고 한다. 일어문은 다양한 의사를 전달한다. 예를 들어, 영아가 바닥에 쏟아진 물을 보고 "물"이라고 말했다면 이는 "여기 물이 있어요"라는 의미일수도 있지만, 목이 마른 상황에서라면 "물 좀 주세요."라는 의도일 수도 있다. 일어문의 의미는 상황의 맥락 안에서만 정확히 파악할 수 있으며, 영아에게 가장 가까운 어머니만이 이해할 수 있는 경우가 많다.

18~24개월에는 어휘의 폭발현상(vocabulary spurt)이 나타난다. 이는 뇌의 성숙이나 신체적·심리적 변화로 인해 일어난다고 여겨졌는데, 최근에는 반복학습의 산물이라는 주장이 등장했다. 즉, 단어를 배우는 속도가 빨라지는 것이 아니라 영아가 완벽하게 사용할 수 있는 단어가 많아진 시점에 도달했기 때문이라는 것이다(한국일보, 2007. 8. 3.). 또한 이 시기에는 다음과 같이 단어의 의미를 적절하게 적용하지 못하는 현상이 나타난다.

영아가 사용하는 단어의 의미는 성인이 사용하는 의미와 다른 경우가 많다.

이 중에서 단어의 의미를 성인의 경우보다 더 포괄적으로 생각하는 것을 '과잉확장'(over-extension)이라고 한다. 즉, 새롭게 배운 단어를 그 단어의 의미와 상관없는 대상에도 적용시키는 것이다. 과잉확장의 대표적인 예는 영아가 삼촌이나 친구의 아빠, 아빠의 친구, 가게 아저씨를 '아빠'라고 불러서 진짜 아빠의 기분을 상하게 하는 일이다. 이때 영아가 실제로 이들을 자기 아빠로 생각해서가 아니라 단지 '삼촌'이나 '아저씨'라는 단어를 몰라서 '아빠'라는 단어를 사용하는 것으로 보인다.

이와 반대로 단어의 의미를 성인의 경우보다 좁혀서 생각하는 경우가 '과잉축소'(under-extension)이다. 즉, 새로 배운 단어의 의미가 확장될 수 있는 대상에 단어를 적용하지 않는 것이다. 예를 들어, 자기 집에 있는 개만 '개'로 여기고, 개의 유목을 그 이상으로 확장하지 않는 것이다. 그리고 흔히 영아가 토끼나 여우 등 네발 달린 짐승만 '동물'이고, 곤충은 동물이 아니라고 생각하는 것도 이에 해당한다. 이러한 의미의 과잉확장과 과잉축소는 영아가 아직 유목포함(class-inclusion) 개념을 확실하게 형성하지 못했기 때문에 나타나는 일시적인 현상이며, 인지가 발달하고 어휘수가 증가함에 따라 자연스럽게 사라진다.

[그림 11-14] 의미의 과잉확장(좌)과 과잉축소(우)

② 이어문

일어문에서 이어문(duos)으로의 발달은 생각만큼 빨리 일어나지 않는다. 일어문을 사용한지 6개월 정도 지나야 이어문이 나타난다. 생후 18개월경 기억력이 향상되고 어휘수가 증가하면서 영아는 두 단어를 결합하여 자신의 의사를 보다 의미 있게 표현할 수 있게 된다. 즉, "엄마 우유.", "잠 싫어." 등과 같은 초보적인 문장을 사용하기 시작하는데, 이와 같이 두 단어로 이루어진 이어문은 전보식 문장이나 주축문법, 의미론적 관계 등으로 설명된다.

■ 전보식 문장

전보식 문장(telegraphic speech)은 영아가 두 단어를 조합해서 사용할 때 전보를 치는 것처럼 군더더기가 될 수 있는 단어들은 생략하고 핵심적인 단어만 연결하여 문장을 구성한다고 하여 붙여진 이름이다. 전보식 문장에 포함되는 핵심적인 단어는 명사와 동사, 형용사, 부사 등의 내용어(content word)이다. 반면 조사, 전치사, 접속사, 관사, 조동사 등의 기능어(function word)는 전보식 문장에서 생략된다. 예를 들어, "나는 저 책을 정말 좋아해요."를 "책 좋아."라고 줄여서 표현하는 것이다. 이러한 표현은 영아가 기능어보다 내용어가 정보를 더 많이 담고 있어 중요하다는 것을 직관적으로 알고 있으며, 문법적 구별도 이해하고 있음을 시사한다. 그러나 전보식 문장은 이 시기 영아가 나타내는 언어의 문법성을 충분히 설명하지 못한다는 비판을 받는다. 예를 들어, 'up'(예 get up)이나 'down'(예 put down)은 기능어지만 흔히 전보식 문장에 사용된다(주영희, 2001).

■ 주축문법

주축문법의 관점에서 맥닐(McNeill)은 이어문은 단어가 아무렇게나 연결된 것이 아니라 '주축어(pivot)+개방어(X구조)'로 이루어진 표현이라고 설명한다. 주축어는 혼자 쓰일 수 없고 다른 단어 즉, 개방어와 함께 쓰여 그 개방어를 수식하는 단어를 말한다. 개방어는 사물의 명칭 따위로서 혼자 쓰일 수 있는 단어들이다.

예를 들어, "엄마 우유", "엄마 빵"에서 '엄마'는 뒤의 말을 수식하기 위해 쓰이고 혼자서는 쓰일 수 없는 주축어이고, '우유'와 '빵'은 혼자서도 쓰일 수 있는 개방어이다. 맥닐은 주축어와 개방어를 구별하는 것은 두 단어를 조합하는 문법적 규칙을 알고 있음을 뜻하므로 첫 문법의 출현이라고 보았다.

엄마 우유 엄마 빵 엄마 맘마	이모 이뻐 언니 이뻐 멍멍 이뻐
주축어 : 엄마	주축어 : 이뻐

주축문법은 영아가 주축이 되는 단어를 먼저 선택하고 여기에 새로운 단어를 포함시켜 문장을 표현한다고 설명함으로써 이어문의 표면적인 분석은 제공해 주고 있으나, 두 단어의 의미론적 관계는 설명하지 못한다는 비판을 받는다. 즉, 맥닐은 언어의 형식만 보았고 언어의 기능은 보지 못했다는 것이다. 예를 들어, [그림 11-15]와 같이 "엄마 양말"이라는 표현은 상황에 따라 전혀 다른 의미를 나타낼 수 있다. 또한 영아가 세 단어 이상을 발화하게 되면 주축어와 개방어의 구별은 더욱 불확실해지는 것으로 지적된다(Bloom, 1970).

■ 의미론적 관계분석

주축문법이 이어문의 특성을 충분히 설명하지 못한다는 비판이 생겨나자 단어의 조합인 문장의 의미에 관심을 둔 의미론적 관계분석이 등장하게 되었다. 이 입장에서는 "엄마 양말"이라는 표현이 '엄마가 양말을 신겨준다.'는 의미일 수도 있고, '엄마의 양말'이라는 의미로도 사용될 수 있다고 본다. 즉, 주축문법에 의하면 두 경우 모두 '엄마'의 위치가 고정되어 있어서 '주축어-개방어' 구조로 보아야 하지만, 실제 의미를 살펴보면 '소유자-소유'와 '행위자-목적어'라는 것이다(Bloom, 1970). 우리나라 영아가 사용하는 이어문의 형태를 의미론적 관계 분석을 한 결과는 다음과 같다.

상황 A : 엄마가 아기에게 양말을 신겨줌 상황 B : 아기가 엄마의 양말을 발견함

[그림 11-15] 의미론적 관계 분석의 예

〈표 11-5〉 이어문에서의 의미관계

	의미관계	예
1	행위자–행위	엄마 맴매. 해피 간다.
2	목적–행위	빵 줘.
3	행위자–목적	엄마 밥.
4	장소–행위	여기 앉아.
5	장소–실체/실체–장소	저기 새. 사탕 여기.
6	행위자–장소	아빠야 일루.
7	소유자–소유	아빠 책. 고모 꺼.
8	실체–수식/수식–실체	고모 이뻐. 무서운 아찌
9	지시하기–실체	요거 불.

출처: 조명한(1982)

③ 다어문

영아는 두 단어를 연결하여 사용하기 시작한 지 2개월 정도 지나면, 세 단어를 조합하여 문장을 말할 수 있게 된다. 예를 들어, "엄마 우유", "우유 줘!"라고 하던 것을 "엄마 우유 줘!"라고 말하는 식으로 이어문을 바탕으로 하여 단순한 표현에서 복잡한 형식으로 표현하는 것이다. 또한 이어문에서는 흔히 동사가 생략되는 데 비해 세 단어 이상으로 구성된 다어문에서는 동사가 필수적으로 포함된다. 따라서 다어문은 문장의 기본 구성요소를 고루 갖추고 있으며, 문장의 의미 역시 보다 분명히 이해될 수 있다.

■ 문법적 형태소

다어문을 사용하게 되면서 문장은 길고 정교해지며 문법적 형태소도 나타나게 된다. 영아가 처음부터 문법적 형태소를 적절하게 사용하는 것은 아니지만, 생후 24개월 경 절반 이상의 영아가 조사를 사용한다는 것은 복잡한 문법체계를 인식하고 있음을 의미한다. 개인차가 있기는 해도 대체로 공존격 조사를 제일 먼저 습득하고, 그 다음으로 처소격 조사, 주격 조사, 목적격 조사의 순서로 획득한다. 공존격 조사가 일찍 나타나는 것은 영아는 욕구충족을 위해서 타인에게 의존해야 할 필요성이 있기 때문이다.

동사의 어미는 서술형이 가장 일찍 나타나고, 그 다음으로는 과거형, 미래형, 수동형, 진행형의 순서로 출현한다. 우리나라 영아는 어미를 비교적 일찍 습득하고 실수가 별로 없지만 간혹 실수하는 예를 들면, 서술문 어미 '다'를 의문문에도 과잉 적용하여 사용하는 것이다(예 "엄마, 이게 어떤 거다?"). 또한 존칭 어미 '시', 공손 어미 '요', 공식 어미 '습(입)니' 등 존댓말과 관련된 어미 사용도 2세경에 이미 시작되는 것으로 나타난다.

■ 부정문

19개월 정도가 되면 성인이 사용하는 형태의 부정문을 사용하기 시작한다. 부정문의 형태는 부재('없다'), 거부('싫어'), 부정('아니야'), 금지('안 돼'. '하지마'), 무능('못')이 있다. 영아는 이중 '안'을 가장 많이 쓰는데, 부정뿐만 아니라 거부나 금지를 나타내는 데 사용하기도 한다. 또한 "안 똥 마려워.", "안 이빨 썩어", "나 못 밥해"와 같이 부정을 나타내는 요소를 잘못된 위치에 놓는 실수를 흔히 범한다.

〈표 11-6〉 부정문의 유형과 예

부정문 유형	성인	영아
부재(non-exsitence)	아빠 담배 어디 있니? 아가 어디 있니?	아빠, 담배 없다. 아가, 없다.
거부(rejection)	혜진아 이리 와. 은영이 몇 살이야? 말 탈래?	실러(싫어). 몰라. 안 탈래.
부정(denial)	승화야 빵 맛있니? 송아지야, 어디 해 봐.	아니. 송아지 아냐.
금지(inhibition)	세수 안 해? 빵 안 먹어?	비누칠 하지 마. 다 먹지 마.
무능(inability)	자전거 탈 줄 아니?	못 잘 타.

출처: 이경화(1994), 이영자(1994)

■ 의문문

먼저 의문문에 대답할 수 있게 된 후에 의문문을 산출할 수 있다. 예를 들어, 언어발달이 평균 수준인 영아는 19개월 경 "이게 뭐야?"라는 질문에 대답하고, 23개월 경 '뭐야'를 사용하는 질문을 할 수 있다. 또한, 처음에는 문장의 끝 단어를 올려서 의문문을 표현하다가(예 "엄마 가방?"↗) 24개월 경 의문형 어미인 '~지'("이게 뭐지?"), '~까'("이게 뭘까?") '~니'("이게 뭐니?"), '~냐'("이게 뭐냐?")등과 의문사 '무엇', '어디', '어떻게', '왜' 등을 사용한 의문문을 쓰기 시작한다. 특히 '무엇'이나 '왜'는 영아의 지적 호기심과 밀접한 관련이 있는 의문사로서 주변 세계 탐색을 위해 자주 사용된다.

특별 활동

영어 동영상 강의 듣기

아래 전사본(transcript)을 참고하여 동영상 강의를 들어보시오 .

동영상: Teach a Baby to Sign(2분7초)
http://video.about.com/babyparenting/Teach-a-Baby-to-Sign.htm

Hi I'm Rachel Edelman for About.com. Signing with your baby is a great way to start early communication with your infant. It's a great idea to learn to learn a few signs before, so today I'll show you how to teach a sign to your child.

When Can a Baby Start Signing? A child's first spoken word is often around a child's first birthday. But a child may produce a sign 3-5 months earlier.

Teaching a Sign to a Baby For infants, start with just a few key words that you can use often throughout the day. For example, this is the sign for MORE. Bring your fingers together on both hands. In front of you, in a horizontal repetitive motion, tap your hands together. Say the words out loud as you sign it. MORE, do you want some MORE? Make sure that you sign when your baby is looking- this is one of the most important things about teaching an infant sign-if they can't see it, they can't learn it. A great way to introduce MORE to your child is by using your child's favorite cereal. Put out a few pieces, then when they are eaten, say Do you want some MORE? Want MORE cereal? Then, after a little delay, give them another small handful.

Sign Language Repetition Continue doing this, over and over and throughout the day for a few days. Some babies may pick up on the sign the first day and other babies may take a while-so keep it up even if your child doesn't start right away.

Sign Teaching Tips When teaching signs to your child, here are some tricks to help them watch your hands. You can sign with one hand if you need to, like this-hold the item with one hand and sign on the object with the other hand. Also use signs with things that they like or enjoy to do.

Sign Teaching Tools Now I'm going to use my bear, which I often use when I teach parents signing. You can also encourage your child to the sign with their own, by moving their hands for them. Or, you can do the sign directly on your child. For instance, HAT what a nice HAT. Start with a few signs when you and your child are engaged in an activity, don't worry about signing all day long. Have fun with it, and enjoy communicating with your baby.

12 정서 발달

심리학자들은 정서에 관해 간단하면서도 포괄적인 정의를 내리지 못했지만, 정서가 상황이나 환경에 대한 개인의 인식과 신체적 반응, 그리고 접근 혹은 회피 행동 등을 수반한다는 점에는 의견을 같이하고 있다. 정서에는 기쁨이나 만족감 같은 긍정적 정서와 분노와 불안, 혐오 등의 부정적 정서가 있다. 부정적인 정서를 이겨 내고, 긍정적 정서를 잘 유지할 수 있을 때 행복한 삶을 영위할 수 있게 된다. 따라서 정서는 정신 건강을 나타내는 중요한 지표라 할 수 있다. 나아가 최근에는 IQ에 대비하여 EQ(Emotional Intelligence Quotient)라는 표현이 등장하였다. 정서 지능의 개념은 가드너(Gardner)의 다중지능이론(Multiple intelligence theory)의 7가지 요인 중 하나인 개인 내적 지능(intrapersonal intelligence)과 관련이 있다. 개인 내적 지능에는 자신의 감정을 이해하고, 변별하고, 감정과 행동을 조절할 수 있는 능력이 포함된다. 스텐버그(Stenberg)나 샐로비(Salovey)를 비롯한 지능이론가들 사이에서 정서의 역할과 중요성이 활발하게 논의되고 있다. 본 장에서는 자아와 기질에 관해 살펴보기로 한다.

1. 정서

1) 정서의 중요성

다른 발달 영역과 마찬가지로 정서 발달에 대해서도 다양한 이론적 입장이 존재한다. 학습 이론은 대체로 개별적인 기술과 학문적 능력을 중시하고, 정서 발달은 소홀히 해온 경향이 있다. 특히 타고난 정서를 덜 강조하고, 무의식적이거나 관찰할 수 없는 정서보다는 겉으로 드러난 정서적 표현을 강조해 왔다. 정신분석 이론의 창시자인 프로이드(Freud)는 정서를 모든 행동의 근본 원인으로 간주했다. 에릭슨도 프로이드와 마찬가지로 정서를 인간 행동의 기초이자 성장을 위한 자극으로 간주했지만, 부정적 정서보다는 긍정적인 정서를 강조하였다. 인지발달학자인 피아제는 인지가 발달에 근본적인 구조를 제공해 주기는 하지만, 정서 또한 발달을 위한 동기적인 힘을 제공해 준다고 보았다. 그러나 일반적으로 인지발달 이론은 정서를 인지과정의 부산물로 이해하고자 하기 때문에 정신분석 이론에 비해 정서를 다루는 범위나 강도가 제한적이며, 강한 부정적 정서와 강력한 성적 또는 공격적 추동보다는 긍정적인 정서를 강조한다(Hyson, 1994). 동물행동학자들은 정서를 통한 의사소통 기능을 강조하면서 웃음과 울음 같은 정서적 표현이 양육자의 행동에 영향을 미쳐서 생존과 정상적 발달을 가능케 한다고 주장했다(Bornstein & Lamb, 1984). 기능주의 이론가들은 불안이 인지 능력을 발휘하지 못하게 하고, 미소나 울음 등의 표현이 타인과의 관계를 이끌어내는 등 정서를 행동에 영향을 미치는 중요한 요인으로 간주한다. 또한 이들은 환경에 대한 성공적 적응을 위해 정서를 자유롭게 표출하기보다는 적절한 방식으로 조절해야 함을 강조한다(조복희, 2006; Shaffer, 2005).

정서가 중요한 이유 중 하나는 행동을 조직하고 조절하게 하기 때문이다. 예를 들어, 자전거 타기를 배울 때 비틀거리지만 넘어지지 않고 타는 것에 성공했다면, 성취감을 느끼고 많은 시간 연습을 계속할 것이다. 반면 실패를 되풀이하거나 다쳐서 화가 났다면, 한동안 자전거를 타지 않을지도 모른다. 이와 같이 정서는 자신이 무엇을 해야 할지를 결정하도록 조절해 주는 기능을 한다(김경희 외, 2007).

특히 영유아의 경우에는 정서 표출이 양육자의 행동에 영향을 주는 중요한 의사소통 기능을 한다. 예를 들어, 영유아의 고통스런 울음은 양육자를 가까이 오게 하고, 미소나 흥미의 표현은 양육자에게 사회적 관계를 시작하고 싶다는 메시지를 전달한다. 따라서 영유아의 정서는 사회적 접촉을 촉진하고, 양육자가 자신의 행동을 영유아의 욕구와 목표에 맞게 조절하는 데 도움이 된다는 점에서 적응적이다(Shaffer, 2005). 즉, 영유아의 정서표현은 영유아와 양육자가 서로를 알아가는 데 도움이 된다. 반대로 양육자가 영유아의 정서적 표시를 인식하거나 해석하지 못하면, 영유아의 욕구가 무엇인지 알지 못하고 긍정적인 정서를 공유할 수 없다. 결과적으로 양육자는 표현력이 부족해지고, 나아가 상호작용의 질이 저하된다(Sullivan & Lewis, 2003).

2) 정서 발달

(1) 정서표현

출생 시 신생아는 흥미와 고통, 혐오, 등 기본적이고 보편적인 표정을 지을 수 있다. 딸랑이 소리를 들었을 때는 흥미 있어하는 표정을, 비누 맛이 나는 손가락을 빨았을 때는 싫어하는 표정을, 반사능력 검사를 하는 중에는 불쾌한 표정을 띤다. 생후 2~7개월에는 분노, 슬픔, 기쁨, 놀람과 공포 등의 기본 정서가 출현한다. 이러한 정서들은 거의 모든 정상적인 영아에게서 같은 시기에 등장하며, 모든 문화에서 유사하게 표출되고 해석된다는 점에서 일차정서라고도 불린다(Field, 1990; Shaffer, 2005).

동일한 정서라 할지라도 성장함에 따라 각기 다른 상황에 의해 유발될 수 있다. 예컨대 생후 6개월 영아는 큰 소리를 두려워하고, 12개월 영아는 낯익은 사람의 외모(예 엄마의 머리 모양)가 바뀌거나 낯선 사람이 접근하는 것에 두려움을 느낀다. 또한 어떤 연령에서 부정적인 정서적 반응을 일으켰던 상황이 다른 연령에서는 무관심이나 기쁨을 일으킬 수도 있다. 일례로 병원에서 생후 6개월 영아는 검진을 하는 동안 외에는 부정적인 반응을 보이지 않지만, 걸음마기 영아는 어느 정도 분노와 불안을 보이고, 좀 더 큰 유아는 표정과 언어, 행동에서 두려움을 예상하고 있음을 나타낸다. 또한 창문턱을 기어가고 있는 벌레가 어떤 영유아에게는 기쁨을, 어떤 영유아에게는 두려움을, 어떤 영유아에게는 혐오감을, 어떤 영유아에게는 과학적 흥미를 일으킬 수 있다. 양육자는 이러한 연령에 따른 변화에 대처해야 한다(Hyson, 1994).

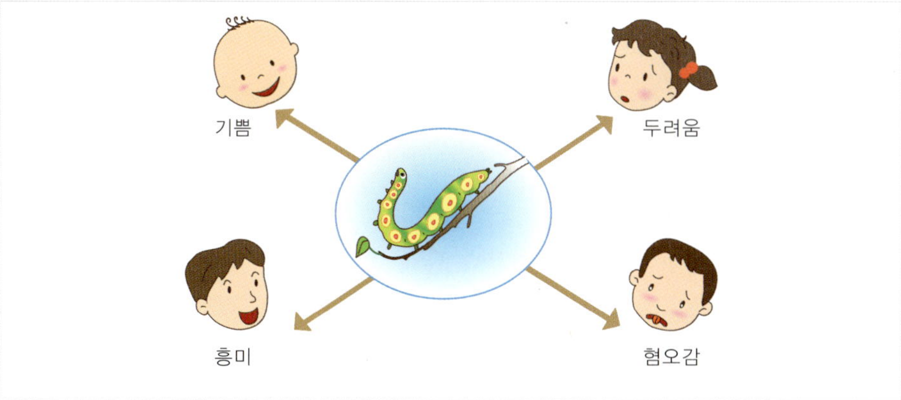

[그림 12-1] 연령에 따른 정서의 차이

정서와 정서의 표현 간의 관계는 단순하지 않다. 동일한 정서가 다른 방법으로 표현될 수 있기 때문이다. 예를 들어, 기쁠 때 대개는 웃지만 너무 기뻐서 눈물을 흘리기도 하며, 웃는 건지 우는 건지 구별하기 힘들 때도 있다. 나아가 동일한 신체적 표시가 여러 가지 다른 정서 상태를 나타낼 수 있다. 심장고동은 공포에 의해서 빨라질 수 있지만, 즐거운 기대감에 의해서 빨라지기도 한다. 낯선 사람에게 다가가다가 또 멀리 떨어지면서 미소와 울음을 섞어서 반응하는 영유아는 타인에 대한 공포와 흥미를 동시에 나타내는 것이다(Papalia & Olds, 1982).

(2) 정서이해

생후 몇 개월 된 영아도 성인의 표정 변화에 분명한 정서적 반응을 나타내는 것으로 보아 이들은 타인의 감정도 인식하는 것으로 여겨진다. 예를 들어, 양육자가 영아를 보고 부드럽게 웃을 때 영아는 표정이 밝아지고, 양육자를 보면서 웃고, 장난스럽게 팔다리를 흔든다. 그러나 양육자가 슬픈 표정을 짓고 단조롭고 우울한 목소리로 말을 하면 영아는 고개를 돌리고 저항하고 심지어 울기 시작하곤 한다(Hyson, 1994). 이와 같이 영아는 동일한 사람의 얼굴과 목소리의 미묘한 변화조차 구별할 수 있다.

또한 영아는 이러한 타인의 정서에 대한 이해를 자신의 행동의 길잡이로 삼는다. 특히 익숙하지 않거나 모호하고 위험스러울 수 있는 상황에서 영아는 의도적으로 양육자의 표정을 살피면서 상황을 해석하려고 한다. 이러한 현상은 약 8~9개월경 나타나기 시작하며 사회적 참조(social referencing)라고 한다. 영아는 양육자의 표정과 목소리의 음색에 의지하여 낯선 대상을 탐색할 것인지를 결정한다. 영아가 양육자로부터 힌트를 얻어서 행동하는 것은 꽤 정교하다. 예컨대 양육자가 어떤 물체를 매우 역겨워하고 다른 물체에는 별다른 반응을 보이지 않으면, 12개월 된 영아는 양육자가 역겨워했던 물체는 피하지만 다른 물체는 피하지 않는다. 14개월 된 영아는 1시간 전에 했던 이러한 경험을 기억한다. 이와 같이 영유아는 양육자의 정서를 참조하여 자신의 행동을 세련되게 조절하기 시작한다(Kail, 2007).

(3) 정서조절

영유아는 정서를 이해하게 되면서 자신의 정서도 조절하기 시작한다. 정서조절은 개인이 어떤 목적을 이루려는 과정에서 자신의 정서적 반응을 조정·평가·수정하는 데 관계되는 내적 및 외적 과정을 의미한다. 정서조절은 심리·사회적 발달 영역에 속하지만, 인지능력과 밀접한 관련이 있다. 영유아가 자신의 정서를 구별하고 특정한 상황에서 정서조절 전략을 사용하는 데에는 인지능력이 영향을 미치며, 정서조절은 이후의 성공적인 인지적 수행을 예측하는 중요한 발달과제이기 때문이다(권정윤·정미라·박수경·이방실, 2012).

생후 4~6개월 정도의 어린 영아도 자신의 손가락을 빠는 행위를 통해 스스로를 진정시키고, 불쾌한 자극이 있으면 고개를 돌리고, 정서적으로 불안하거나 불편하면 양육자에게 다가가려 한다. 첫 돌 무렵 기고 걷는 행동이 가능해지면 영아는 다양한 자극에 접근하거나 후퇴함으로써 보다 효과적으로 정서를 조절한다. 또한 스스로 몸을 흔들거나 물건을 씹거나 자신을 당황하게 만드는 사람이나 사건들에서 멀리 떨어지는 등의 부정적 정서의 유발을 억제하는 책략을 발달시킨다. 18~24개월이 되면 자신을 좌절시키는 상황으로부터 벗어나기 위해 양육자에게 호소하거나 장난감을 갖고 놀기 시작하면서 좌절 상황에 대처하고, 분노, 슬픔과 같은 부정적 정서를 억누르기 위해 눈살을 찌푸리거나 입술을 꼭 다무는 등의 조절행동을 나타낸다(김보영, 2013).

부모는 영유아의 긍정적인 정서보다 부정적인 정서를 훨씬 더 빨리 조절하며, 긍정적인 정서를 즐기고 증진시키려고 노력한다. 또한 부모는 영아의 정서에 대해 선택적으로 반응한다. 생애 첫 몇 달간 부모는 영아의 흥미나 놀람에 더 많이 주목하고, 영아의 부정적 정서에 덜 반응한다. 그 결과 영아는 유쾌한 표정을 더 많이 보이고 불쾌한 것은 덜 보이게 된다.

〈표 12-1〉 정서 발달의 개관

	정서 이해	정서 표현/조절
~6개월	• 기쁨, 분노, 슬픔과 같은 표정 구분	• 모든 일차적 정서가 나타남 • 긍정적 정서의 표출이 격려를 받고, 보다 일반적이 됨 • 빨거나 몸을 돌림으로써 부정적 정서를 조절하려고 시도
7~12개월	• 타인의 일차 정서인식이 향상 • 사회적 참조 등장	• 분노, 공포, 슬픔과 같은 일차적 정서가 보다 분명해짐 • 정서적 자기 조절의 향상. • 영아는 스스로 몸을 흔들거나 물건을 빨거나 혹은 불쾌한 자극으로부터 멀어지도록 이동
1~3세	• 정서에 대해 말하기 시작하고, 정서가 놀이에 등장 • 감정이입적 반응의 등장	• 이차(자의식) 정서가 등장 • 정서 조절의 향상. 자신을 짜증나게 하는 자극으로부터 스스로 거리를 두거나 조절하려고 시도
3~6세	• 일차 정서를 확인하고 원인을 이해하는 능력의 등장 • 표현적 신체 움직임으로부터 타인의 정서를 인식 • 사람들이 동시에 양립할 수 없는 정서를 경험할 수 있다는 것을 이해 • 과거 사건에 대한 생각이 감정을 유발할 수 있다는 것을 인식	• 정서 조절을 위한 인지적 책략의 등장과 세련화 • 정서를 감추거나 간단한 표출 규칙에 순응

출처: Shaffer(2005)

3) 영유아기 정서의 종류

(1) 흥미

흥미(interest)가 정서의 표현은 아니라고 생각하는 사람도 있지만, 흥미는 중립적이고 무표정한 얼굴과 뚜렷한 차이가 있다. 흥미는 사람과 사물에 대한 긍정적인 접근과 수용을 나타낸다. 흥미와 관련된 표정은 3가지가 있고 주의집중이 공통적으로 포함되지만, 주의집중의 질은 유형마다 차이가 있다. 첫째, '열린 또는 편안한' 흥미(open or relaxed interest)는 눈썹이 살짝 올라가고 눈은 크게 뜨고 입은 편안한 상태로 벌리는 표정이다. 입을 다무는 경우도 있지만 긴장감이 나타나지 않는 것이 특징이다. 이는 영유아에게 위협적이지 않고 강도가 약한 자극을 제공하는 환경에서 나타나며, 어린 영아에게서 가장 흔히 나타나는 표정으로서 '호기심' 또는 '신기해서 눈을 동그랗게 뜬' 표정이다. 성인과 달리 영유아의 얼굴은 가만히 있는 경우가 거의 없고 표정이 빠르게 바뀐다.

둘째, '흥분된 또는 인상을 쓴' 흥미(excited or knit-brow interest)인데, 열린 또는 편안한 흥미와 다른 점은 주로 얼굴 윗부분이다. 이마 근육이 수축하여 눈썹이 좀 더 두드러져 보이고, 때로는 양 미간에 세로 주름이 잡힌다. 강력한 흥미를 느끼는 영아가 이러한 표정을 짓는데, 마치 자신이 무언가를 적극적으로 연구하는 듯이 집중하는 모습을 보인다. 대략 10초 정도 지속되고, 이후 미소 또는 소란으로 전환된다. 문제해결을 요하는 도전적 상황에서 주로 나타나며, 이때 운동 행동은 억제된다. 요컨대 적극적인 정보처리와 관련 있으며, 고도의 의도적인 주의집중 유형이다.

셋째, 한쪽 또는 양쪽 입술을 입안에 넣는 표정으로 과거 유행하던 '양배추 인형'(Cabbage Patch baby dolls)의 표정이다. 나이든 영아나 유아의 경우 시선을 회피할 때나 시선을 회피하기 전에 이 표정을 보이는 경향이 있다. 생후 12개월 이후 이러한 입 모양과 머리 및 눈 동작의 협응은 영아가 사회적 상황에서 타인으로부터 원치 않는 주목을 받고 있음을 인식함을 나타낸다. 머리를 낮추고 시선을 회피하는 것은 원치 않는 사회적 상호작용을 중지 또는 감소하게 해주며, 여기에 입술 동작이 결부되면 사회적 파트너에 대한 수줍음이나 당황을 나타낸다.

(2) 놀람

영아가 놀랄 때(surprise)에는 눈썹이 올라가고 아치형 모양이 되고 눈이 커져서 흰자위가 분명해진다. 입은 ○ 모양으로 벌어지고 하던 행동을 갑자기 멈출 수도 있다. 영아에게서 놀란 표정은 잘 나타나지 않으며, 대개 흥미나 미소 또는 부정적 표정 등 다른 표정을 보이기 전에 잠시 나타난다. 생후 6개월 경 영아는 새로운 사건에 대해 약간의 놀란 표정을 짓는다. 그러나 실험실 상황에서도 놀란 표정을 보이지 않는 영아들이 있을 정도로 놀람은 개인차가 큰 정서로서 정서적 반응성이 높은 영아에게서만 나타난다. 원래 놀람의 정서에는 자극의 급작스러운 시작, 자극의 강도, 자극 사건에 대한 기대 여부 등이 중요한 요인이다. 즉, 처음 접할 때는 놀란 표정을 짓지만, 일단 학습이 이루어지면 놀란 표정은 나타나지 않게 된다. 따라서 성인은 2번 이상 제시된 자극에 대해서는 반응이 급격히 익숙해지지만, 영아의 경우에는 자극이 몇 차례 반복될 때까지는 놀란 표정이 강력해진다.

(3) 기쁨

기쁨(enjoyment)과 관련된 주된 표정은 미소와 웃음이며, 낄낄거림이나 손뼉치기로 표현되기도 한다. 흥미와 마찬가지로 미소(smile)는 생애 첫 날부터 존재하지만, 각성 상태에서 일어나는 흥미와 달리 미소는 졸리거나 잠든 상태에서 나타난다. 신생아의 미소는 외부 자극과 관계없는 선천적이고 반사적인 것으로 배냇미소(endogenous smile)라고 하는데, 눈은 작아지고 입꼬리가 올라가면서 입이 커진다. 생후 2개월 경이 되면 영아는 움직이는 사물이나 사람과 같은 외부 자극에 대해 미소(exogenous smile)를 짓는다. 이러한 미소는 상대방으로 하여금 미소를 짓게 하고 친밀감을 강화시켜 주므로 사회적 미소(social smile)라고 한다. 사회적 미소는 발달 이정표의 하나이며, 6개월까지 사회적 미소가 나타나지 않으면 자폐증의 초기 징후로 간주된다. 생후 16주까지 영아는 사람들을 좋아하고 누구에게나 미소를 짓는 등 사회적 미소가 극적인 증가를 보인다. 그러나 16주 이후 영아는 대상을 변별하여 미소를 짓는데, 이때 상호작용하는 사람의 행동양식이나 친밀도가 중요한 요인이 된다.

웃음(laugh)은 대개 미소보다 늦은 2~4개월경 나타나지만 개인차가 상당히 크다. 처음에는 청각이나 촉각(예 간지럼) 등 물리적 자극에 대한 반응으로 웃지만, 6개월경이 되면 시각적, 사회적 자극에 대해 더 많이 웃는다. 만 1세 영아는 상대방이 내민 혀에 손을 뻗는 것과 같이 자신이 참여할 수 있는 것에 대해 웃기 시작한다. 또한 물리적 자극에 의한 웃음에서 인지적 해석에 기초한 웃음으로 발달해 나간다. 예를 들어, 마스크를 쓴 어머니는 어린 영아를 울게 만들지만, 유아에게는 웃음을 유발하는 자극이 될 수 있다. 또한 대개 성장할수록 더 많은 상황에서 웃는데, 이는 인지발달로 인하여 자신이 기대했던 것을 인식할 수 있고, 기대했던 것과 다른 것이 나타났을 때의 불일치를 인식하게 되었기 때문이다(Papalia & Olds, 1982). 영아기에는 기쁨이 웃음이나 동작으로 표현되다가 유아기에는 언어발달과 함께 언어로 표현된다.

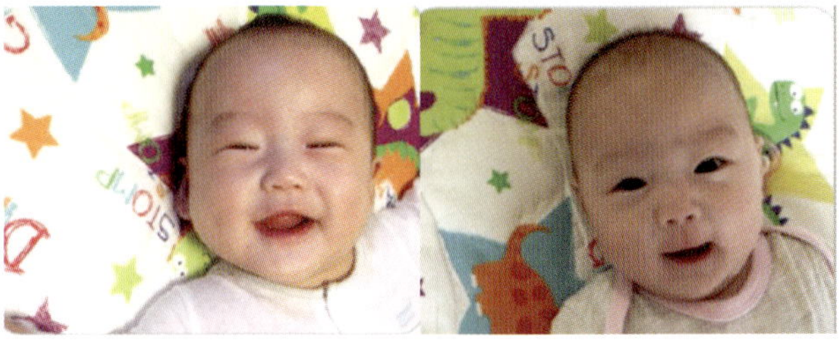

[그림 12-2] 웃는 영아

(4) 고통

신경과학자들은 고통(pain)을 실제 또는 잠재적인 조직의 손상과 관련 있는 불쾌한 감각적·정서적 경험으로 정의한다. 고통이 정서가 아니라고 생각하는 사람도 있지만, 고통스러운 자극은 강력한 부정적인 정서적 반응을 일으키며, 부정적인 정서 표현을 촉진한다. 또한 신체적으로 고통스럽지는 않지만 심리적으로 괴로운(distress) 상황에서도 고통이 표현될 수 있다.

예방접종 등에 의한 심각한 고통은 [그림 12-3]과 같이 뚜렷한 표정으로 나타난다. 또한 코티졸(cortisol) 호르몬 수준이 상승하는 것으로 보아 영유아가 매우 스트레스를 받음을 알 수 있다. 신생아부터 생후 2년까지 고통의 표현은 크게 변하지 않지만, 연령이 증가할수록 고통에 대한 반응은 복잡해진다. 운동기술과 행동협응 능력이 성숙하면서 고통에 대한 반응도 정교해진다. 생후 12개월 경 영아는 예방접종 후에 뒤로 물러서거나 회피하는 등 목표지향적인 행동을 나타낸다. 12~18개월 영아는 예방접종을 하기 전에 고통을 예측하고 정서적 반응을 보이는데, 이는 자신이 고통 상황에 처해 있음을 과거의 기억이나 진료실의 모습을 통해 인식하기 때문이다. 얼굴에 고통의 표시를 보이는 것은 신경생리적인 발달과 밀접한 관계가 있다. 심각한 신경, 운동 및 인지적 손상은 여러 가지 이유로 고통 반응을 감소시키는데, 이로 인해 양육자는 장애나 신경 손상이 있는 영유아의 고통을 인식하지 못하고 치료도 등한히 할 가능성이 있다.

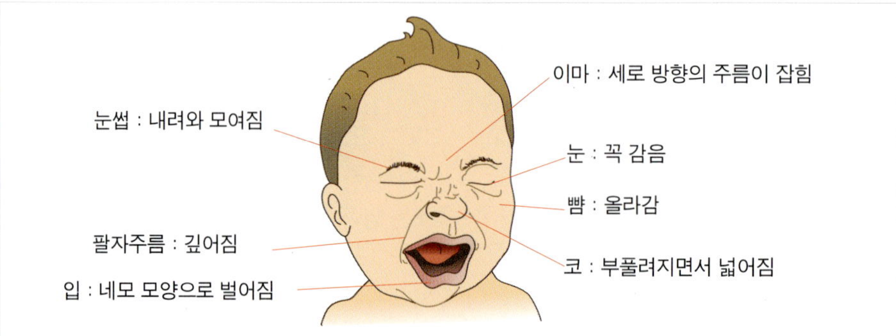

[그림 12-3] 고통의 표정

(5) 혐오

혐오는 생명을 위협할 수 있는 위험으로부터 도피할 수 있도록 도와준다. 어린 영아는 피나 더러운 변기, 기타 성인이 혐오하는 것들에 대해서는 성인과 비슷한 표정을 짓지 않지만, 시거나 쓴 맛에 대해서는 성인의 혐오 반응과 비슷한 표정을 보인다. 혐오 표현에 대한 연구는 주로 미각에 대해 이루어졌다(Kalat & Shiota, 2007). 영아는 쓴맛에 대해 고개를 돌리고 입과 아래 입술을 벌린다. 완전한 혐오 반응으로는 윗입술이 올라가고 코에 주름이 생기지만, 절반 정도의 신생아는 혐오의 강도가 높지 않을 때에도 이러한 반응을 보인다. 이는 이러한 맛을 피하도록 도와주는 방어적인 반사로 볼 수 있다. 신맛에 대한 반응은 좀 더 다양하다. 천연 레몬주스에 대한 영아의 반응은 대부분 처음에는 입술을 오므리고, 다음에는 코를 찡그리고 눈을 가늘게 뜨고 깜빡거리는 것이다. 그러나 어떤 영아는 눈살을 찌푸리는 등의 부정적 표정을 짓고, 또 소수의 영아는 미소를 짓기도 한다. 이는 생애 초기부터 맛에 대한 개인차가 있으며, 경미한 혐오반응이 싫음(dislike) 혹은 기쁨으로 급속히 이어짐을 시사한다. 이와 같이 영유아의 혐오표현은 미소와 마찬가지로 처음에는 심리사회적 요인보다는 물리적 요인에 의해 유발된다. 혐오는 자극의 거부를 나타내며, 영유아가 감당할 수 없을 만큼 급작스럽거나 급속한 자극의 출현은 혐오반응을 유발할 수 있다. 배변훈련과 고형물의 도입은 혐오에 관한 사회화가 일어날 수 있는 중요한 맥락이다.

(6) 분노

생후 6개월 전에 분노를 일으키는 상황은 영아가 원하는 물체나 목표에 접근하는 데 장애가 있거나 좌절을 경험할 때이다. 영유아가 아프거나 배변훈련을 할 때도 흔히 분노가 나타난다. 분노는 눈썹이 함께 모아져서 내려오고, 팔자주름이 깊어지고, 입을 넓게 벌리는 표정으로 나타난다. 강렬한 분노의 표현은 우레와 같은 울음을 동반하지만, 소리 없이 우는 경미한 유형의 분노 표현도 있다. 분노의 표현은 영아의 가장 흔한 부정적인 정서 표현이다. 분노는 흔히 슬픔과 혼합된 정서로 나타나는데, 이 경우 얼굴 위쪽은 눈썹이 내려오고, 눈은 가늘게 뜨고, 얼굴 아래 부분은 슬픔에 찬 뿌루퉁한 표정을 한다. 이러한 표정은 어머니와의 상호작용 중 종종 나타나지만 연령이 증가함에 따라 점차 감소한다. 이와 같이 분노의 표출은 2세경 절정에 달하고, 이후 사회적 적응력 발달로 인해 점차 줄어든다. 유아는 분노를 억제하는 것을 학습해야 한다.

(7) 슬픔

슬픈 또는 뿌루퉁한 표정은 가늘게 뜬 눈 위로 눈썹이 올라가고 각진 모양을 띠는 것이 특징이다. 다른 모든 부정적인 표정과 마찬가지로 팔자주름이 뚜렷해진다. 말발굽 모양으로 입은 다물고 입 주변이 내려오며, 때로는 턱이 올라온다. 슬픔이 다른 표정과 혼합되었을 때에는 눈썹으로 슬픔이 표현되고, 얼굴 아래 부분에서 주로 분노와 결합되며 때로는 흥미와 결합되는데, 두 경우 모두 좋아하지 않거나 행복하지 않다는 표시로 해석된다.

영유아기에는 슬픈 표정이 부정적 정서 표정의 주요한 유형이 아니다. 또한 어떠한 자극이나 맥락에 의해서 슬픈 표정이 유발되는지도 밝혀지지 않았다. 단지 사회적 상호작용이나 학습/좌절 상황에서 비교적 낮지만 안정된 수준으로 슬픈 표정이 나타나는 것으로 알려졌다. 또한 영유아가 분노표현이나 분노를 억제하는 조절 동작을 할 때 슬픈 표정을 보인다고 설명하는 이들도 있다. 즉, 슬픈 표정은 분노 표정과 완전히 독립적이지 않을 수 있다. 따라서 영유아의 슬픈 표정에 반응할 때 양육자는 부정적인 반응을 미연에 방지하거나 효과적으로 완화하도록 도울 수 있다.

1 2 3 4 5 6

[그림 12-4] 다윈의 The Expression of the Emotions in Man and Animals에 나온 영아의 우는 표정

출처: http://www.emotionwisegroup.org

(8) 공포

공포는 영아에게서 잘 관찰되지 않는 정서이다. 성인이나 아동의 경우 공포를 느낄 때 눈썹이 올라가고 일직선이 되며, 눈은 커지고 입술은 오므라진다. 경미한 공포는 눈썹만 움직이며 흥미 또는 분노나 슬픔 등의 표정과 혼합될 수 있다. 출생 초기에는 낯설고 위험한 환경적 사건을 평가하기 위해 필요한 인지 능력이지만, 스스로 이동하는 능력이 부족하며, 부모로부터 안전하게 보호를 받아서 공포를 경험할 기회가 적기 때문이다. 예를 들어, 생후 7개월 이전의 영아에게는 대부분 경미한 공포 유형인 낯선 사람에 대한 경계가 나타나지 않는다. 만 2세가 되면 공포가 쉽게 학습되어서 이전에는 무서워하지 않았던 물체에 대해서도 공포반응을 쉽게 나타낸다. 예를 들어, 불이나 뜨거운 물, 칼 등이 위험하다는 것을 학습하고 공포를 느끼게 되고, 어두움이나 혼자 있는 것도 공포 유발 요인으로 등장한다. 유아기에는 다치거나 길을 잃거나 매를 맞는 것 등 새로운 공포가 많이 생긴다. 또한 연령이 증가함에 따라 공포의 대상은 달라진다. 5세까지는 직접적이고 구체적인 사물에 대해 공포를 느끼다가 6세 이후에는 공포의 대상이 추상적이거나 상상적인 것으로 바뀐다.

공포와 밀접한 관련이 있는 정서로 불안(anxiety)이 있다. 영유아기의 불안은 애착 행동이나 낯가림과 관계가 있으며, 어머니와의 분리가 불안의 주된 원인이다. 불안의 반응으로 울음을 터뜨리거나 안절부절 못하는 행동을 나타내며, 심해지면 공포반응과 비슷하게 나타나고 야뇨증과 같은 증상을 보이기도 한다. 또한 낯선 사람이나 사물 또는 상황에 대해 민감하게 반응하는 영유아는 공포 상황을 극복하는 것에 어려움을 느끼는데, 이는 이후에 불안장애로 발전할 가능성이 있다(정옥분, 2002; 조복희, 2006). 이러한 불안의 원인은 영유아가 인지적 성장으로 낯선 사람과 친숙한 사람을 구별할 수 있게 되었기 때문이다.

2. 기질

1) 기질의 개념

(1) 기질의 차원

기질에 대한 정의는 이론마다 다양한데, 초기 연구자인 체스와 토마스, 버치(Chess, Thomas, & Birch, 1965)는 기질을 개인의 행동을 결정짓는 기본적인 양식으로 정의했다. 이를 비롯한 다양한 이론에서 공통적으로 나타나는 정의는 적어도 기질이 부분적으로는 유전의 영향을 받아서 생애 초기부터 나타나는 안정적이고 정서적인 반응이라는 것이다. 대개 기질의 개인차에서 유전의 영향력은 20~35%이며, 특히 긍정적 정서보다 부정적 기분이나 까다로움 같은 부정적 정서는 연령이 증가해도 지속력이 큰 것으로 알려졌다(Poole, 2012). 또한 기질은 다른 사람과의 상호작용에 영향을 줌으로써 사회·정서 발달을 예측하는 주요한 변인이다.

기질을 구성하는 차원에 대해서도 다양한 논의가 이루어져 왔다. 대표적으로 토마스와 동료들(Thomas, Chess, Birch, Hertzig & Korn, 1963)은 뉴욕 종단 연구(New York Longitudinal Study)를 통하여 활동성, 규칙성, 접근-회피, 적응성, 반응의 역치, 반응의 강도, 주의산만, 기분, 주의집중/지속성의 9가지 기질의 차원을 제시했다.

기질은 부모가 질문지를 기입하거나 제3자가 관찰함으로써 측정할 수 있다. 부모는 가장 가까이에서 오랫동안 영유아를 접하고 있는 사람이므로 영유아의 기질을 비교적 사실적으로 평가할 수 있다. 그러나 영유아의 행동과 의미에 대한 제한된 지식으로 인하여 잘못된 판단을 하거나 영유아와 관련된 과거의 기억이 정확하지 않기 때문에 오류를 범할 가능성도 있다. 또한 성인을 대상으로 한 기질 질문지는 발달 특성상 영유아에게 적합하지 않을 수 있다. 따라서 영유아의 기질은 영유아의 활동(목욕하기, 옷 입기 등)에 의해 촉발되는 구체적인 상황에 중점을 두고 측정하는 것이 바람직하다.

〈표 12-2〉 영유아의 기질 차원

	기질의 차원	문항의 예							
활동성 (activity)	깨어 있는 동안 활동적인 시간과 비활동적인 시간의 비율	영아가 책을 볼 때 탁자에 앉아 있을 때 또는 혼자서 놀이할 때 얼마나 많이 몸을 꿈틀거리고 움직이는가?	활동적	1	2	3	4	5	조용함
규칙성 (rhythmicity)	수면 주기, 공복, 식사, 배설 시간 등의 생리적 규칙성	식사 시간, 자는 시간, 필요한 잠의 양, 그리고 배변 활동이 규칙적인가?	규칙적	1	2	3	4	5	불규칙적
적응성 (adaptability)	새롭거나 변화 된 상황에서 반응으로 바람직한 방향으로 적응하는 정도	영아가 자신의 계획 또는 고정된 하루 일과가 바뀌었을 때 얼마나 빨리 적응하는가? 또한 영아가 낯선 음식과 장소에 얼마나 빨리 적응하는가?	적응 빠름	1	2	3	4	5	적응 느림
접근-회피 (approach – withdrawl)	새로운 음식, 장난감, 사람 등 새로운 자극에 대한 처음의 반응	낯선 사람, 음식, 장난감과 낯선 활동에 평소에 어떻게 반응하는가?	초기에 접근	1	2	3	4	5	초기에 회피
반응의 역치 (threshold of respon-siveness)	어떤 형태의 반응이든 일으키는 데 필요한 최소 자극의 정도	작은 소음, 작은 기온 차이, 맛의 차이, 옷차림에서의 차이를 아는가?	민감하지 않음	1	2	3	4	5	매우 민감함
반응의 강도 (intensity)	반응의 질이나 방향에 관계없는 반응의 강도	영아의 반응이 얼마나 강한가, 또는 폭력적인가, 영아가 힘차게 웃고 우는가, 또는 부드럽게 미소 짓거나 찌푸리는가?	높은 강도	1	2	3	4	5	부드러운 강도
주의산만 (distractibility)	외부 사태나 자극에 의해 영아의 진행 중인 행동이 방해받는 정도	영아가 쉽게 집중하는가, 또는 집중하지 않는가? 영아가 다른 소음을 접했을 때 노는 것을 계속하는가, 아니면 그것에 참여 하는가?	산만함	1	2	3	4	5	집중함
기분 (mood)	즐겁고 우호적인 행동의 양이나 불쾌하고 슬프고 적대적인 행동의 양	불쾌한 울음 및 찌푸리는 행동과 비교해 볼 때 즐겁고 기쁜 행동을 얼마나 많이 보여 주는가?	긍정적 기분	1	2	3	4	5	부정적 기분
주의집중 /지속성 (atentionspan & persistence)	방해 받았을 때에도 활동을 계속하는 정도	영아가 한 활동을 얼마나 오래도록 지속하는가? 만약 어렵더라도 계속하는 편인가?	긴 집중 간격	1	2	3	4	5	짧은 집중간격

출처: 김혜경 외(2002).

(2) 기질의 유형

영유아의 기질은 이상과 같은 9가지 기질의 차원이 어떻게 조합되는가에 따라 순한 아이, 까다로운 아이, 더딘 아이 등 3가지 유형으로 분류된다.

① 순한 아이

순한(easy, flexible) 아이는 규칙적이며, 새로운 상황에 긍정적으로 반응하고, 변화에 쉽게 적응하며, 비교적 온화하고 긍정적인 기분을 보인다. 또한 수면과 식사 시간이 규칙적이며, 많이 웃으며, 좌절 상황도 별로 저항하지 않고 받아들이며, 쉽게 위로를 받는다. 양육자에게 즐겁고 기쁨을 주는 영유아들로 전체 영유아의 약 40%가 이 유형에 해당한다.

② 까다로운 아이

까다로운(difficult, feisty) 아이는 순한 아이와 정반대의 유형으로 신체 기능이 불규칙적이며, 반응의 강도가 높고, 산만하며, 많이 그리고 오래 운다. 식사 및 수면 습관이 형성되는 데에도 시간이 오래 걸리며, 새로운 음식이나 사람, 일과의 변화 등에 쉽게 적응하지 못한다. 전체 영유아 중 10%가 이 유형에 속하며, 양육자에게는 많은 인내심과 체력, 자원을 요구한다.

③ 더딘 아이

더딘(slow to warm up, fearful) 아이는 긍정적이든 부정적이든 반응에 대한 강도가 약한 것이 특징이다. 이 유형의 영유아는 새로운 상황에 처음에는 잘 반응하지 않는다. 따라서 처음 목욕하거나 처음 새로운 사람을 만날 때에는 약간 부정적 반응을 보인다. 그러나 시간이 지나면 시키지 않아도 적응하고 흥미와 즐거움을 나타낸다. 약 15%의 영유아가 이 유형에 속한다.

(3) 기질의 기원 및 발달

이상과 같이 개인마다 독특한 기질이 형성되는 데에는 다음과 같이 여러 가지 요인들이 관여하는 것으로 발견되었다(Poole, 2012; Snow, 1998).

① 유전자

기질이 타고난 생물학적 요인을 토대로 한다는 것은 쌍생아나 입양아 연구를 통해 입증된다. 많은 연구에서 이란성 쌍생아에 비해 일란성 쌍생아들이 서로 유사한 기질을 갖고 있으며, 입양아의 경우 양부모보다 친부모와 기질이 더 비슷한 것으로 밝혀졌다. 또한 중국과 일본 신생아가 미국 백인 신생아보다 더 조용하고 수동적이며 적응적인 것으로 발견되었다.

② 뇌와 신체 화학물질

뇌는 영유아가 각성 수준을 유지하고 보다 오랜 시간 차분히 있을 수 있도록 해준다. 이와 같이 장기적 계획을 세우거나 복잡한 활동을 하는 것과 관련된 뇌 영역은 성인기까지 발달한다. 또한 황체 호르몬인 프로게스테론(progesterone)은 반응의 강도나 접근-회피 등의 기질 특성과 관련이 있으며, 순한 기질의 영아들이 프로게스테론 수치가 높은 것으로 밝혀졌다.

③ 부모의 행동

극도로 내성적인(inhibited) 영유아라 할지라도 부모가 영유아의 행동에 대한 연령에 적합한 한계를 확고하게 설정해 주고, 영유아가 적절한 대처기술을 연습하도록 도와주고, 영아가 스트레스를 나타낼 때 덜 염려하고 덜 반응해 준다면, 영유아는 점차 내성적 성향이 감소하는 것으로 발견되었다.

④ 가정환경 및 영양

소음이 많고, 혼잡하고, 구조가 좋지 않고, 놀 시간이나 장소가 없는 집에서 사는 영유아는 쉽게 신경질을 내고 격렬하고 부정적인 감정을 갖는 경향이 있다. 또한 연구결과 철분이 결핍된 신생아와 영아는 각성 수준이 낮고, 부정적 정서를 많이 보이는 것으로 나타났다.

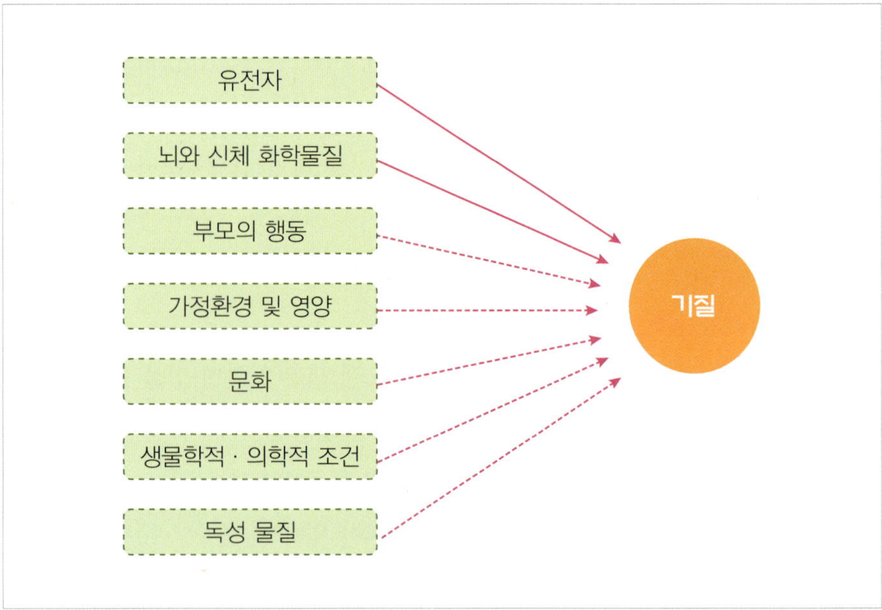

[그림 12-5] 기질의 개인차에 미치는 요인

출처: Wachs(March, 2004)

⑤ 문화

이상적인 성격 특성에 대해서는 문화마다 다른 관점을 갖고 있다. 중국에서는 수줍고 민감한 아이를 사회적·학문적으로 유능하다고 보는 반면 미국에서는 이를 외롭고 우울한 아이로 평가한다.

2) 영유아의 기질과 부모 자녀 간의 상호작용: 조화 모델

영유아의 기질 특성은 부모를 비롯한 타인과의 상호작용에 영향을 미친다. 많이 울고 까다로운 영유아는 조용하고 순한 영유아보다 사회적 관계에서 부정적 반응을 초래하고, 새로운 사람에게 잘 접근하는 영유아는 수줍고 회피하는 영아보다 긍정적 반응을 얻기 쉽다(Snow, 1998). 부모의 양육태도 역시 영유아의 기질을 변화시킨다. 수줍고 회피하는 기질을 가지고 태어났다고 하더라도 부모가 외부 세계에 대한 대처를 촉진시켜 주었다면 영유아는 이러한 기질이 점차 소멸된다. 반면, 사교적이고 과감한 기질로 태어났다고 할지라도 과도한 스트레스와 억압적인 환경은 소심한 영유아가 되게 만든다. 이와 같이 부모의 양육 태도와 영유아의 기질 간의 상호작용은 쌍방향적 원칙에 근거한다(정옥분, 2003). 이와 같이 볼 때 영유아의 발달은 영유아의 기질과 부모의 양육 행동이 얼마나 조화를 이루고 있는가 하는 조화의 적합성(goodness-of-fit model)에 달려 있다. 즉, 영유아는 각자의 기질적 특성에 따라 독자적인 양육의 요구를 갖기 때문에 부모는 영유아의 기질에 따라 적합한 양육 행동으로 영유아의 적응을 도와야 한다는 것이다. 이를 영유아의 기질 유형별로 살펴보면 다음과 같다(Poole, 2012).

첫째, 순한 기질의 영유아는 낯선 음식이나 장소, 사람 등에 쉽게 적응하므로 부모를 그다지 힘들게 하지 않는다. 또한 이들은 부모에게 요구를 많이 하지 않기 때문에 부모의 입장에서는 양육에 비교적 노력과 시간을 적게 들일 수 있다. 그러나 영유아의 입장에서 볼 때 결과적으로 부모의 관심을 덜 받는 것이 된다. 영유아가 순해서 혼자 잘 놀기 때문에 영유아 혼자 지내는 시간이 많을 수 있으며, 특히 가정에 여러 자녀가 있을 경우에는 '우는 아이 젖 준다'는 속담과 같이 순한 기질 영유아의 욕구가 무시되기 쉽기 때문이다.

둘째, 더딘 기질의 영유아는 처음에는 적응을 잘 못하지만, 시간이 지나면 서서히 적응할 뿐만 아니라 정서표현도 격렬하지 않아서 영유아기에는 큰 문제가 되지 않는다. 이러한 기질의 자녀를 둔 부모는 영유아를 새로운 상황에 억지로 적응시키려고 무리하게 재촉하거나 독립심을 강요하지 않고, 익숙한 것부터 단계적으로 자극을 제공하고, 영유아의 활동을 한 발짝 뒤에서 지켜보고 기다려주는 태도를 견지해야 한다.

셋째, 까다로운 기질의 영유아는 활동적이고, 반응의 강도가 높고, 산만하고, 민감하며, 감정 기복이 심하고 행동도 예측하기 어려우므로 자연히 부모가 많은 어려움을 느끼게 된다. 까다로운 영유아에게는 부모가 융통성 있게 영아를 대해야 할 필요가 있으며, 까다로운 기질로 인해 나타날 수 있는 부적응 행동을 최소화할 수 있는 양육 행동이 필요하다. 예를 들어, 격렬한 놀이를 제공하여 과잉에너지를 발산하게 하는 것도 도움이 된다. 영아가 폭발적 행동을 보일 때에는 야단을 치기보다 "저기 좀 볼래?"라는 식으로 다른 대상이나 새로운 활동으로 주의를 전환시키는 것이 효과적이다.

반대로 영유아의 기질과 부모의 반응이 조화를 이루지 못할 때에는 아동기에 문제 행동을 나타낼 위험성이 크다. 화를 잘 내고 체벌하는 부모에게서 양육될 경우 까다로운 기질의 영유아는 그렇지 않은 영아에 비해 2세가 되었을 때 분노를 많이 보이고 순응을 덜 하며 자신감 없는 행동을 하는 것으로 나타났다. 또한 영유아의 기질이 까다롭고 부모 자녀 간의 상호작용이 부정적인 경우 7~8세에 적대적 행동 문제를 가질 위험성이 증가했다(Snow, 1998). 따라서 부모는 영유아가 건강한 인성의 소유자로 성장할 수 있도록 영유아의 기질을 정확히 파악하고, 이에 적절한 양육 행동을 제공해야 한다.

특별 활동 기질에 관한 동영상 요약 정리(Window Panning)

아래 동영상은 자녀의 기질을 아는 것의 중요성, 기질의 특성, 기질에 따른 육아 방법에 관한 것입니다. 동영상을 보면서 주요한 개념이나 원리를 아래 9개의 칸에 상징이나 이미지, 기호 등을 이용하여 간단히 표현해 보시오.

[EBS] 아기 성장 보고서 5편
육아의 키워드, 기질
(40분 19초)

13 사회성 발달

영유아기는 사회화(socialization)의 기초가 형성되는 시기로 자아가 싹트고 자기를 통제하면서 적절한 성역할을 습득하고 가족, 또래, 지역사회, 국가의 구성원으로 기능할 수 있는 기본적인 능력이 발달하는 시기이다. 인간은 놀라운 잠재력을 갖고 태어나지만, 곧바로 사회적 존재가 되는 것은 아니다. 영유아가 사회적 존재로서 살아가기 위해서는 다양한 사회적 상호작용을 통해 사회생활에 적합한 지식이나 기술, 태도, 가치 등을 학습해야 한다. 또한 영유아기에는 타인과 긍정적인 관계를 맺는 능력이 매우 중요한 발달과업이다. 영유아는 양육자에게 애착을 형성하고 안정을 얻기 위해 이들을 찾고, 다양한 방법으로 애정을 표현할 수 있는 성향을 갖고 태어난다. 양육자에게 애착을 발달시키는 것은 정서적 기반을 제공해 주며, 주변 환경을 탐색하게 해주고, 타인과의 사회적 관계를 확장하게 해준다. 이와 같이 사회성 발달은 타인과의 관계로 이루어지며, 대인관계에서는 개인의 감정이 개입되므로 정서 발달과 불가분의 관계를 갖고 있다. 영유아는 사회화 과정을 통해 타인이 필요하다는 것을 배우고, 타인에게 의존하게 된다. 또한 타인과의 상호작용은 자기에 대한 인식을 발달시키는 초석이 된다. 본 장에서는 사회성 발달과 정서 발달은 분리해서 생각할 수 없다는 입장에서 영유아의 자아와 애착, 성역할 발달에 대해 살펴본다.

1. 자아의 발달

1) 자아개념

대표적인 프로이드 학파인 말러(Mahler)에 의하면, 영아는 자신을 어머니의 한 부분으로 여기지만, 생후 4개월부터는 제2의 출생인 '어머니와의 분리-개별화'(separation-individuation)를 시작한다. 분리(separation)는 어머니와의 공생적 관계에서 벗어나 자신을 의식하기 시작하는 것이다. 개별화(individuation)는 자신을 자율적인 사람으로 여기는 것을 말한다. 어머니의 품에 안겨 있으면서도 주변 환경에 호기심을 보이는 영아의 모습이 바로 어머니로부터 분리되려고 하는 과정이다. 그러다가 기기 시작하면서 주변 환경을 적극적으로 탐색하게 되는데, 이때에도 영아는 어머니로부터 멀리 가는 것이 아니라 조금 갔다가 어머니가 있는지 확인하곤 한다. 영아가 걷게 되면서부터는 분리와 개별화가 본격적으로 일어난다(조복희, 2006).

영아의 자기인식에 대한 고전적 연구로는 루이스와 브룩스-군(Lewis & Brooks-Gunn, 1979)의 거울 검사(mirror test)가 있다. 이들은 생후 9~24개월 영아의 코에 빨간 립스틱을 발라준 뒤 영아가 거울을 보고 자신을 알아보는지 관찰했다. 12개월 미만의 영아는 때때로 거울 속의 얼굴을 보고 웃거나 거울 위의 립스틱 부분에 손을 대기는 했지만, 자신의 실제 얼굴에 손을 갖다 대지는 않았다. 반면 15~24개월 영아는 호기심과 놀란 표정으로 코를 만지거나 립스틱 자국을 지우려고 했다. 이는 자기 인식 능력이 있음을 의미하는데, 거울을 한 번도 본 적이 없는 원시 부족의 영아나 다운증후군 등 정신적 결함이 있는 영아에게 이 실험을 실시했을 때에도 동일한 결과가 나타났다고 한다(곽금주 외, 2005).

[그림 13-1] 거울 속의 자신의 모습에 입을 맞추는 영아
http://en.wikipedia.org/wiki/File:Mirror_baby.jpg

자기에 대한 인식은 신체의 움직임이나 기능, 배고픔이나 고통, 기질 등의 내적 상태와 관련된 경험을 포함하는 '주관적 또는 내재적 자기'(implicit self)에서 시작하여 일반적인 자기 개념을 뜻하는 '객관적 또는 외재적 자기'(explicit self)로 발달한다. 주관적 또는 내재적 자기는 신체 움직임과 신체 탐색을 통해 발달하는 '지각적 측면의 자기'와 타인과의 상호작용을 통해 정서적 교감을 하며 발달하는 '사회적 자기'로 분류된다. 생후 6개월 경이 되면 자신의 신체에 대한 인식에서 출발한 자기인식이 타인과의 상호작용을 통해 정교해지면서 타인에 대한 여러 가지 개념과 기제를 발달해간다. 특히 영아는 신체의 크기, 목소리의 음색, 얼굴의 형상과 같은 지각적 단서에 근거하여 어른과 아이를 구별한다. 예를 들어, 한 연구에서 영아는 키가 아동과 비슷한 성인 난쟁이보다 4세 유아가 다가올 때 반갑게 반응했는데, 이는 얼굴 모양의 특성이 타인에 대한 이해의 틀로 작용함을 나타낸다(곽금주 외, 2005).

[그림 13-2] 자기 개념

이와 같이 자신이 신체와 마음, 행동이 타인과 분리된 개체임을 깨닫는 자기인식은 정서 발달과도 밀접한 관련이 있다. 영유아는 "내가", "내 것"이라는 자기인식이 나타나면서 자부심이나 자신감에서 죄책감이나 수치심 그리고 당황스러움에 이르기까지 여러 가지 정서를 의식하게 된다. 또한 자기인식은 '사회적 맥락의 정서'라고 할 수 있다. 자신에 대한 인식은 타인에 대한 인식에서 비롯되며, 다시 타인을 새롭게 의식하게 만들고, 반항심, 질투, 공감, 애정 등의 정서를 촉진하기 때문이다. 나아가 자기인식은 영유아가 자신의 능력 범위를 파악함에 따라 자아개념으로 이어진다(Berger, 2005).

자아개념은 자신을 타인과 구별하여 인식하는 것 즉 외모나 가치관, 역할 등 다양한 측면에서 "나는 누구인가?"에 대해 인식하는 것을 말한다. 유아는 처음에는 자신과 타인을 성별이나 연령 등의 범주에 따라 구분함으로써 자신을 이해한다. 예를 들어, "나는 뚱뚱해."와 같은 외적 특성으로 자신을 표현하고, "나는 성실한 아이야."와 같은 심리적 특성에 대해서는 잘 이야기하지 못한다. 한편 유아는 점차 '실제적인 자아개념'뿐만 아니라 앞으로 자신이 어떻게 되어야 하는가에 관한 '이상적 자아개념'도 발달시키게 된다. 실제적 자아와 이상적 자아가 거의 비슷한 유아가 있는가 하면 그렇지 않은 유아도 있다. 이 두 자아간의 차이를 '자기상 불일치'라고 한다.

자아개념에 따라 자아존중감(self-esteem)의 정도도 달라진다. 자아존중감이란 자신을 긍정적으로 인식하는 개념으로 주변인의 수용과 인정으로부터 형성된다. 긍정적인 자아개념을 갖고 있는 유아는 일반적으로 자아존중감도 높다. 일반적으로 이들은 행복하며 학교생활이나 또래관계에 성공적인 경향이 있다. 반대로 자아개념이 부정적인 유아는 자아존중감이 낮고 불안과 부적응 등의 문제를 보일 가능성이 있다. 유아의 자아존중감을 높이는 중요한 요인은 성공 경험이므로 부모의 인정과 격려가 필요하다.

2) 자기통제

자기통제(self-control)는 목표를 달성하기 위해 순간의 충동적인 욕구나 행동을 억제할 수 있는 능력을 말하는 것으로 유혹에 저항하는 능력과 만족을 지연하는 능력, 그리고 충동을 억제하는 능력 등으로 구성된다. 정신분석 이론에서는 자기통제가 자아력(ego strength)의 발달을 통해 일어나고, 원초아의 발달에 의해 촉진된다고 설명하며(곽혜경, 1998), 학습 이론에서는 영유아가 사회적으로 바람직하지 않은 행동을 할 경우 부모가 제재를 가함으로써 자신을 통제하도록 가르친다고 본다. 인지 이론에서는 영유아가 양육자가 지시하는 것을 기억하게 되면서 자기통제가 발달한다고 생각한다(조복희, 2006).

영유아기의 자기통제는 다음과 같은 발달 과정을 거친다.[19] 첫 돌 전까지 영아는 음식을 던지는 등 자기통제 능력이 없다가 생후 12~18 개월 사이 자아통제의 가장 기본적인 형태인 순응성(compliance)이 나타나기 시작한다. 순응성은 양육자의 지시나 요구를 그대로 따르는 것이며, 이와 반대되는 불순응 행동은 양육자의 요구를 무시하거나 언어 및 신체적 거부, 공격 행위 등을 하는 것을 말한다. 이 시기 영아는 양육자의 기대를 약간은 인식하고, 때로는 간단한 요구를 따를 수 있지만, 독립에 대한 충동도 있기 때문에 양육자의 기대를 무시해버릴 수도 있다. 예를 들어, 영아에게 마트에서 소리 지르지 말라고 하면 이에 순응하는 경우와 무시하는 경우가 반반이다. 설혹 양육자를 괴롭힌다는 것을 알지라도 소리를 지르는 것에 빠져서 이를 멈추지 못한다.

생후 18~24 개월 무렵에는 자기통제가 좀 더 발전하여 유혹저항 능력(예 모두 앉을 때까지 선물을 열지 않기)이 급격히 향상된다. 양육자의 입장에서는 영아에게 여전히 행동적 조치(예 영아의 손에 닿지 않는 곳에 두기)를 취할 필요가 있긴 하지만, 이전보다는 언어를 통해 영아를 상기시키는 것이 훨씬 수월해진다. 그러나 영아는 아직 초보적인 자기통제 단계이므로 일단 자신의 마음을 사로잡은 것을 멈

19) http://www.babycenter.com/0_toddler-milestone-self-control_11779.bc

추기 어렵다. 또한 물건을 나눠 갖는 것에 대한 싸움을 많이 하는 시기여서 친구랑 잘 놀다가도 바로 친구를 물거나 차기도 한다.

만 2세 이후에는 언어발달로 인해 자기통제가 더욱 증가한다. 이제 유아는 자신이 바라는 것을 타인에게 알리고, 즉각적인 행동 없이도 자신의 소망을 주장할 수 있게 된다. 유아는 또한 언어를 사용하여 자신의 행동을 통제한다. 예를 들어, "조심해!"라는 말을 반복하면서 계단을 올라간다. 양심의 발달도 유아의 충동을 통제하는 데 도움이 된다. 인지적으로는 미래에 대한 개념과 예측 능력이 발달하여 자기 차례를 기다리거나 장난감을 나누어 갖고 노는 것을 이해하기 시작한다. 그러나 양육자는 유아가 끝이 없어 보이는 기다림을 참아낼 수 있도록 곧 차례가 올 것이라는 사실을 상기시켜 주어야 할 것이다.

이와 같은 자기통제는 사회적·도덕적 질서를 유지하는 효과적인 방법 중 하나일 뿐만 아니라 개인적으로는 성숙한 인간으로 성장하는 데 큰 의미를 갖는다. 또한 자아의 중요한 구성 요소로서 상당히 안정적인 특성이 있으며, 청년기 자아존중감을 예측해 주는 인지적 능력, 사회적 기술, 자신감 등의 특성과 관련이 있다(곽혜경, 1998; 정옥분, 2002).

심층탐구 자기통제 : 마시멜로 효과

출처: 정갑영 글, 박철권 그림(2009). 만화로 읽는 알콩달콩 경제학. 21세기북스.

2. 애착

1) 애착의 개념

애착(attachment)은 보울비(Bowlby, 1969)가 모자 간의 유대 관계를 설명하면서 최초로 사용한 용어로서 특정한 두 사람 간에 형성되는 강력한 정서적인 유대 관계를 말한다. 애착을 설명하는 대표적인 이론으로는 수유를 통한 구강적 만족으로 어머니가 애착대상이 된다는 정신분석 이론, 애착은 수유를 통해 어머니가 배고픔을 충족시켜 주면서 미소, 다정한 말, 피부접촉을 반복 제공함으로써 연합된 학습 결과라는 행동주의 이론, 애착은 진화론적 관점에서 부모의 보호와 보살핌을 이끌어내는 본능적인 반응의 결과라는 동물행동학 이론, 애착을 형성하기 위해서는 애착대상이 시야에서 사라져도 어딘가에 존재한다는 대상영속성과 같은 지적 발달이 선행되어야 한다는 인지발달 이론 등이 있다. 이러한 이론들은 다소 차이는 있으나 영유아가 애착을 통해 기본적인 신뢰감과 안전감을 발달시킨다는 점에 동의한다.

어머니를 비롯한 양육자와의 애착은 영유아기의 사회적 관계 중에서 가장 뚜렷한 특징이다. 애착은 영유아가 애착대상과 신체적 접촉을 유지하려 하고, 그 사람이 없어지면 울고, 되돌아오면 기쁨을 표현하는 등의 행동으로 표출된다. 자신을 돌봐주는 의미 있는 타인과 심리적 친밀감이나 신체적 접촉을 추구하려는 영유아의 애착 체계는 영유아 자신의 생존 확률을 높여 준다(Bowlby, 1969). 애착의 중요성은 안전기지(secure base)의 측면에서도 설명된다. 영유아는 애착대상(대개 어머니)을 안전기지로 삼을 수 있을 때 애착대상으로부터 떨어져 환경을 탐색할 수 있다. 즉, 애착이 잘 형성된 어머니는 영유아가 세상을 탐색할 수 있는 안전한 안전기지로 작용한다. 또한 영유아는 어머니를 탐색 중 두렵거나 위협이 느껴지면 돌아와 위안과 위로를 받는 안전한 성역(safe haven)으로 삼는다. 그러나 애착이 잘 형성되지 않은 영유아는 낯선 장소를 모험하기 꺼려하며, 이로 인해 환경에 대한 통제감이나 숙달감을 형성하고 학습할 기회가 줄어들게 된다. 또한 애착은 미래의 행동에도 장기적 영향을 미친다. 예를 들어, 걸음마 시기에 안정애착을 형성한 경우 유치원생이 되었을 때 정서적으로 안정되고 상황에 적절한 표현을 하는 것이 연구결과 발견되었다. 반면 불안정애착 영아는 유치원생이 되었을 때 충동과 정서를 과도하게 통제하는 경향이 나타났다(Snow, 1998). 나아가 안정애착의 긍정적인 영향은 평생에 걸친 인간관계에 지속되는 것으로 보인다.

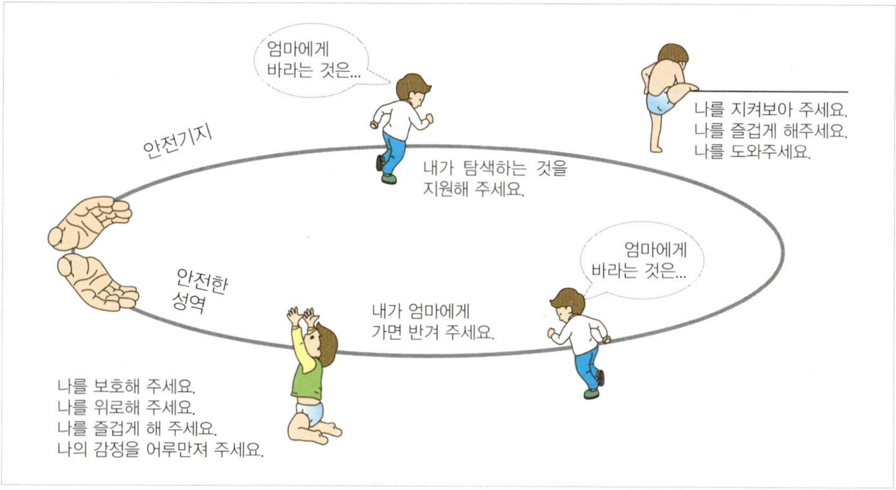

[그림 13-3] 어머니와의 애착은 영아의 탐색을 위한 안전기지와 안전한 성역

애착에 관한 초창기의 이론이나 연구는 대개 어머니와 영유아 간의 애착에 초점을 두고 있었다. 예를 들어, 보울비와 같은 초기 학자들은 영유아가 2개 이상의 애착 관계를 형성할 능력이 없다고 믿었다. 그러나 오늘날에는 영유아가 복수의 애착을 형성할 수 있다고 보며, 영아가 아버지나 조부모, 그 밖의 가족 구성원 그리고 보육교사와 동시에 애착을 형성하는 것의 중요성이 인식되고 있다(Snow, 1998).

① 아버지에 대한 영유아의 애착

대부분의 영아는 생후 7개월 무렵 거의 같은 시기에 어머니와 아버지 모두에게 애착을 형성한다. 어머니보다 아버지와 시간을 덜 보냄에도 불구하고 영아는 두 사람에게 거의 비슷한 비율로 신체적 접촉과 위로를 구한다. 실험실 연구에서나 실제 상황에서나 영아는 아버지와 격리될 때 어머니와 격리될 때와 거의 같은 반응을 보인다. 그러나 생후 12~18개월이 되면 스트레스 상황에서 아버지보다 어머니를 더 찾다가 24개월이 되면 다시 어머니에 대한 선호가 사라진다.

② 영유아에 대한 어머니의 애착

부모가 영아에게 애착을 갖게 되는 과정은 때로는 유대(bonding)라고 불린다. 그러나 엄밀히 말하면 유대는 출생 직후 몇 시간 이내에 일어나는 피부 접촉의 결과 어머니가 영아에게 갖게 되는 지속적인 애정적 애착을 의미한다. 출생 직후 몇 시간이 어머니-영아 애착의 민감기라는 생각은 동물 연구에서 비롯되었다. 예컨대 양이나 염소와 같은 동물들은 출산 직후 잠시 격리되었다면 자신의 새끼를 거부한다. 최근에는 이러한 현상이 인간에게도 적용되는지를 밝히려는 연구가 행해졌다. 출산 직후 영아와 접촉을 많이 한 경우 어머니는 영아에게 애정적 행동을 많이 나타내지만, 장기 효과는 없는 것으로 밝혀졌다. 또한 초기 접촉 경험이 유대에 필수적이라는 증거가 나타나지 않았다. 더욱이 무려 80%의 문화에서 어머니는 영아와 즉각적인 피부 접촉을 하지 않으며, 생후 3일이 지나서야 양육을 시작한다. 따라서 출생 직후 피부 접촉을 하지 않으면, 어머니가 영아를 사랑하지 않을 것이라는 생각은 근거가 없다고 할 수 있다.

③ 영아에 대한 아버지의 애착

최근 아버지-영아의 애착 또는 유대의 중요성에 관한 인식이 증가하고 있지만, 연구자들은 아직까지 아버지-영아 애착을 형성하는 결정적 시기 혹은 민감기를 밝혀내지 못했다. 예를 들어, 한 연구에서 아버지들에게 생후 첫 이틀간 영아와 특별히 많이 접촉하게 하였으나 이들은 일반 아버지들과 영아와 상호작용 측면에서 차이를 보이지 않았다. 그러나 아버지가 어머니만큼 영아에게 애착을 형성하는 경우도 있다. 몇몇 연구에서 신생아기 아버지와 어머니는 자녀에 대한 관심이 차이가 없는 것으로 나타났다. 즉, 아버지들은 어머니만큼 신생아를 만지고 이야기하고 쳐다보고 뽀뽀를 했고, 영아에게 자극을 제공하며 양육적인 행동을 하며, 영아의 고통에 반응적 행동을 보였다.

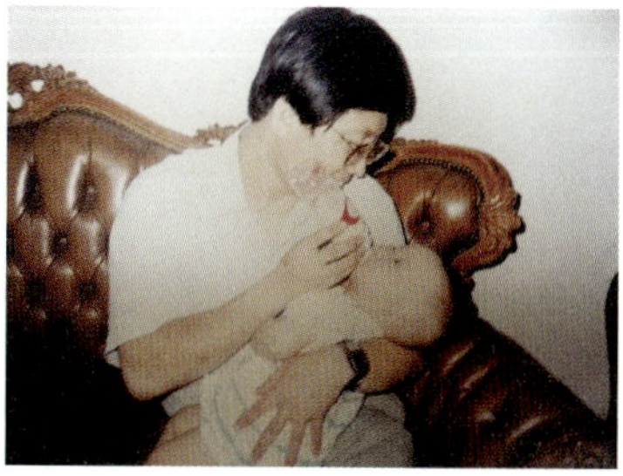

[그림 13-4] 양육자로서의 아버지

2) 애착 유형

영아의 애착을 측정하기 위해 가장 널리 사용되는 방법은 애인스워스(Ainsworth)의 낯선 상황 실험이다. 이 실험은 영아가 스트레스를 느낄 때 애착 인물에게 어떻게 행동하는지를 관찰하기 위해 〈표 13-1〉과 같이 스트레스의 양을 점차 증가시키는 방식으로 배열된 8개의 에피소드로 구성되어 있다.

〈표 13-1〉 낯선 상황 실험의 에피소드

에피소드	등장인물	지속 시간	내용	관찰되는 애착 행동
1	어머니 영아	30초	실험자가 어머니와 영아를 실험실로 안내한 후 나간다.	
2	어머니 영아	3분	영아가 장난감을 갖고 놀면서 실험실을 탐색하는 동안 어머니는 의자에 앉아 있다.	안전기지로서의 어머니
3	어머니 영아 낯선 사람	3분	낯선 사람이 들어와 의자에 앉은 후 어머니와 이야기한다.	낯선 사람에 대한 반응 안전기지로서의 어머니
4	낯선 사람 영아	3분 이하	어머니가 방을 나간다. 낯선 사람이 영아의 신호에 반응을 해주고 진정시킨다.	분리불안
5	어머니 영아	3분 이상	어머니가 돌아와서 영아를 진정시킨다. 낯선 사람은 나간다.	재회에 대한 반응
6	영아	3분 이하	어머니가 실험실을 나간다.	분리불안
7	낯선 사람 영아	3분 이하	낯선 사람이 들어와서 영아를 달랜다.	낯선 사람에 의해 진정되는 능력
8	어머니 영아	3분	어머니가 돌아와서 영아를 진정시킨다. 필요 시 다시 장난감을 갖고 놀게 한다.	재회에 대한 반응

출처: 정정옥 외(2003)

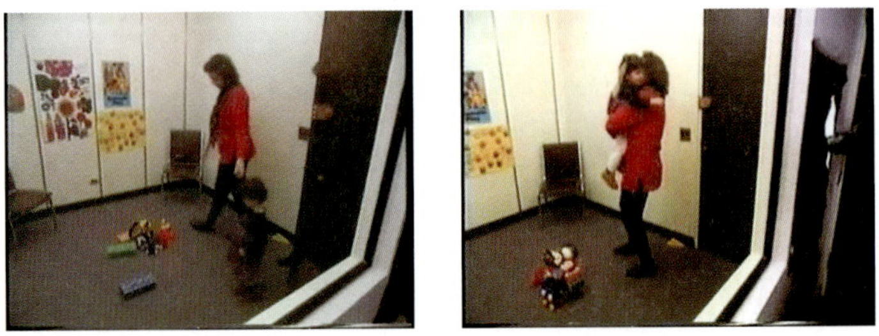

[그림 13-5] 낯선 상황 실험: 에피소드1(좌)과 에피소드5(우)

출처: http://www.youtube.com/watch?v=PnFKaaOSPmk

동영상 : Strange Situation Experiment(7분1초)
http://www.youtube.com/watch?v=PnFKaaOSPmk

애인스워스는 일방경을 영유아의 행동을 관찰하고, 이를 토대로 어머니에 대한 애착 유형을 안정애착, 불안정-회피 애착, 불안정-저항 애착 등 세 가지로 분류하였다. 이후 이 세 가지 유형만으로 분류하는 것은 어렵다고 보아 혼란 애착 유형이 추가되었다.

① B유형 : 안정애착

전체 영유아의 약 50~60%로 가장 많은 영유아들이 보이는 애착 유형이다. 안정애착(secure) 영유아는 어머니를 안전기지로 삼아 환경을 탐색하고 장난감을 갖고 논다. 이들은 어머니가 방을 나갈 때 크게 울거나 혹은 슬픈 표정을 할 수 있지만, 어떤 식으로든 위안을 찾고 다시 탐색 활동에 들어간다. 또한 이들은 어머니가 돌아오면(특히 두 번째 재결합 시) 반가워하며 달려가 안긴다.

② A유형 : 불안정-회피 애착

전체 영유아 중 10~20%는 불안정-회피(avoidant) 영유아이다. 이들은 어머니의 존재나 부재에 무관심한 듯하며, 어머니가 방을 나가도 울거나 저항하지 않을 뿐만 아니라 어머니가 돌아와도 무시하거나 회피한다. 어머니에게 친밀함을 추구하지 않으며, 낯선 사람에게도 비슷한 반응을 보인다.

③ C유형 : 불안정-저항 애착

전체 영유아 중 10~25%는 불안정-저항(resistant) 영유아로 이들은 어머니가 방을 떠나기 전부터 불안해하고 어머니 곁에 붙어서 주변 환경도 잘 탐색하지 않는다. 어머니가 방을 나가면 크게 우는 등 어머니와의 분리에 심한 좌절을 느낀다. 어머니가 돌아오면 매달리는 등 접촉하려고 애쓰는 동시에 화를 내면서 발로 차거나 때리거나 밀쳐내는 등 접촉에 대해 저항 하는 양면성을 보인다. 이들은 안아주어도 계속 울고 쉽게 달래지지 않는다.

④ D유형 : 혼란애착

혼란애착(disorganized) 영유아는 회피 애착과 저항 애착이 결합된 것으로, 가장 불안정한 애착 유형이다. 이들은 어떤 한 가지 방식으로 일관성 있게 탐색하거나 반응하지 않고 비조직적이고 모순된 행동을 보인다. 어머니가 돌아오면 달려가다가 도중에 잠시 멈춘 다음 한 바퀴 돌고 어머니로부터 멀리 도망쳐 버리는 것 같은 행동을 잠시 보이거나 어쩔 줄 몰라 당황하는 반응을 보인다. 5~20%의 영유아가 이에 해당하는 것으로 알려졌다.

3) 애착의 발달 과정

보울비(Bowlby, 1969)는 영유아가 어머니와 애착을 형성해 나가는 과정을 다음과 같이 네 단계로 분류하였다.

① 애착형성 전 단계

애착형성 전(pre-attached) 단계는 출생 후 약 3개월까지이며, 무분별한 사회적 반응(undiscriminating social responsiveness) 단계라고도 한다. 신생아조차 물체보다 사람들을 쳐다보거나 웃고 소리를 내는 등의 행동을 더 많이 하는 것으로 보아 인간은 어떤 사람에게든 애착을 가질 수 있도록 태어난다고 할 수 있다. 그러나 이 시기 대부분의 영아는 누구에게나 똑같이 반응한다. 따라서 미소를 짓거나, 눈을 응시하거나 우는 등 다양한 신호체계를 통해 주변인과 관계를 유지하지만, 아직 사람을 구별하여 인식하지 않기 때문에 애착이 형성되지 못한다. 따라서 어머니에게 특별한 친밀감을 나타내지 않을 뿐만 아니라 어떤 사람이 달래줘도 상관없으며, 낯선 사람과 단 둘이 있어도 별로 개의치 않는다.

② 애착형성 단계

애착형성 전 단계 이후 생후 3개월에서 6개월까지는 애착형성(beginning of attachment) 또는 변별적인 사회적 반응(undiscriminating social responsiveness) 단계이다. 선별적 사회적 반응이 나타나는 시기로 영아는 어머니와 낯선 사람을 구별하기 시작하고, 낯선 사람보다 어머니를 빈번하게 쳐다보거나 미소를 짓는 등 어머니에 대한 뚜렷한 선호를 나타낸다. 낯선 사람보다 어머니에 의해 쉽게 달래어지지만, 아직 어머니와 분리될 때 울거나 저항하지 않으며 누가 돌보아주던 양육자를 받아들인다.

③ 분명한 애착 단계

다음은 생후 6개월부터 1년 반 정도까지는 애착이 분명하게 나타나는(clear-cut attachment) 단계로 동반자 관계 형성(formation of goal-centered partnership) 단계라고도 한다. 이 시기 영아는 어머니와 같은 특정인에게 애착을 형성하고, 그 사람에게 기어가거나 따라가는 등 적극적으로 접근하고 접촉하려 한다. 따라서 애착대상이 사라지면 매우 당황하고 불안을 나타내며, 누구보다 어머니를 찾는다.

④ 상호호혜적 애착관계의 형성

생후 18개월~2세 이후는 상호 호혜적 애착관계의 형성(formation of reciprocal relationship) 또는 목표수정적인 동반자 관계(formation of goal-corrected partnership) 단계에 진입한다. 이 시기의 영아는 인지와 언어 능력이 발달함에 따라 애착대상의 행동을 예측할 수 있게 된다. 즉, 어머니가 언제 돌아올지 예측할 수 있으므로 분리불안이 감소하게 된다. 또한 애착대상과 상호 협조적인 관계를 맺으면서 자신이 원하는 방향으로 애착대상의 행동을 수정한다. 예를 들어, 어머니가 떠날 때 무조건 매달리거나 저항하기보다는 언제 돌아올 것인지 물어보거나 빨리 돌아와서 그림책을 읽어달라고 요청하는 등 자신과 어머니의 욕구를 조절한다.

4) 애착에 영향을 미치는 요인

① 양육 행동의 질

애착형성에는 주 양육자인 어머니가 영유아와 보낸 시간의 양보다 시간의 질, 즉 영유아와 어머니 간의 상호작용 특성이 더 중요하다. 안정애착과 관련된 어머니의 양육 행동으로는 수용, 온정, 애정, 접근성, 반응성, 영아와의 협력 등이 있다.

② 어머니의 우울

우울증이 있는 어머니의 영아에게서 불안정애착 비율이 높게 나타난다. 이러한 어머니들은 영유아에게 시선을 잘 안주며, 화를 잘 내고, 강요를 더 많이 하는 반면 온정과 애정은 덜 표현한다. 이는 어머니의 성격, 결혼만족도나 남편의 협조 등 생활 경험 전부가 모성애나 자녀와의 관계에 영향을 미침을 시사한다.

③ 접촉을 통한 위안

새끼 원숭이들이 공포와 불안의 순간 우유병이 달린 '철사 어머니'가 아니라 부드러운 감촉의 '헝겊 어머니'에게 매달렸다는 할로우(Harlow)의 실험은 피부 접촉을 통한 위안이 애착형성에 매우 중요함을 보여준다.

④ 기질

영유아의 기질은 부모 자녀 간의 상호작용의 질에 영향을 미치고, 이는 다시 애착의 질을 결정한다. 예를 들어, 영유아의 까다로운 기질(예, 울음, 보챔)은 불안정한 애착관계를 이끌어낸다. 이는 영유아가 수동적으로 양육을 받기만 하는 존재가 아니라 양육자에게 영향을 미침을 시사한다.

⑤ 다중보육

양육자가 다수인 상황(multiple care-giving)의 대표적 사례는 이스라엘의 키부츠(kibbutzim)이다. 키부츠 영유아들은 가정 밖에 있는 '양육시설'(infant house)에서 보육교사에 의해 집단 양육되지만, 부모도 빈번히 영유아를 만나고 시간을 함께 보낸다. 이러한 영유아들은 어머니와의 애착의 측면에서 일반 가정에서 자란 영아와 별 차이가 없는 것으로 밝혀졌다.

5) 애착반응

애착을 형성한 영유아가 나타내는 반응으로는 낯가림과 분리불안이 있다.

(1) 낯가림

친숙한 사람과 애착을 형성함에 따라 영유아는 낯선 사람을 보면 두려워하면서 큰 소리로 울거나 얼굴이 굳어지거나 숨는 등의 행동을 한다. 이러한 낯가림은 애착의 발달과 동시에 일어나며, 애착 행동과 마찬가지로 생후 6~8개월 시작되어 12개월 전후에 가장 심하게 나타난다. 만 2세 이후 어머니 외의 여러 사람과 자주 접촉하게 되면서 친숙하지 않은 사람에 대한 불안도 줄어들지만 낯가림이 완전히 사라지는 것은 아니다. 대부분의 영유아는 낯가림을 하지만, 낯가림의 정도는 영유아의 기질이나 환경적 요인 그리고 낯선 사람의 특성에 따라 다르게 나타난다. 대체로 순한 기질보다는 까다로운 기질의 영아가, 그리고 대가족보다는 핵가족에서 자라나는 영유아가 낯가림이 심하다. 또한 부모나 친숙한 사람이 영유아 가까이에 없거나 낯선 사람이 급작스럽게 다가올 경우, 낯선 사람이 안경이나 모자를 썼을 때, 그리고 성별이 남자일 때 영유아는 두려움을 더 보인다(문혁준 외, 2005). 낯가림을 한다는 것은 영유아가 자신을 돌보아주는 사람의 친숙한 얼굴과 낯선 사람의 얼굴을 구별한다는 증거이다. 따라서 낯가림을 전혀 하지 않는 것을 바람직하다고만 할 수는 없다.

(2) 분리불안

낯선 사람에 대한 불안이 낯가림이라면 분리불안(separation anxiety)은 '친숙한 사람과의 분리에 대한 불안'이다. 즉, 애착대상인 어머니와 헤어지는 것에 대한 두려움이나 실망, 슬픔 등으로 어머니만 쫓아다니거나 어머니가 안보이면 불안해하는 것이다. 분리불안은 낯가림보다 조금 늦은 생후 9개월경에 시작하여 첫 돌 무렵 최고조에 달하며, 그 이후 점차 줄어들어 대개 3세가 되면 자연스럽게 사라진다. 그러나 심한 분리불안은 유아기까지 계속되어 부모와 떨어져서 유치원에 가지 않으려는 경우도 있다. 분리불안은 영유아의 성숙 정도, 애착의 유형 및 강도, 사람이나 환경과의 친숙한 정도와 분리 기간 등 다양한 요인들의 영향을 받는다. 예를 들어, 어머니에게 안정적으로 애착된 영아일수록 분리불안을 덜 나타내는데, 이는 영유아가 경험상 어머니가 곧 돌아올 것으로 믿기 때문이다.

[그림 13-6] 분리불안

특별 활동 동영상 보고 문제풀기

EBS 특별기획 〈아기 성장 보고서〉
제2부 : 애착–행복한 아기의 조건
http://home.ebs.co.kr

1. 애착형성에는 양육자-영아 간 상호작용의 질이 중요하다. 그렇다면 양육자는 어떻게 해야 되는가?

2. 양육자-영아 간 상호작용의 양, 즉 양육 시간이 애착에 가장 큰 영향을 미친다.

   예(　　　), 아니오(　　　)

3. (　　　　　　　　　)장애는 채린이와 같이 5세 이전 어머니로부터 보살핌을 제대로 받지 못했을 때 발생하는 장애로서 자폐와 달리 아동에게 적절한 지지적 환경이 주어지면 상당히 호전될 수도 있고, 그렇지 않으면 일생 동안 지속된다.

4. 애인스워스의 낯선 상황 실험에서 내레이션과 아이들의 행동을 자세히 관찰, 기록한다.

우석(안정 애착)	동현(회피 애착)	지수(저항 애착)	혼란 애착

5. 나 자신의 애착 유형은? 그렇게 생각하는 이유는?

3. 성역할

1) 성역할의 개념

성(性)에는 두 가지 종류가 있다. 먼저, 성(sex)은 남성과 여성의 신체적 특성이나 차이점을 지칭한다. 성역할(sex role)은 남성과 여성의 생물학적 차이와 직접 연관된 행동들을 기술하기 위해 사용된다. 이와 같이 선천적 성과 관련 있는 여성의 성역할로는 수유가 있다. 수유는 남성은 할 수 없고 여성만이 가능한 행위이다. 반면, 성별(gender)은 문화가 남성과 여성에게 적절한 것으로 기대하는 행동을 말한다. 성(sex)이 선천적 성을 의미한다면, 성별(gender)은 후천적 성에 해당한다. 따라서 성별은 성이나 성역할과 관련 있는 경우도 있지만, 그렇지 않은 경우도 있다. 성별 역할(gender role)이란 개인이 자신의 문화가 조장하는 성별 행동을 수용하는 정도를 말한다. 예를 들어, 전통적인 성별 역할은 여성은 감정이 풍부하고 온화하며 가정에서 자녀를 키워야 한다. 이러한 일들은 대개는 여성의 몫이지만, 남성이 담당하는 경우도 존재한다. 이와 같이 성역할과 성별 역할은 차이가 있는 개념이지만, 상호 교환적으로 사용되는 경우가 많다. 본서에서도 편의상 성역할이라는 용어로 사용하기로 한다.

자신의 성역할을 인식하고 이에 적합하게 행동하고자 하는 것은 영유아기 사회화의 중요한 과업이다. 만약 "남자는 울면 안 돼."라든가 "여자는 다소곳해야 해." 등의 규범에 따라 행동한다면, 이는 자신의 성과 부합하는 성역할을 해야 한다고 믿기 때문이다. 일반적으로 사회는 개인의 의사와 관계없이 일정한 성역할을 기대하며, 이에 상응하는 역량, 자질, 성향이 없는 경우 당사자는 스트레스나 열등감, 차별감, 부적응을 경험할 수 있다. 전통적인 남성의 성역할에 대한 고정관념(gender role stereo-type)으로는 독립성, 자기주장, 지배의식, 여성의 성역할에 대한 고정관념으로는 타인과 공동체에 대한 민감성, 부드러움 등이 있다. 이러한 성역할 고정관념은 문화와 시대에 따라 달라질 수 있다(Levesque, 2011). 예를 들어, 순종적이고 의존적이고 소극적인 특성을 여성의 성역할로 보던 과거와 달리 오늘날에는 독립적이고 적극적인 성역할이 바람직한 여성상으로 인식되고 있다.

https://www.bonobology.com/traditional-gender-roles/

1960년대 이전 대부분의 심리학자는 성역할 특성이란 선천적으로 타고나는 것으로 믿었다. 즉, 생물학적 관점에서 남성과 여성의 성역할의 차이를 염색체와 생식기관, 호르몬 등의 차이에 의한 것으로 보았다. 이와 같은 차이로 남성과 여성은 본질적으로 다른 존재이기 때문에 감정이나 행동 등에서 차이를 보일 수밖에 없다는 것이다. 정신분석학적 관점에서는 성역할 발달은 신체적 자아에서 비롯되는 것으로 남근기에 성정체성과 성역할 선호가 나타난다고 주장한다. 남아와 여아가 각기 오이디푸스 콤플렉스와 엘렉트라 콤플렉스를 극복하는 과정에서 동성 부모의 성역할을 자연스럽게 동일시하게 된다는 것이다. 행동주의 이론에서는 사회가 요구하는 성역할 행동을 할 때 부모가 칭찬으로 보상을 하고, 사회의 요구와 상반된 성역할 행동을 할 때 벌을 줌으로써 바람직한 성역할을 학습하게 된다고 본다. 나아가 행동주의의 일파인 사회학습이론에서는 이러한 직접적인 강화나 벌이 없이 부모나 또래 등의 모델이나 대중매체에 나타난 성역할 행동을 관찰 또는 모방하는 것만으로도 학습이 이루어진다고 하였다. 인지발달 이론은 정신분석학의 동일시나 사회학습이론의 모방이 아니라, 자신의 성에 대한 인지적 판단에 의해 성역할 발달이 시작된다는 새로운 시각을 제시했다.

2) 성역할의 발달

인지발달이론의 입장에서 콜버그(Kohlberg)에 의하면, 영유아의 성역할 발달은 다음과 같이 3가지 과정을 거친다.

(1) 성정체성

성정체성(gender identity)이란 자신의 생물학적 성별을 인식하는 것으로 만 3세 이전의 영유아가 이 단계에 해당한다. 생후 15개월 정도 된 영유아는 머리 모양이나 옷과 같은 외모를 보고 남성과 여성을 구별할 수 있다. 만 3세 경이 되면, 남자 또는 여자라는 용어를 습득하고, 자신이 남자인지 또는 여자인지를 말할 수 있다. 그러나 이 시기 영유아는 남성 또는 여성이란 의미, 그리고 성별이 고정된 특성임을 완전히 이해하지는 못한다.

(2) 성안정성

성안정성(gender stability)이란 성별이 평생토록 변하지 않는다는 사실을 깨닫는 것으로 만 5세까지의 유아가 이에 속한다. 즉, 남아는 커서 아빠가 되고, 여아는 커서 엄마가 된다는 것을 이해하는 것이다. 그러나 이들은 머리 모양 등의 외모나 놀이의 종류 등이 바뀌면, 성별이 바뀔 수 있다고 생각한다.

(3) 성항상성

만 5~7세 경이 되면, 유아는 성별은 시간이나 상황과 관계없이 영구적임을 이해하기 시작한다. 즉, 남아가 머리를 기르거나 여아가 총싸움을 하더라도 성별은 바뀌지 않음을 아는 것이다. 이와 같이 성항상성(gender constancy)을 획득한 유아는 자신의 성에 부합하는 사회의 일원으로 행동하기 시작한다.

3) 성역할 발달의 요인

(1) 생물학적 요인

성역할 발달에 미치는 생물학적 요인으로 먼저 성염색체를 들 수 있다. 성염색체는 수정세포가 남아인지 여아인지 결정하는 기능을 한다. 남아는 XY, 여아는 XX 염색체로 이루어진다. 이와 같은 성염색체의 차이는 성호르몬 분비의 차이를 초래한다. 성호르몬은 배아기부터 사춘기까지의 발달에 많은 영향을 미치는 요인이다. 사춘기가 되면 성호르몬이 왕성해지는데, 남아는 안드로겐(androgen)이라는 남성 호르몬이 에스트로겐(estrogen)이라는 여성호르몬에 비해 압도적으로 많이 나온다. 반대로 여아는 에스트로겐이 안드로겐보다 훨씬 많이 분비된다. 예를 들어, 어머니가 유산방지를 위해 임신 중 남성호르몬을 투여받았을 때 남아는 그렇지 않은 형제에 비해 훨씬 더 거친 놀이를 하였다. 여아의 경우에도 인형보다 총이나 자동차 같은 장난감을 선호하고, 남아를 놀이 상대로 선택하고 활발하게 노는 것으로 나타났다. 이는 생물학적 요인이 전통적인 남성성과 여성성에 강력한 영향을 미치는 증거라고 볼 수 있다. 이외에도 성별에 따른 차이가 모든 문화권에서 보편적으로 발견되며, 학습 시간이 거의 없었을 어린 영아나 유인원에게도 나타난다는 점에서 볼 때 생물학적 요인의 중요성을 부인하기 어렵다.

(2) 가족

부모는 출생 순간부터 이불 색이나 장난감 종류, 해야 할 일과 해서는 안 되는 일 등에 이르기까지 영유아에게 성역할 고정관념을 전달하는 최초의 인물이다. 성역할에 대한 부모의 기대로 인해 일반적으로 여아가 남아보다 집안일을 많이 하는 경향이 있다. 부모 모두 자녀에게 전통적인 성역할을 권장하지만, 이는 어머니보다 아버지에게서 더 많이 나타난다. 한편 양육자로서의 아버지 역할이 강조됨에 따라 성역할 발달에 있어서도 아버지의 중요성에 대한 관심이 모아지고 있다. 이러한 관점에서 한 부모 가족에서 성장하는 영유아의 경우 성역할 발달에 어려움을 겪을 가능성이 있다.

형제자매의 수 또는 출생순위 또한 영유아의 성역할 발달에 중요한 역할을 한다. 이를 반영한 대표적인 속담인 '셋째 딸은 얼굴도 안보고 데려간다.'가 시사하듯이, 여자 형제가 많은 여아는 남자 형제만 있는 여아보다 전통적인 성역할이 강하게 발달한다. 이는 동성 형제를 통한 동일시나 모방의 효과로 볼 수 있다. 그러나 최근 저출생 현상에 의해 형제자매의 수나 출생순위가 성역할 발달에 미치는 영향력은 급격히 감소하게 되었다.

(3) 영유아 교육기관

과거에 비해 영유아 교육기관을 이용하는 영유아의 수가 증가하고, 이용 시작 연령 또한 빨라짐에 따라 교사는 부모 다음으로 성역할 발달에 중요한 역할을 하게 되었다. 성역할에 대한 교사의 기대는 교실의 환경을 구성하거나 교육 자료를 제공할 때 그리고 영유아와 상호작용할 때 영향을 미칠 수 있다. 예를 들어, 전통적인 성역할 태도를 갖고 있는 교사는 남아에게는 과학 활동을 격려하고, 여아에게는 소꿉놀이를 권장할 것이다. 그러나 양성평등적인 성역할 태도를 갖고 있는 교사라면, 여아에게 바비인형과 같이 성역할 고정관념을 강화하는 자료를 제공하기보다는 자유로운 선택 권한을 부여할 것이다. 한편 영유아 교육기관의 교사는 대부분 여자이므로 아버지가 부재한 가정의 남아에게 성역할 모델이 되어주기 어렵다. 남성 교사의 존재는 특히 남아의 성역할 발달에 긍정적 역할을 할 수 있다.

또래 또한 성역할 발달에 중요한 영향을 미치는 존재이다. 또래의 영향은 특히 유아기에 두드러지게 나타난다. 성별에 따라 분리된 놀이 상황에서 상당량의 성역할 학습이 이루어질 수 있는데, 이는 동성 또래와의 놀이가 자신의 성별에 적합한 행동을 학습하고 실행해보는 효과적인 방법이기 때문이다. 또래들은 성별에 적합한 행동은 서로 보상하고, 성별에 부적합한 행동은 벌을 제공한다. 예를 들어, 3세 유아들은 자신의 성과 다른 성의 행동을 하다가 또래로부터 조롱을 받자 행동을 바꾸고, 성에 적합한 놀이에 대해 보상을 받을 경우 평소보다 오랫동안 그 놀이를 하는 것으로 발견되었다(정옥분, 2002).

(4) 대중매체

TV나 유튜브, 신문, 책 등의 대중매체는 우리의 삶에 중요한 부분을 차지하고 있다. 영유아의 경우 그림책을 읽고 또 읽음으로써 정보를 습득하는 경우가 많다. 그림책에서는 대체로 남성 등장인물은 능동적이고, 여성 등장인물은 수동적인 존재로 비추어진다. 예를 들어, 백설공주 또는 신데렐라, 오로라 공주 모두 꽃처럼 순진하고 순수하며, 가정적이다(Coyne, et al., 2016). TV나 유튜브 또한 예능이나 드라마는 물론이고 어린이 프로그램에서도 성역할 고정관념을 조장하는 내용이 범람하고 있다. 성별 캐릭터의 고정성과 외모지상주의, 여성 신체를 선정적으로 보는 시선이 영유아가 프로그램에 반영되고 있다. 대중매체 양성평등 모니터링 결과, 어린이 프로그램에서는 등장인물이 매회 같은 의상을 입고 나오는데, 성별의 차이를 부각하는 등장인물의 외모와 의상은 영유아에게 매우 큰 영향을 미칠 수 있다는 우려가 제기되었다. 예를 들어, 디즈니 주니어〈코코몽 3〉, EBS〈레이디버그와 블랙캣〉의 경우 "어제보다 몸무게가 0.3333kg이나 쪘어."라고 말하며 여성 캐릭터가 고민하는 모습은 여성은 항상 날씬한 몸매를 유지해야 한다는 고정관념을 조장한다. 또한 변신 장면이 포함된 애니메이션에서는 여성 캐릭터의 허리와 엉덩이를 지나치게 부각해 선정적인 느낌을 전달한다(김혜인, 2017). 광고 역시 전통적인 성역할 고정관념을 제시하는 경우가 많다. 미용제품이나 가전제품 광고에는 여성이 등장하고, 자동차나 술 광고에는 남성이 등장하는 식이다. 이와 같이 대중매체는 현실보다 더 전통적인 성역할을 그리고 있다. 역으로 대중매체에서 비전통적인 성역할을 보여주는 경우가 증가한다면, 영유아는 양성평등적인 태도를 갖게 될 것이다.

부록

■ 제1부 영유아발달의 기초 / 1장 영유아발달의 개념 및 특성 / 심층탐구

속담으로 보는 유전과 환경 답안예시

속담	유전 / 환경
대나무에서 대 난다	유전
될성부른 나무는 떡잎부터 알아본다.	유전
씨도둑은 못 한다.	유전
콩 심은 데 콩 나고 팥 심은 데 팥 난다.	유전
사람은 열 번 다시 된다.	환경
재간 뱃속에서 타고난 사람 없다.	환경
호랑이가 호랑이를 낳고 개가 개를 낳는다.	유전
도둑의 씨가 따로 없다.	환경
자식 씨와 감자 씨는 못 속인다.	유전
자식은 아비 닮게 마련이고, 송아지는 이웃집 황소 닮게 마련이다.	유전
그 아버지에 그 아들이다.	유전
왕후장상에 어찌 씨가 있으랴.	환경
돌은 갈아도 옥이 되지 않는다.	유전

■ 제2부 / 6장 인지이론적 접근 / 심층탐구

피아제 vs 비고츠키 답안예시

	피아제	비고츠키
학습	단독	사회적
발달의 유래	인지발달 단계 간의 갈등	더 많은 지식을 갖고 있는 타인 (교사, 유능한 또래)
발달 기제	생득적 발달, 단계, 동화, 조절, 평형화	스캐폴딩, 사회적 상호작용, 문화적 발달, 내면화
발달 단계	뚜렷하게 구분되는 4단계	연속적 발달로 발달 단계가 없음
발달의 보편성	발달은 보편적이며 발달 단계는 동일하다.	사회문화적 맥락에 따라 발달은 다르다.
학습자의 역할	아동은 물체/생각을 능동적으로 조작하고 환경과의 상호작용에 의해 지식을 재발명한다.	지식을 구성하기 위해 아동은 교사나 또래와 상호작용한다.
교사의 역할	아동의 상호작용을 촉진할 수 있는 환경을 제공한다.	아동을 사회적 활동에 참여시키고 스캐폴딩을 제공한다.
학습과 발달	발달 → 학습	학습 → 발달

출처: psychohawks.wordpress.com

■ 제3부 영유아기의 발달 / 9장 영유아기의 신체발달 / 특별활동

모유 수유 답안예시

1. 모유와 인공유의 장단점을 비교해 본다.

		모유	우유
영아	장점	영양 신체 발달 : 턱이 튼튼해지고, 충치 감소, 비만도 적음 인지발달	비타민 K 강화 수유 간격이 길어 오래 잘 수 있음
	단점		어머니의 가슴을 느끼지 못함
어머니	장점	면역력 : 난소암과 유방암, 골다공증 감소 지방 제거로 체중이 감소 영아와의 유대 자연적인 피임 편리성 : 소독, 조제, 보온 불필요 경제성	대리 수유를 통해 휴식 가능(특히 자다가 깨지 않아도 됨) 직업을 계속 가질 수 있음
	단점	영양가 있는 음식을 먹어야 함 수유를 자주 해야 함	불편함 : 소독, 기구 휴대

2. 심리 발달의 측면에서 바람직한 수유 자세를 생각해 본다.

[그림 9-13] 수유 자세

- 요람식 자세(cradle hold) : 전통적인 방법
- 교차 요람식 자세(corss-cradle hold) : 영아가 젖 물기를 어려워할 때
- 축구식 자세(football hold) : 제왕절개 후, 유방이 크거나 유두가 납작할 때
- 누워서 먹이는 자세(lying down) : 제왕절개 혹은 출산 후 피곤할 때

■ 제3부 영유아기의 발달 / 10장 영유아기의 인지발달 / 특별 활동

동영상 보면서 요약하기 답안예시

1. 모빌과 아기 발 연결 실험

2. 과학자에 비유. 이미 알고 태어나기 때문에 또 다른 것을 학습. 진화에 의해 새로운 것을 학습할 수 있는 학습 프로그램이 만들어져 있으며, 주변 사건들을 이해할 수 있는 능력이 유전자에 포함되어 있다.

3. 수학적 지식을 갖고 태어남. 신기성 선호현상 원리를 적용한 실험

4. 신기성 선호현상을 적용한 실험임. 고양이와 고양이 그림을 말과 고양이 그림으로 바꿨을 때 오래 봄

5. 이미 저장된 기억을 되살리려는 반응 vs 새로운 기억을 저장하려는 반응

6. 생후 6개월 된 영아는 딸랑이나 핸드폰을 담요 밑에 넣으니까 안 찾았으나 생후 9개월 된 영아는 천을 걷어냄, 까꿍 놀이

7. 아이들에게 정말로 필요한 학습을 할 수 없게 되기 때문임. 자연스러운 양육, 자발적인 행동이 중요

8. 잘못된 부모 역할: 일일이 가르치는 것(오히려 성장을 방해), 과보호, 플래시 카드, 음악을 억지로 틀어주는 것
   좋은 부모 역할 : 아기가 호기심을 가질 수 있는 환경을 제공, 애정 어린 눈으로 지켜보기, 자신감을 북돋아주기

9. 대현 – 뒤집기, 명원 – 의자 가지고 침대에 올라감, 규원 – 천을 끌어당겨 인형을 갖고 옴

■ 제3부 영유아기의 발달 / 13장 사회성 발달 / 특별 활동

동영상 보고 문제풀기 답안 예시

1. • 영아의 요구에 신뢰롭고 신속하게 반응한다.
   정신적 안도감 외에도 영아로 하여금 지배감과 통제감을 느끼게 해주기 때문
   • 영아의 신호를 해석하고 그것에 민감하게 반응한다.
   양육자 자신의 의도보다 영아의 신호에 따라 반응(예, 수유)할 때 안정감 느낌
   • 영아에게 일관성 있게 대한다.
   양육자 기분에 따라 화내거나 거절하거나 하면, 또 어떤 때는 지나칠 정도로 뽀뽀하거나 껴안는 식으로 불규칙하게 행동할 경우 영아는 불안정 애착을 형성
   • 여러 가지 방식으로 영아에게 애정을 표현한다.
   일정한 방식으로만 상호작용할 때보다 뽀뽀하기, 귓속말하기, 간지럽히기, 무릎에 앉히기, 이마 비비기 등을 바꿔가며 상호작용할 때 더욱더 즐거워함
   • 영아를 신체적으로 잘 돌보아 준다.
   영아를 소홀히 할 때(예 비위생, 상처 방치, 혼자 남겨둠, 기저귀 안 갈아줌) 불안정 애착이 형성되는 경향이 있음

2. 아니오

3. 반응성 애착

5. • 새엄마는 현서의 신호에 매우 민감했다.
   현서가 싫증나지 않게 놀이를 제공하고 곁에서 함께 함
   • 새엄마는 현서에 대한 의지와 욕구가 강했다.
   아이를 긍휼히 여기고 개선하고자 하는 열정과 욕구가 있었음
   • 새엄마는 부드러운 정서를 갖고 있었다.
   자신도 안정 애착아였음

참고문헌

강문희·김매희·유정은(2007). **아동발달론**. 경기도: 공동체.

곽금주·성현란·장유경·심희옥·이지연·김수정·배기조(2005). **한국영아 발달연구**. 서울: 학지사.

곽호완(2007). **일상 심리학의 이해**. 서울: 시그마프레스

권민균·권희경·문혁준·성미영·신유림·안선희·안효진·이경옥·천희영·한유미·한유진·황혜신(2009). **아동발달**. 서울: 창지사.

권정윤·정미라·박수경·이방실(2012). 영아의 정서조절능력 관련 변인 탐색. **유아교육연구, 32**(4). 427-444.

김경희(2009). **발달 심리학**. 서울: 학문사.

김말숙(2008). **아동발달개론**. 서울: 학문사

김보영(2013). 2세 영아의 정서조절에 관한 참여관찰연구: 어린이집의 맥락적 요소(물리적 환경, 교사, 또래)를 중심으로. 경기대학교 대학원 박사학위 논문.

김상섭(2005). **특수교육의 심리학적 기초**. 서울: 시그마프레스.

김언주·강영하·최건수(1989). **인지발달과 교육**. 서울: 양서원.

김익균·김혜금·정원주·최정선(2005). **아동발달**. 서울: 교문사.

김재은(1990). **아동의 인지발달**. 서울: 창지사.

김정래(2020). '인간의 조건'과 아동권리인식. **아동과 권리, 24**(2). 125~150.

김정희·김현주·송은경·송연숙(2007). **아동발달**. 서울: 동문사.

김지은·김진숙(1995). **아동행동관찰**. 서울: 하우.

김주아(2008). 그림책을 활용한 만2세 영아의 몸짓 언어 프로그램 개발 연구. 숙명여자대학교 대학원 박사학위 논문.

김태연(2013). 읽기매체의 종류와 전자책의 자극 유형에 따른 유아의 주의집중 뇌파와 이야기 이해. 서울대학교 대학원 박사학위논문

김혜경·김홍은·문혁준·박은혜·유애열·임혜영·장영희·조혜진(2005a). **효과적인 영아 보육을 위한 지침서: 제1권 영아의 발달 특성 및 지도**. 서울: 다음세대.

김혜경·김홍은·문혁준·박은혜·유애열·임혜영·장영희·조혜진(2005b). **효과적인 영아 보육을 위한 지침서: 제2권 영아반 운영의 실제**. 서울: 다음세대.

김혜인(2017.12.7). "어린이 프로그램, 성 역할 고정관념 조장" [토론회] 여성 신체 부각한 선정적인 화면 버젓이 방송... "강력한 유인책 필요". **PD저널**. Retrieved from https://www.pdjournal.com/news/articleView.html?idxno=61329

문승윤(2008). **손짓으로 말하는 아기대화: 베이비 싸인으로 아기의 마음을 읽어요**. 서울: 출판명인(구; 랜덤하우스코리아).

박문자(2011). **뇌과학에 기초한 영아기 쌓기 놀이의 중요성 고찰 및 교육적 함의**. 경남과학기술대학교 대학원 석사학위 논문.

박성연·도연심(2000). **아동발달**. 서울: 동문사.

박세진(2009). 영아의 몸짓 사용 종류와 어휘 습득간의 관계: 8~24개월 영아를 중심으로. 이화여자대학교 대학원 석사학위 논문.

박시룡(1994). **동물행동학**. 범양사, 과학사상 (10), 1994.8, 188·198 (11 pages).

보건복지부 질병관리본부, 대한소아과학회 소아·청소년 신체발육표준치 제정위원회(2007). **소아·청소년 표준 성장도표**. 보건복지부.

신건호·신현기(1998). **아동발달**. 강남대학교출판부.

유가효(1995). **한국과 미국의 자녀양육방식의 비교문화적 고찰**. 한국 아동학회 춘계 학술대회 발표.

윤순임 외(1995). **현대 상담심리치료의 이론과 실제**. 중앙적성출판사.

이경화(1994). **유아언어교육**. 서울: 상조사.

이명조(2005). **영유아발달과 교육**. 경기도: 양서원.

임은희(2005). **인간 행동과 사회환경**. 경기도: 양서원.

이영자(1994). **유아언어교육**. 서울: 양서원.

이영환(2013). **아동의 권리, 부모의 책임: 충돌과 조화**. 한국아동권리학회 추계학술대회 발표 논문.

이옥(2003). 아동연구의 윤리적 관점. **아동권리연구**, 7(3). 1-15.

이완정(2003). 아동연구에서 지켜야 할 윤리 기준 연구. **아동권리연구**, 7(3). 1-15.

이춘희(1998). **창의적 유아동작교육**. 서울: 동문사.

임은희(2005). **인간 행동과 사회환경**. 경기도: 양서원.

장영희(2000). **영아보육과정**. 경기도: 양서원.

장휘숙(2002). **전생애 발달심리학 인간발달**. 서울: 박영사

정영숙·김영희·박범혁(2001). **부모교육**. 서울: 시그마프레스.

정옥분(2002). **아동발달의 이해**. 서울: 학지사.

정정옥·이경희·임은숙(2003). **아동의 성장과 발달이해**. 서울: 서울아카데미.

정혜경(2011). 탈국경적, 학제간, 협동생태적 연구로서의 동물행동학의 발달: 20세기 초중반 본능이론을 중심으로. **한국과학사학회지**, 33(1), 193·227.

조명한(1982). **한국아동의 언어획득연구: 책략모형**. 서울대학교출판부.

주영희(1998). 유아의 언어 습득 책략과 모성어 연구. **경인교육대학교 초등교육연구원 교육논총**, 15, 191·205.

채영란(2007). 유아의 그리기표상능력의 발달 특성과 인지능력 및 재인기억력과의 관계. 전남대학교 대학원 박사학위논문

한국일보(2007. 8. 3.). 유아 '어휘폭발' 현상의 비밀은? 간단한 어휘 습득·반목의 산물

한유미(2020). **유아수학교육 3판**. 서울: 창지사

한순미(1999). **비고츠키와 교육 문화 역사적 접근**. 서울: 교육과학사.

황현주(2006). 영아에 대한 어머니의 애착측정도구 개발과 타당화 연구. 고려대학교 대학원 박사학위 논문.

홍혜경(2004). **영유아를 위한 유아수학교육**. 경기도: 공동체.

Adams, R.(1987) An evaluation of colored preference in early infancy. *Infant Behavior and Development*, *10*(2). 143·150.

Aronson, E., & Rosenbloom, S.(1971). *Space perception in early infancy: Perception within a common auditory space*. 1161-1163.

Ashmead, D., & Perlmutter, M.(1980). Infant memory in everyday life. In M. Perlmutter (Ed.), *New Directions for Child Development: Children's Memory*(vol. 10, pp. 1-16). San Francisco: Josey-Bass.

Aries, P.(1962). *Centuries of Childhood: A Social History of Family Life*. NY: Vintage Books. 문지영 역(2003). **아동의 탄생**. 서울: 새물결.

Barr, R., Dowden, A., & Hayne, H.(1996). Developmental changes in deferred imitation by 6-to 24-month-old infants. *Infant Behavior and Development*, *19*. 159-170.

Bauer, P. J., & Wiebe, S. A., & Carver L. J., & Waters, J. M., & Nelson, C. A.(2003). Developments in long-term explicit memory late in the first year of life: Behavioral and electrophysiological indices. *Psychological Science*, *14*. 629-635.

Berger, K. S.(2003). *The Developing Person: Through Childhood and Adolescence(6th Ed.)*. NY: Worth Publishers.

Berk, L. E.(1990). *Infants and Children*. Boston, MA: Allyn & Bacon.

Berk, L. E.(2006). *Child Development(7th Ed.)*. Boston, MA: Allyn & Bacon.

Berk, L. E.(2008). *Infants and Children: Prenatal Through Middle Childhood*. Illinois: Pearson Education, Inc.

Bornstein, M., & Lamb, M.(1984). *Developmental Psychology: An Advanced Textbook*. Hillsdale, NJ: Erlbaum.

Bronfenbrenner, U.(1994). Ecological Models of Human Development. In T. Husen & T. N. Postlethwaite(Ed.). *International Encyclopedia of Education (2nd Ed., Vol. 3)*. 1643-1647. Oxford : Elsevier.

Bower, T. G. R.(1977). *The Perceptual World of the Child. Cambridge*, MA: Harvard University Press.

Bowlby, J.(1969). *Attachment and Loss*(Vol. 1). NY: Basic Books.

Bowlby, J.(1971). *Attachment*. Hamondsworth, Middlesex: Penguin.

de Boysson·Bardies, B.(1999). *Comment in Parole Vient aux Enfants*. Odile Jacob. 강옥경·김명순 역(2005). **영아 언어의 이해**. 서울: 학지사.

Broude, G.(1995). *Growing Up: A Cross-cultural Encyclopedia*. Santa Babara, CA: ABC-CLIO.

Buss, A. H., & Plomin, R.(1975). *A Temperament Ttheory of Personality Development*. New York: Wiley.

Campos, J. J., & Langer, A., & Krowitz, A.(1970). Cardiac response on the visual cliff in prelocomotor human infants. *Science*, *170*. 196-197.

Coon, D., & Mittere, J. O.(2007). *Introduction to Psychology: Gateways to Mind And Behavior(11th Ed)*. Belmont, CA: Thompson Wordsworth.

Coyne, S. M.,& Linder, J. R., & Rasmussen, E. E., & Nelson, D. A., & Birkbeck, V.(2016). Pretty as a princess: Longitudinal effects of engagement with Disney princesses on gender stereotypes, body esteem, and prosocial behavior in children. *Child Development, 87*(6). 1909 – 1925.

Crain, W.(2010). *Theories of Development: Concepts and Applications(6th Ed.)*. Pearson.

Douvan, E.(1990). Psychoanalytic theory of human development. In R. M. Thomas(Ed.), *The Encyclopedia of Human Development and Education: Theory, Research, and Studies*(pp. 83·88). Oxford: Pergamon Press.

Gallahue, D. L., Ozmun, J. C., & Goodway, J. D.(2012). *Understanding Motor Development: Infants, Children, Adolescents, Adults(7 Ed.)*. UK: McGraw-Hill Higher Education.

Hall, C. S.(1954). *Freudian Psychology*. 유상우 역(2010). **정신분석학 입문**. 서울: 홍신문화사.

JOHNSON, S. P., & SLATER, A.(2007). The development of intelligence in infancy. In Slater, A. & Lewis, M.(2007)(Eds.), *Introduction to infant development(2nd Ed.)*. Oxford Univ Press.

Fagan, J. F.(2005). *Fagan test of infant intelligence Manual*.

Fogel, A.(2001). *Infancy: Infant, Family, and Society(4th Ed.)*. Belmont, CA : Wadsworth, 2001.

Forssman, L.(2012). *Attention and the early development of cognitive control: Infants' and toddlers' performance on A-not-B task*. Doctoral Dissertation of Uppsala University, Uppsala, Sweden.

Gallahue, D. L., & Ozmun, J. C., & Goodway, J. D.(2012). *Understanding Motor Development: Infants, Children, Adolescents, Adults(7 Ed.)*. UK: McGraw·Hill Higher Education.

Gesell, A.(1934). *An Atlas of Infant Behavior*. New Haven: Yale University Press.

Gesell, A., & Ilg, F. L.(1943). *Infant and child in the culture of today: The guidance of development in home and nursery school*. NY: Harper & Row.

Gewirtz, G. L., & Pehlez·Nogueras, M.(1992). B. E Skinner's legacy to human infant behavior and development. *American Psychologist, 47*(11), 1411-1422.

Gibson, E. J., & Walker, R. D.(1960). The "visual cliff". *Scientific American, 47*(4). 481-517.

Gould, S. J.(1979). Mickey Mouse Meets. Konrad Lorenz. *Natural History 88*: 30-36.

Goldstein, E. B.(1996). *Sensation and Perception(4th Ed.)*. NY: Thomson Brooks/Cole. 정찬섭·김정오·도경수·박권생·박창호·김유진·남종호 역(1999). **감각과 지각(4판)**. 서울: 시그마프레스.

Goldstein, E. B.(2003). *Sensation and Perception(7th Ed.)*. Wadsworth. 김정오 역. **감각과 지각(제7판)**. 서울: 시그마프레스.

Griggs, R. A.(2006). *Psychology: A Concise Introduction*. NY: worth Publishers. 신성만·박권생·박승호 역(2007). **심리학의 초대**. 서울: 시그마프레스.

Haith, M. M., & Benson, J. B.(1998). Infant cognition. In Damon, William (Ed), (1998). *Handbook of Child Psychology Vol. 2: Cognition, Perception, and Language*.(pp. 199-254). Hoboken, NJ: John Wiley & Sons Inc.

Hayne, H.(2004). Infant memory development: Implications for childhood amnesia. *Developmental Review, 24*. 33-73.

Irwin, D. M., & Bushnell, M. M.(1980). *Observational Strategies for Child Study*. NY: Holt, Rinehart and Winston.

Haywood, K. M., & Getchell, N.(2009). *Life Span Motor Development*.

Horowitz, F. D.(1987). *Exploring Developmental Theories: Toward a Structural/Behavioral Model to Account for Behavioral Development*. Routledge.

Hughes, F. P. (1999). *Children, Play and Development(2nd Ed.)*. Boston: Allyn & Bacon. 김광웅·유미숙·박영혜·유가효·최영희·방은령 역(2006). **놀이와 아동발달**. 서울: 시그마프레스.

Hyson, M. C.(1994). *The Emotional Development of Young Children: Building an Emotion-Centered Curriculum*. NY: Teachers College. 정미라·박경자·배소연 역(1998). **유아의 정서교육**. 서울: 이화여자대학교 출판부.

Johnson, S. P., & Slater, A.(2007). The development of intelligence in infancy. In Slater, A. & Lewis, M.(2007)(Eds.). *Introduction to Infant Development(2nd Ed.)*. Oxford Univ Press.

Kail, R. V.(2007). *Children and Their Development(4th Ed.)*. Pearson. 권민균·김정민·최형성 역(2008). **아동과 발달(제4판)**. 서울: 시그마프레스.

Kalat, J. W., & Shiota, M. N.(2007). *Emotion*. NY: Wadsworth. 민경환·이옥경·김지현·김민희·김수안 역(2007). **정서심리학**. 서울: 시그마프레스.

Keenan, T., & Evans, S.(2009). *An Introduction to Child Development (2nd)*. London: Sage Publications Ltd.

Maier, H. W.(1990). Erikson's developmental theory. In R. M. Thomas(Ed.), *The Encyclopedia of Human Development and Education: Theory, Research, and Studies*(pp. 75-78). Oxford: Pergamon Press.

Lalonde, C., & Werker, J. F.(1995). Cognitive influences on crosslanguage speech perception in infancy, *Infant Behavior Development, 18*, 459-476.

Langer, J.(2001). The mosaic evolution of cognitive and linguistic ontogeny. In M. Bowerman & S. C. Levinson (Eds.), *Language Acquisition and Conceptual Development*(pp. 19-44). Cambridge: Cambridge University Press.

Lee, J. Z., & Campbell, C. D.(1997). *Fate and fortune in rural China. Social Organization and Population Behavior in Liaoning 1774-1873*.Cambridge: Cambridge University Press

Levesque, R.J.R.(2011). Sex roles and gender roles. In Levesque R.J.R.(Ed.), *Encyclopedia of Adolescence*. NY: Springer.

Lewis, M., & Brooks-Gunn, J.(1979). *Social Cognition and the Acquisition of Self*. NY: Plenum.

Loehlin, J. C.(1992). *Genes and Environment in Personality Development*. Newbury P가, CA: Sage.

Maier, H. W.(1990). Erikson's developmental theory. In R. M. Thomas(Ed.), *The Encyclopedia of Human Development and Education: Theory, Research, and Studies*(pp. 75-78). Oxford: Pergamon Press.

Melzofff, A., & Borton, R.(1979). Intermodal matching by human neonates. *Nature, 282*. 403-404.

Michell, G. F., & Moore, C. L.(1999). *Developmental Psychobiology: An Interdisciplinary Science*. MIT Press.

Miller, A. S.(1987). *Developmental Research Methods*. Englewood Cliffs, NJ: Prentice-Hall, INC. 조복희·박혜원 역(1993) **발달심리의 연구법**. 서울: 교육과학사.

Morris, D.(2008). *Baby: A Portrait of the Amazing First Two Years of Life*. London: An Hachette UK Company. 장경렬 역(2009). **우리 아기: 아기 탄생 후 두 살까지의 놀라운 이야기**. 성남: 팩컴북스.

Newman, B. M., & Newman, P. R.(2010). *Development Through Life: A Psychosocial Approach*. Belmont, CA: Wordsworth, Cengage Learning.

Observer(2005, Nov.). *In Appreciation: Urie Bronfenbrenner. Observer*, *18*(11). http://www.psychologicalscience.org/index.php/uncategorized/in·appreciation·urie·bronfenbrenner.html.

Ornstein, A. C., & Levine, D. U., & Gutek, G. L., & Vocke, D. E.(2000). *Foundations of Education(11th Ed.)*. Belmont, C.A.: Wadsworth.

Osborn, L. M., & DeWitt, T. G., & First, L. R., & Zenel, J. A.(Eds.)(2005). *Pediatrics*. Philadelphia, Pennsylvania: Elsvier Mosby.

Papalia, D. E., & Olds, S. W.(1982). *A Child's World: Infancy Through Adolescence*. NY: McGrawhill book company 이영·조연순 역(1988). **아동의 세계: 영유아발달**. 서울: 양서원.

Poole, J.(2012). *The Program for Infant Toddler Care Temperament: The Key to Understanding Behavior*. WestEd.

Rothbart, M. K., & Derryberry, D.(1981). Development of Individual Differences in Temperament. In M. E. Lamb & A. L. Brown(Eds.), *Advances in Developmental Psychology (Vol. 1)*. Hillsdale, NJ: Erlbaum.

Quinn, P. C., & Cummins, M., & Kase, J., Martin, E., & Weissman, S.(1996). Development of categorical representations for above and below spatial relations in 3-to 7-month-old infants. *Developmental Psychology*, *32*(5), 942-950.

Rakison, D. H., & Oakes, L. M.(2003). *Early Category and Concept Development: Making Sense of the Blooming, Buzzing Confusion*. NY: Oxford University Press.

Rovee-Collier, C., & Cuevas, K.(2009). In Courage, M., & Cowan, N.(Eds.), *The Development of Memory in Infancy and Childhood(*pp. 11-42). NY: Psychology Press.

Shaffer, D. R.(2001). *Developmental Psychology: Childhood and Adolescence (6th Ed.)*. Wadsworth Cengage Learning, 송길연, 장유경 역(2005). **발달심리학(6판)**. 서울: 시그마프레스.

Shaffer, D. R.(2005). *Social and Personality Development*. Wadsworth, Cengage Learning, 송길연 역(2008). **사회성격 발달(제5판)**. 서울: 시그마프레스.

Skinner, B. F. (1953). *Science and human behavior*. New York: Macmillan.

Steiner, J. E.(1977) Facial expressions of the neonate infant indicating the hedonics of food-related stimuli. In Taste and Development. *The Genetics of Sweet Preferences, J.M. Weiffenbach* (Ed.). NIH-DHEW, Bethesda, MD, pp. 173-188.

Sullivan, M. W., & Lewis, M.(2003). Emotional expressions of young infants and children: A practitioner's primer. *Infants and Young Children, 16*(2). 120-42.

Taddio, A., & Katz, J., & Ilersich, A. L., & Koren, G.(1997). Effect of neonatal circumcision on pain response during subsequent routine vaccination. *Lancet, 349*: 599-603.

Thelen, E., & Adolph, K. E.(1992). Arnold L. Gesell: The paradox of nature and nurture. *Developmental Psychology, 28*(3). 368-380.

Thomas, M. S. C., & Mark, H. J.(2008). New Advances in Understanding Sensitive Periods in Brain Development. *Psychological Science February, 17*(1). 1-5.

Thomas, R. M.(1990). Social learning theory. In R. M. Thomas(Ed.). *The Encyclopedia of Human Development and Education: Theory, Research, and Studies*(pp. 75·78). Oxford: Pergamon Press.

Thomas, A., & Chess, S., & Birch, H. G., & Hertzig, M. E., & Korn, S.(1963). *Behavioral individuality in early childhood*. New York: New York University Press.

Wachs, T.(2004, March.). *Temperament and development: The Role of Context in a Biologically Based System, Zero to Three*, March 2004.

Wicks-Nelson, R., & Israel, A. C.(2003). *Behavior Disorders of Childhood(5th Ed.)*. NY: Pearson Education. 정명숙·손영숙·정현희 역(2004). **아동기 행동장애**. 서울: 시그마프레스.

http://www.psychologicalscience.org/index.php/uncategorized/in-appreciation-urie-bronfenbrenner.html

http://www.psy.miami.edu/faculty/dmessinger/c_c/rsrcs/rdgs/cognitive/Intelligence_in_Infancy.pdf

http://psych.ku.edu/dennisk/CP333/Cognitive%20Infancy.pdf

저자소개

한유미

호서대학교 유아교육과 교수

미국 San Diego State University 교환교수

미국 영아교사 자격증 취득

한국아동권리학회 회장

영유아보육학회 부회장

사회보장위원회 (평가전문위원회) 위원

최근 프로젝트

보육교직원 윤리강령 개발 (보육진흥원)

아동복지교사 지원사업 성과지표 및 측정방안 연구 (아동권리보장원)

영유아발달

초 판 1쇄 발행 2022년 01월 07일
초 판 2쇄 발행 2024년 01월 12일

지 은 이 | 한유미
펴 낸 이 | 김기섭
편 집 인 | 이상희
펴 낸 곳 | 창지사 www.changjisa.com
08589 서울시 금천구 가산디지털 1로 83 파트너스타워 1차 9층
전화 (02)719-2211~3
팩스 (02)701-9386
등 록 | 1977년 4월 28일 · 제1-421호

ISBN 978-89-426-1491-2 (93370)

값 22,000원